CAN'T HURT ME

削られない心、前進する精神

デイビッド・ゴギンズ
櫻井祐子 訳

DAVID GOGGINS

サンマーク出版

キャント・ハート・ミー

削られない心、前進する精神

立ち止まることをけっして許してくれない
俺の鳴り止まない心の声に捧ぐ

準備命令

時間帯　1日24時間

タスク構成　**単独任務**

1　状況　君はあまりにも**楽で生ぬるい生活**をしてきたせいで、**君の本当の力を知らないまま、死んでしまう**危険にさらされている。

2　任務　凝り固まった思い込みを捨てよう。被害者根性を叩き直そう。君の人生に全面的に責任を持とう。誰にも壊すことができない、**君という人間の土台を築くんだ。**

3　実行

a．これから語る、俺の醜いありのままの物語を、君自身の人生に置き換えながら読んでほしい。俺が身につけた人生の戦術を学ぼう。そして俺から君への10の挑戦《チャレンジ》をすべてクリアするんだ。チャレンジを何度もくり返そう。くり返しが心を鍛える。

b．この任務は、なりふり構わず、がむしゃらにやらないとできない。きっと君は痛めつけられるだろう。でもこれは自己満足のためにやるんじゃない。君という人間を高みに引き上げて、世界に君の爪痕《つめあと》を残すためにやるんだ。

c．疲れたからやめるんじゃない。やめるのはこの任務が終わった時だ。

4　重要機密

これは英雄《ヒーロー》の誕生物語だ。俺をヒーローに仕立て上げる物語じゃない。ヒーローは、君だ。

デイビッド・ゴギンズの命令による

署名

階級と軍務　退役アメリカ海軍特殊部隊《ネイビーシールズ》一等海曹

はじめに

君は自分の「本当の姿」を、「本当の力」を知っているだろうか？

知っている、と思っているんじゃないかな。でも知っているからといって、それを実現できるとは限らない。だって、なりたい自分になるための努力を拒否して、楽な道へ逃げるほうが簡単なんだから。

心配するな、君だけじゃない。世界中どの国のどの街にも、死んだ目をして、ぬるま湯につかり、すべてを人のせいにして、自分の本当の力を知らずに、「ただ生きているだけ」の人間が何百万人もいる。

なんでそれを知ってるかって？　俺はそういうやつらを山ほど見てきたし、俺自身もその1人だったからだ。

「しょうがない」と思っていた。

俺は人生ガチャにハズれた。毒親に虐待されて育ち、教師に見放され、いじめを受け、数え切れないくらい黒人《ニガー》と呼ばれた。

カネもなく、生活保護で生き延び、公営団地で暮らし、鬱《うつ》に苦しんだ。人生どん底で、お先真っ暗だった。

本当のどん底を知っている人は少ない。でも俺は知っているよ。それはアリ地獄に似ているんだ。引き寄せられ、引きずり込まれたが最後、抜け出せなくなる。

そういう中で暮らしていると、まわりに流されるまま、楽な選択をくり返して、自分をゆっくり殺していくことになる。

でも俺は、「自分で自分の限界を決めてしまっている」のに気がついた。そうしてしまうのは、人間のクセなんだ。それは日没みたいに自然で、重力みたいに避けられないことだ。人間の脳はそういうふうにできている。だからこそ俺は、「モチベーション」なんてものを信じちゃいない。

どんな激励も自己啓発とやらも、小手先のごまかしでしかない。そんなものじゃ脳の配線は変わらないんだ。強い意志や力は手に入らないし、人生はよくならない。モチベーションで変わる人なんか1人もいない。

ガチャにハズれたとしても、それは俺の人生だ。俺が立て直すしかない。

だから俺はあえて痛みを求めた。苦しみにのめり込んだ。そしてとうとう、世界一ヤワな男から、世界一タフな男に自分をつくりかえた。まあ、自分ではそう思ってる。

君はきっと、俺より生まれも育ちも恵まれていて、今もまともな暮らしをしているんだろう。でもこれだけは言える。**君が何者で、どんな親を持ち、どこに住み、どんな仕事をして、どれだけカネを持っていようが、君の本当の力の40%しか出していないはずだ。**

クソもったいないことだ。

君のポテンシャルはそんなもんじゃない。

もう何年も昔に、俺はマサチューセッツ工科大学（ＭＩＴ）のパネルディスカッションに呼ばれた。学生として大学の講堂に入ったこともない、高校だってギリギリで卒業したこの俺が、超有名大学でメンタルタフネスを話し合うために呼ばれたんだ。

するとＭＩＴのお偉い教授が、こんなことを言った。「人間には遺伝で決められた限界がある」ってね。どうしても破れない天井ってやつだ。メンタルの強さではどうにもならないことがある。親から受け継いだ「遺伝の限界」にぶつかると、いくらメンタルが強くても乗り越えられない、とさ。

その場の全員が、「そういうものだろう」とうなずいていた。この年寄りの終身教授は、メンタルタフネスの大家なんだ。ライフワークとやらだ。でもそれはウソっぱちだ。俺には、教授は科学で人を煙《けむ》に巻いているように見えた。

俺は黙っていた。賢い連中に囲まれて気が引けていたんだ。でも、もの言いたげな俺の顔に気づいた聴衆が、「どう思う？」って聞いてきた。直接聞かれたら、俺は黙っちゃいない。

「ただ研究するのと、実際に生きるのとは違う」

そう言って、俺は教授のほうを向いた。「あんたが言ったことは、ほとんどの人にあてはまる。でも１００％全員じゃない。努力で不可能を可能に変えようとする、１％の人間がどこにでもいるんだ」

そして俺は、経験から学んだことを言ってのけた。どんな人でも、昨日とは違う自分に生まれ変わって、この教授みたいな専門家が「不可能だ」と言うことをやり遂げられる。ただしそれには強靭な心と意志、そして鎧《よろい》のメンタルが必要だ、とね。

ヘラクレイトスっていう、紀元前5世紀のギリシアの哲学者が、戦士についてこんなことを書いている。「100人の戦士がいれば、10人はまったくの足手まといで、80人は標的になるだけだ。9人はまともな戦士で、彼らのおかげで戦争ができる。ああ、しかし、残る1人は真の戦士だ……」

人は生まれて初めて息をしたその瞬間に、死ぬ資格を得る。そして、自分の本当の力を知って、たった1人の「真の戦士」になる資格も得る。でも、人生の戦いのために君の心を鍛えるかどうかは、君次第だ。**君の心に勝てるのは、君だけだ。心に打ち勝てば、不可能に思えることを次々とやり遂げて、力強い人生を生き抜くことができるんだ。**

俺はあのＭＩＴ教授みたいな天才じゃないが、たった1人の「真の戦士」だ。俺がこれから語る物語を、俺のぶっ壊れた人生の物語を読めば、君自身に勝つためのたしかな方法があるってことが、君にもわかるはずだ。

俺の物語から、「力」を手に入れてほしい。そうすれば、君自身を深く知り、現実と向き合い、君の人生に責任を持てる。痛みを乗り越え、恐れていたものを愛し、失敗をかみしめ、君の本当の力を引き出し、そして「本当の君」を見つけることができるんだ。

人間は学習や習慣、物語を通じて、自分を変えることができる。

君にも俺の物語を通して、知ってほしいんだ。人間が心の奥底から湧き上がる思いに突き動かされて、心身の能力を限界まで引き出した時に、何ができるのか、どうやってその状態に達するのかを。

それだけの強い思いがあれば、差別やケガ、離婚、鬱、肥満、悲劇、貧困など、どんな困難にぶつかっても、それを「起爆剤」にして、自分を変えることができる。

これから説明するステップは、まるで生物が進化するように変異と適応をくり返しながら、あらゆる壁を吹っ飛ばし、栄光の輝きを勝ち取り、心の安らぎを手に入れるための方法だ。

準備はいいかい？　それじゃ、君自身との戦いを始めよう。

CAN'T HURT ME　削られない心、前進する精神　目次

準備命令……4

はじめに……6

1章
死んでいてもおかしくなかった……19
家が「地獄」なら、ヤツは「悪魔」だ

2章 真実はつらい……55
誰もおまえのことなんか助けに来ない。
自分でやるしかねえんだよ！

3章 不可能なタスク……92
心身の限界は「本物の限界」とは限らない

4章 魂を奪う……129
130時間ヘルウィークを駆け抜ける

5章
鎧の心
おまえには、俺を傷つけることはできない
……167

6章
トロフィーのためじゃない
なぜだ？ なぜまだ自分をこんなに痛めつけるんだ!?
俺がクソヤバいやつだからだ!!
……211

7章
最強の武器
タイパだのコスパだの、
手抜きや効率なんかクソ食らえだ
……249

8章
才能は不要……299
ハートと努力がすべてだ

9章
非凡の中の非凡……340
それはたいてい、1人きりでいるヤバいやつだ

10章
失敗が力をくれる……379
ほとんどの戦いは、心の中で勝ち負けが決まる

11章 もし可能だったら？……421
乗り越えてきたすべての壁が、俺という人間をつくっている

謝辞……455

カバーデザイン　井上新八
本文デザイン・DTP　荒井雅美（トモエキコウ）
校正　株式会社鷗来堂
編集　梅田直希（サンマーク出版）

・本書は、著者の熱量や境遇ができるだけくっきり伝わるよう、原書の表現や息遣いを活かして翻訳しています。一部衝撃的な描写や写真が含まれますので苦手な方は閲覧にご注意ください。
・本文中の〔　〕は訳注を表します。

本書の舞台となる地域の地図、デイビッド・ゴギンズ氏の年表は
下記より閲覧できます。

https://www.sunmark.co.jp/book_files/pdf/4107-1HURT.pdf

CAN'T
HURT
ME

削られない心、
前進する精神

1章

死んでいてもおかしくなかった

家が「地獄」なら、ヤツは「悪魔」だ

俺たちは美しい住宅街の中の地獄に住んでいた。

１９８１年のウィリアムズビルは、ニューヨーク州北西部バッファロー市のあこがれの街だった。緑豊かで親しみが持てる安全な通りに、模範的な市民の住む上品な家々が立ち並ぶ。医者や弁護士、鉄鋼会社のお偉方、プロフットボール選手たちが、愛する妻と平均２・２人の子どもと暮らしていた。

真新しい車にチリひとつない道路、広がる未来。まさにアメリカンドリームだろう？　**でもこの街のパラダイス通りの一角に、地獄があったんだ。**

俺たちはそこの2階建て・ベッドルーム4室の白い木の家に住んでいた。4本の柱に支えられた玄関ポーチを出ると、街で一番広くて美しい芝生の庭があったね。裏には家庭菜園と、1962年式ロールスロイス・シルバークラウドと1980年式メルセデス450SLCの入ったガレージがあって、私道にはピカピカの黒い1981年式コルベットが停められていた。

パラダイス通りの住民は、社会のカーストのてっぺんにいた。俺たち「地域に溶け込む幸せなゴギンズ一家」も、きっとそのまたてっぺんにいるように見えたはずだ。

でもキラキラしたうわべの下には、とんでもない現実が隠れていたんだ。

＊

俺たち家族は、たいてい平日の朝7時に私道にいた。親父のトルニス・ゴギンズは、背は高くないが男前で、ボクサー並みの締まった体にあつらえのスーツを着て、温かくやさしい笑みを浮かべていた。どこからどう見ても、これから仕事に向かうやり手の実業家だ。17歳年下の母さんのジャッキーはほっそりした美人で、兄貴と俺はその辺の白人の子どものように、ジーンズとパステルカラーのシャツに、バックパックを背負《しょ》っていた。

この金持ちの街の私道は、仕事や学校に出かける親子が「行ってきます」の挨拶をする舞台だった。みんなお互いのうわべの姿しか見ていなかったし、あれこれ聞いたりもしなかった。

だから地獄がバレることはなかった。**実はゴギンズ一家はこの時、いつものように徹夜仕事から帰ってきたところだったんだ。**そして、もしパラダイス通りの家が「地獄」だというのなら、俺は「悪魔」と暮らしていたことになる。近所の人たちがドアを閉めるか、角を曲がるかしたとたん、親父の笑顔はしかめっ面に変わった。

親父は俺たちにわめき散らして、睡眠をとるためにさっさと家に入った。でも俺たちの仕事はまだ終わっちゃいない。兄貴のトルニス・ジュニアと俺には学校があり、そこに連れていくのは寝不足の母さんの役目だった。

1981年の俺は小学校1年生で、学校ではマジでボーッとしていた。勉強が難しかったからじゃないよ――この頃はまだそうじゃなかった。起きていられなかったんだ。教師の単調な声は子守歌になり、机の上で組んだ腕は柔らかい枕に、俺を叱りつける教師の言葉は鳴り止まない目覚まし時計になった。

幼い子どもの脳はスポンジみたいだって言うだろう？　言葉や考えをグングン吸収して、その土台の上に読み書き算数みたいな、一生もののスキルを積み上げていく。でも毎晩親父にどやされながら徹夜でこき使われていた俺は、日中は起きているだけで精一杯で、何にも集中できなかった。

休み時間と体育の時間もヤバかった。校庭にいたら起きていられるけど、バレたらどうしようとひやひやした。シャツをめくることも、半ズボンを穿くこともできない。体のアザを誰かに見られてしまうからだ。見られたとわかったら、もっとやられる。

それでも校庭と教室にいれば、しばらくの間は安全でいられた。親父が俺に、少なくとも俺の体に手を出せない場所は、学校だけだったからな。中学1年生〔アメリカの学校は州や地区によって制度が異なる。著者が育ったインディアナ州の地区では5・3・4制が取られ、日本の小6に当たる年に中学に進学〕の兄貴も同じで、傷を隠し、眠気と戦うのに必死だった。

そして終業のベルが鳴ったとたん、「本当の生活」が始まった。

*

ウィリアムズビルの家から、東バッファローのマステン地区までは、車で1時間半ほどしか離れていない。でもそこはまるで別世界だった。

東バッファローはどこもそうだが、マステンは黒人の労働者階級の多い、荒くれた貧困地区だった。といっても１９８０年代初めは、完全なスラム街じゃなかったよ。当時はまだベツレヘム・スチールの工場が稼働していて、バッファローはアメリカ最後の鉄鋼の街として栄えていたからさ。男たちは、黒人も白人もまっとうな仕事をしてそこそこ賃金を稼いでいたから、マステンの景気はよかった。親父の商売もずっと繁盛していた。

親父は20歳の時にバッファロー地区のコカ・コーラの販売権と4本の配送ルートを手に入れ、若者にしちゃ金を持ってた。でも親父にはもっと大きな夢があって、その先の未来を見ていた。そしてローラースケートとディスコサウンドを組み合わせて、その「未来」を実現した。地元のつぶれたパン工場を改装して、バッファロー初のローラースケート場、「スケートランド」をつくったんだ。

10年後、スケートランドはマステン中心部のほぼ1ブロックを占めるでっかいビルに移転した。親父は2階にバーも開いて、「バーミリオンルーム」って名づけた。この店は1970年代の東バッファローの大人気スポットになり、ここで19歳の母さんは36歳の親父と出会ったんだ。母さんは実家を出て1人暮らしを始めたところだった。親父は神父の息子だから、信者のふりをして、信心深いカトリック教徒の母さんに取り入った。まあ、母さんのほうが親父にベタボレだったんだけどな。

1971年に兄貴のトルニス・ジュニアが、1975年に俺が生まれた。俺が6歳の頃といえばローラーディスコ・ブームの真っ盛りで、スケートランドは毎晩大にぎわいだったね。俺たちはいつも夕方5時頃に店に入り、兄貴は売店でポップコーンを炒ってホットドッグをつくり、ピザを焼いた。

俺はスケート靴をサイズと型ごとに並べ、夕方になると踏み台に乗って靴に消臭剤をかけ、ゴムのストッパーを取り替えた。消臭剤で目が充血して、においが頭にまとわりついたけど、てきぱき仕事をこなすには、そんなこと気にしちゃいられない。DJブースにいる親父が、いつも俺たちににらみを利かせてたからな。スケート靴が1足でもなくなると、死ぬほどどとっちめられた。開店前には背丈の2倍はあるモップでリンクの床を磨かされた。

夕方6時頃に、母さんが晩ご飯に呼んでくれた。母さんはいつも現実から目を背けていたけど、子どもたちに少しでもまともな暮らしをさせようとしていた。毎晩事務所の床に電気コンロを2つ置いて、ごちそうを用意してくれたんだ。肉やイモ、インゲンを焼いたものにパン。親父はその間も忙しく帳簿をつけたり、電話をかけたりしていた。

食事はうまかったよ。でも、うちの「家族の晩餐」が普通の家の夕飯と違うのは、6、7歳の俺にだってわかった。いつもそそくさとすませて、味わう暇なんかなかった。開店の7時までに準備を終えて、持ち場につくのに必死だったからさ。親父はDJブースに座る保安官だ。監視カメラのように会場中を見張って、ヘマをしたとたん、怒鳴り声が飛んできた。ゲンコツが先のこともあったね。

スケートランドで、6歳の時。

蛍光灯の下ではショボいスケート場も、ショーライトがミラーボールに反射してリンクを真っ赤に染め上げると、そこはめくるめくローラーディスコの世界になった。平日も週末も、毎晩数百人の客が詰めかけた。ほとんどが家族連れで、3ドルの入場料と50セントのスケート料金を払ってリンクにくり出した。

俺は1人でスケート靴の貸し出しを受け持った。踏み台を杖みたいにどこにでも持ち歩いた。台に乗らないとお客の顔も見えなかったからさ。高い場所にあるスケート靴を取る時は棚によじ登って、いつもお客に笑われたね。母さんはたった1人のレジ係で、お客全員からサービス料を集めて回った。

親父にとってはカネがすべてだった。入ってきた人数を数え、自分の儲けと閉店後のレジの金額を瞬時に計算した。

＊

カネは親父が独り占めした。俺たちには一銭もくれなかった。母さんには「自分のお金」なんてものはない。自分名義の銀行口座も、クレジットカードもだ。親父がすべてを握っていた。「レジのカネが足りない」なんてことになったら、ボコボコにされた。

もちろん、客はそんなの知ったことじゃなかった。客にとってスケートランドは、家族経営の夢の国だった。DJは親父で、ディスコからファンク、初期のヒップホップまで、新旧取り混ぜてプレイした。地元のスラム育ちのベーシスト、リック・ジェームスや、ジョージ・クリントン率いる「ファンカデリック」、ヒップホップの草分け「ランDMC」なんかのヒットソングが、赤い壁にビンビン響いてた。スピードスケートをする子どもに交じって、俺も時々滑ったな。リンクはスケートダンスで盛り上がっていたね。

親たちは初めのうちは1階で子どもの滑りを見ていたが、そのうち2階のバーに流れて大人の楽しみにふけった。人数が増えてくると親父もDJブースを出て加わった。親父は「マステンの影の市長」なんて呼ばれててさ。外ヅラだけはいいが、中身はクソ腹黒だった。親父にとって、客はただの「カモ」だ。何杯酒をおごり、何回肩をハグしたって、客を「札束」としか見ていなかった。客にただで酒をふるまうのは、2杯も3杯も買わせるためだった。

時々はオールナイターや24時間スケートマラソンもやったけど、いつもは夜の10時にリンクを閉めた。そこから、母さんと兄貴と俺でしゃかりきに働いた。トイレから血まみれのタンポンを引き抜き、麻薬の残り香を追い出し、バイ菌まみれのガムをリンクからはがし、売店の厨房《ちゅうぼう》を片づけ、道具の在庫を確かめた。

真夜中にヘトヘトになって事務所に戻ると、母さんが兄貴と俺の頭を互い違いにして、ソファに寝かせてくれた。天井はベースの重低音で揺れてたね。

母さんの仕事はまだ終わらない。

母さんはバーに入ったとたん、親父に馬車馬のようにこき使われた。客を迎え、地下から酒のケースを何度も運んだ。下働きの仕事はいくらでもあったから、休む間もなかった。そして親父は室内を見渡せる隅っこに陣取って、ずっと母さんを見張っていたんだ。

バッファロー育ちのスターで親父の大親友のリック・ジェームスは、地元に帰ると必ずバーに立ち寄った。店の前に横づけにした高級車エクスキャリバーが、「リックが来ている」っていう目印だった。

店にはほかにもたくさんセレブが来たよ。ＮＦＬの大スター〔元妻殺害事件でも知られる〕Ｏ・Ｊ・シンプソンはバッファロー・ビルズのチームメイトを引き連れて入り浸っていたし、Ｒ＆Ｂ歌手のテディ・ペンダーグラスや、姉妹グループのシスター・スレッジも常連だった。知らない人は調べてくれよ。

もし俺がもっと大きくて、もし親父がまっとうな人間だったら、俺もこの文化の中心にいたことを誇らしく思っただろうな。でも、子どもはそういうのに興味がない。

そして、親がどんな人格でどんな仕事をしていたとしても、子どもは生まれながらに「良心」ってものを持っている。6、7歳になれば、何が正しいのか、間違っているのかが本能的にわかる。恐怖と苦痛が吹き荒れる世界に生まれたら、「こんなことはおかしいんじゃないか?」ってわかる。そのやり場のない怒りが、傷ついた心をいつもトゲみたいにチクチク刺してくる。それを無視して生きていても、鈍い痛みをいつだって感じている。

そしてストレスとトラウマのせいで、そのうち時間の感覚がマヒして、昼も夜もない1つのぼやけた記憶になっちまうんだ。

そんな俺にも、忘れられない瞬間がいくつかあるよ。今も俺を苦しめ続ける瞬間、俺の原点となる瞬間だ。

ある日母さんがいつもより早くバーに入ると、親父が母さんの一回りも下の女とイチャついていた。親父は肩をすくめた。母さんは親父をにらみつけて、気を落ち着かせるためにジョニー・ウォーカーの赤ラベルを2杯あおった。親父には、そのすべてが気にくわなかった。

母さんは事情を知っていた。親父は国境の向こうのカナダのフォート・エリーに、売春婦を派遺していたんだ。バッファローの大銀行の頭取がそこに夏の別荘を持っていて、多額の融資が必要になると、親父は銀行のお偉いさんに女をあてがった。融資は必ず通った。母さんは前にも、あの若い女が親父とよろしくやっている現場を見ていたから、その手の女だと知っていたんだ。

その日の真夜中に、母さんは警備員と銀行に売上の一部を預けに行った。警備員は、親父から逃げたほうがいい、今すぐ逃げなさい、と強く勧めた。母さんがその夜どんなひどい目に遭わされるかを知っていたんだ。母さんも知っていた。でも逃げられなかった。自由になるお金もなかったし、子どもを置いていけるはずがないだろう？

トルニスとは正式に結婚していなかったから、母さんには共有財産権ってものもなかった。なぜトルニスが結婚しようとしないのか、母さんはやっと理解し始めたところだった。母さんは中流階級のお堅い家庭出身の、まっすぐで清らかな人なんだ。親父はそれが気に入らず、自分の息子の母親よりも売春婦を大事にした。

母さんは親父に生活を頼り切っていたから、出ていけば無一文になった。

*

スケートランドではいつも寝不足だった。事務所はダンスフロアの真下で、天井がミシミシうるさかった。その朝早くに母さんが事務所に戻ってきた時も、俺はもう起きていたよ。母さんはほほえんだが、目に涙を浮かべ、俺をやさしく抱きしめるその息は酒臭かった。

親父はだらしない格好でイライラしながら事務所に入ってきた。そして俺が枕にしていたクッションの下から銃を取り出し（そう、6歳児の枕の下に実弾入りの銃を置いていたんだ！）、俺に見せて小ずるそうに笑って、足首のホルスターに差し込んだ。もう片方の手には1万ドルの現ナマ入りの紙袋を握っていた。ここまではいつもと同じだ。

家に帰る途中、母さんと親父は無言で、空気はピリピリしていた。母さんが家の私道に車を入れたのは、いつもより少し早い、朝6時近くだ。親父はせかせかと家に入って警報器を解除し、台所のテーブルに現金を投げ出すと、2階に上がった。俺たちも後について2階に行った。

母さんは俺たちを仮眠させるためにベッドに入れてキスをし、子ども部屋の電気を消して主寝室に入った。すると、親父の野郎が革のベルトをなでながら待っていた。母さんに人前でにらみつけられたことを根に持っていたんだ。

「おまえをしばくためだけに、テキサスから取り寄せたベルトだ」と言って、バックルを先にしてベルトを振り回し始めた。

母さんは時々反撃することがあった。この朝もだ。大理石のロウソク立てを親父の頭めがけて投げた。でも親父はひょいと身をかわし、ロウソク立ては壁に当たった。母さんはバスルームにカギをかけてトイレの上に縮こまったが、親父はドアを蹴破って入り、母さんを拳で殴った。髪の毛をつかんで廊下に引きずり出した時には、母さんは意識を失いかけていた。

兄貴と俺は騒ぎを聞いて廊下に飛び出した。親父が母さんを2階から引きずり下ろし、ベルトを母さんに振り下ろそうとするのを呆然と見ていたよ。でも母さんのこめかみと唇から流れる血を見たとたん、俺は逆上したね。その瞬間、憎しみが恐れに勝った。階段を駆け下りて親父に飛びつくと、小さい拳で背中を叩いて目を引っかいた。親父は不意を突かれて膝をついた。俺は泣き叫んだ。

「母さんを殴るな！」

親父は俺を床に突き飛ばしてから、ベルトを持ってのしのし近づいてきて、母さんを振り返った。

「おまえはチンピラを育ててるのか」と、鼻で笑った。

親父がベルトを振り回し始めると、俺は体を丸めた。背中にミミズ腫れができるのを感じた。それを見た母さんの目を、俺は一生忘れない。母さんは這って玄関に行き、非常ボタンを押した。けたたましい音が鳴り響いた。親父はギョッとして動きを止め、天井を見上げて袖口で眉をぬぐった。大きく息を吸ってからズボンにベルトを通すと、警察が来る前に悪事の証拠を洗い流すため、2階に駆け上がった。

母さんがホッとしたのもつかの間だった。警官が来ると、親父が玄関で応対した。警官は肩越しに覗き込んで、後ろにいる母さんと目が合った。顔が腫れ上がり、血がこびりついた母さんをしっかり見た。でも当時は時代が違った。「ミートゥー運動」なんてものはなかった。警官は見て見ぬふりをしたんだ。親父は、何でもない、家庭内のしつけだ、と言い張った。

「ほら、この家を見てくださいよ。私が妻をいじめているように見えますか？」としらを切った。「ミンクのコートにダイヤの指輪、何でも買い与えるために身を粉にして働いているのに、大理石のロウソク立てを私に投げてきたんですよ。わがままでしょう？」

警官は親父とニコニコ話しながら車に戻り、母さんには話も聞かずに行ってしまった。その朝、母さんはもう殴られなかった。その必要はなかった。母さんはもう心にダメージを受けていた。

そしてこの日を境に、親父の本気の「狩り」が始まった。狩られるのは、俺たちだ。

＊

次の年も地獄は続いた。こき使われ、暴力を振るわれた。でも母さんは苦しみの中にも光を探そうとした。俺がカブスカウト〔ボーイスカウトの年少団〕に憧れているのを知って、地元の団に申し込んでくれたんだ。

あの土曜日の朝、青いカブスカウトのシャツに初めて袖を通したのを、今も覚えているよ。制服が誇らしかったし、これからの数時間は普通の子どものふりができるのもうれしかった。

玄関に向かう間、母さんはほほえんでいた。俺の誇りと母さんの喜びは、カブスカウトだけのことじゃなかった。あれは心の奥底から湧き上がる感情だった。俺たちはどん底にいても、ポジティブなことを探そうと行動を起こした。それがうれしくてね。俺たちにも生きる価値がある、俺たちは無力じゃない。それをあのほほえみは知らせていたんだ。

そこへ、親父がバーミリオンルームから帰ってきた。

「おまえらどこに行くんだ？」と俺をにらみつけて言った。俺は床に目を落とし、母さんは絞り出すような声でつぶやいたね。

「デイビッドを初めてのカブスカウト集会に連れていくのよ」

「そんなところには行かせん！」。見上げた俺の目に涙があふれるのを見て、親父はニヤついた。

「競馬場に行くぞ」

1時間後、俺たちはバタビアダウンズにいた。騎手が軽量の二輪車に座って馬に引っ張らせる、昔ながらのハーネスレースの競馬場だ。親父は競馬新聞を引っつかんだ。それからの数時間、親父が馬券を買い、タバコを吸いまくり、スコッチを飲み、賭けをことごとく外して毒づくのを、俺たちはただ見ていた。

俺はそんな親父が恥ずかしくて小さくなっていたが、それでも目立ってジロジロ見られた。カブスカウトの格好をした子どもは観客席で俺だけだったし、黒人のスカウト隊員も当時は珍しかったからね。といっても、制服はウソだった。俺はまだ隊員でもない、ニセモノだったんだから。

親父は1日で何千ドルもスってしまい、家に帰る間ニコチンでしゃがれた声でくだを巻き続けた。俺は兄貴と狭い後ろの席に詰め込まれ、親父が窓からつばを吐くと、それが顔にかかった。汚《き》ったねえ唾液が毒のように顔にこびりつくたび、クソ親父への憎しみが募った。この頃には俺も知恵がついて、親父の目につかず、目を合わせず、自分を無にしていれば殴られないと知っていた。

でも、俺はもううんざりだった。悪魔からコソコソ隠れるのはもうやめだ。幹線道路《ハイウェイ》を走る間文句を垂れ続ける親父を、俺は後ろからにらみつけた。「信仰は恐れに勝つ」って言うだろう？　俺の場合は「憎しみは恐れに勝つ」だった。

バックミラー越しに親父と目が合った。

「なんだ、文句あんのか？」

「競馬場になんか行くんじゃなかった」と俺は言ったね。

兄貴はギョッとして俺をにらみ、母さんは助手席で縮み上がった。

「もう一度言ってみろ」と、親父はすごみながらゆっくり言った。黙っていると、親父が前から手を伸ばして殴ってきた。俺は小さいから簡単によけられたよ。親父が半身をよじって殴ろうとして空振りするたび、車は右へ左へと揺れた。親父はほとんど俺をぶつことができず、それがさらに怒りをあおった。親父の息が静まるまで、車の中は無言だった。「家に帰ったら、服を脱げ」と親父は言い渡した。

親父がこれを言うのは、俺を徹底的に痛めつける時なんだ。そう言われたらもう逃げられない。言われた通りにするしかない。部屋で服を脱いで、親父の寝室に入る。ドアを閉めて電気を消し、尻をむき出しにして、ベッドに上体を投げ出す。それが決まりだった。俺の心と体を最大限に痛めつけるために、親父が考えたやり方だ。

鞭で打たれる痛さよりも、いつ鞭が来るかわからないのが怖かった。ドアは後ろにあって見えない。親父は恐怖が高まるようにわざとじらした。ドアが開く音が聞こえるとパニックになったね。部屋は暗くて、うつ伏せになっていると何も見えないから、最初の鞭打ちに身構えることもできない。そして鞭打ちはすぐには終わらない。決まった回数はなく、いつ終わるのかわからない。

この日の鞭打ちは何分も続いた。最初は尻を打たれたが、あまりの痛みに手で止めようとすると、太腿《ふともも》に移った。腿を手で覆うと、今度は腰だ。親父は何十回もベルトを振り下ろし、息も絶え絶えで汗だくになって咳き込んだ。

俺も息を切らしていたが、泣きはしなかった。親父の邪悪に触れて、憎しみが勇気をくれたんだ。クソ野郎を満足させてたまるか。何も言わずに立ち上がり、やつの目の悪魔をにらみつけて、よろよろと自分の部屋に戻った。鏡の前に立つと、首から膝までミミズ腫れだった。学校には何日も行けなかった。

四六時中ぶたれていると、どうなると思う？　希望なんか持てなくなるんだ。感情を押し殺しても、トラウマが浸み出してくる。母さんは暴力に耐え、暴力を目撃するうちに、頭にモヤがかかり、数年前の母さんとは別人の「ぬけがら」になっちまった。いつもうつろでぼんやりしていた。親父に呼ばれた時だけは、奴隷みたいに走っていった。母さんが自殺を考えていたことを、何年も後に知った。

兄貴と俺はケンカでガス抜きした。本気で殴り合ったよ。最初はじゃれ合いでも、兄貴は俺の

4つも上でずっと力が強いし、手加減もしなかった。倒れても倒れても立ち上がる俺を、カンフーマスターみたいに叫びながら、怒りに歪んだ顔でボコボコに殴ってきた。

「痛くねえよ！　それで全力か？」と俺も叫び返した。俺は兄貴が与えるどんな痛みにも耐えられる。それをわからせたかった。でもケンカが終わって、寝る時間が来て1人になると、ベッドでおねしょした。ほぼ毎晩だ。

＊

母さんの毎日は、生き延びるためだけの試練だった。親父に「おまえには何の価値もない」と言われ続けるうちに、自分でもそう思い始めたんだ。

母さんは自分や息子がぶたれないように、親父をなだめることだけを考えていた。でも知らないうちに親父の気に障るようなことをして殴られることもあった。わざと殴られるようなことをするときもあったね。

そんなある日、俺はひどい耳痛で学校を早退して、母さんのベッドでもがき苦しんでいた。耳がうずくたび、親父への憎しみが募った。親父の口グセは、「医者や歯医者に払う金はない」だった。うちには医療保険も、かかりつけの医者も歯医者もなかった。ケガや病気で苦しんでいても、「気合いで治せ」のひと言ですまされたんだ。

親父は「トルニス・ゴギンズの直接の利益にならないこと」には金を出さない主義で、俺たちの健康なんて論外だった。それがムカついた。

30分ほどして、母さんが様子を見に来た。仰向けになると、耳から出た血が首を伝って枕をぐっしょり濡らしていた。

「もうダメだわ。いらっしゃい」

母さんは俺をベッドから起こし、服を着せて車に乗せた。エンジンをかけようとしたその時、親父が追いかけてきた。

「どこへ行くつもりだ!?」

「救急外来よ」と母さんは言ってエンジンをかけた。親父がハンドルに手を伸ばしてきたが、母さんはそのまま走り去った。激怒した親父はドタドタと家に入り、ドアを力任せに閉めると兄貴を呼びつけた。

「おい、ジョニー・ウォーカーを持ってこい!」。兄貴はミニバーからジョニ赤のボトルとグラスを急いで持っていった。兄貴が注ぐそばから親父は酒をあおった。1杯1杯が怒りを焚きつけた。「おまえとデイビッドは強くならんといかん」と息巻いた。

「俺は腰抜けを育ててるつもりはないぞ! ケガだの咳だのでいちいち医者にかかっていたら、ヤワになっちまう、わかるか?」。兄貴は固まったままうなずいた。「おまえはゴギンズ家の一員だ、俺たちは気合いで治すんだ!」

その日診てくれた救急医によると、俺はギリギリ助かった。ひどい中耳炎で、もうちょっと処置が遅かったら左耳が完全に聞こえなくなるところだったらしい。母さんは鞭で打たれるのも覚悟で、俺を救ってくれたんだ。そして、親父を怒らせた以上、ただではすまないこともわかっていた。母さんと2人、暗い気持ちで帰った。

俺たちが戻った時、親父はまだ兄貴に酒を注がせて、台所のテーブルでくだを巻いていたよ。兄貴は親父を恐れながらも崇拝し、親父にとりつかれていたんだ。それに兄貴は長男だから、俺よりはましな扱いを受けていたしね。親父は兄貴にも暴力を振るったが、親父なりの歪んだ愛情でトルニス・ジュニアを王子扱いした。「大きくなったらおまえが家長だ」と兄貴によく言っていた。『男らしい』ってのはどういうことなのか、これから見せてやる。ようく見ておけよ」

俺たちが玄関に入るなり、親父は母さんを意識がなくなるまで殴った。でも兄貴は見ていられなかった。壮絶な暴行が始まると、兄貴はいつも部屋にこもってやり過ごした。真実が重すぎて直視できなかったんだ。俺はいつもすべてをしっかり目に焼きつけた。

夏休みの間は、平日も逃げ場がない。だから兄貴と俺は自転車で遠出して、親父からできるだけ長く離れていたよ。

ある日俺は昼飯に戻ってきて、いつものようにガレージから家に入ろうとした。親父は昼過ぎまで寝ていたから、鉢合わせしないはずだった。でもこの日だけは違った。あくどい商売で恨みをかっていた親父は、仕返しを恐れて、俺たちが出かけた後で警報器をセットしていたんだ。

ドアを開けたとたん、アラームが鳴り響いた。俺はビビって動けなくなり、壁に張りついて足音に耳をそばだてた。階段がきしむ音が聞こえて、「マズいことになったぞ」と思った。親父が茶色いローブ姿で、拳銃を片手に下りてきた。銃を構えたままダイニングルームを横切り、リビングに入ってきた。銃口がゆっくりと回ってくるのが見えた。

親父は陰から出て、俺の姿を見た。なのに銃を下ろさず、俺の眉間に狙いを定めたんだ。俺は立ちすくんだまま、できるだけ無表情で親父の目を見つめた。家にはほかに誰もいなかった。親父が引き金を引くのを、どこか期待する自分がいた。生きようが死のうが、もうどうでもよかった。俺は疲れ果てた8歳児で、親父に怯えるのにも、スケートランドにもうんざりだった。1、2分にらみ合い、親父は銃を下ろして2階に戻った。

ここにい続けたら、いつか誰かが死んじまう。母さんは親父が拳銃をどこにしまっているか知っていた。頭の中で親父を殺すシミュレーションまでしていたよ。親父と別々の車でスケートランドに行き、先回りして事務所のソファのクッションの下の拳銃を手に入れる。仕事が終わったら親父より一足早く帰宅し、俺たちを寝かしつけてから、拳銃を持って玄関で親父の帰りを待つ。親父が車を停めたら、玄関を出て私道で親父を撃ち、朝になったら牛乳配達が死体を見つけてくれる、ってね。

＊

叔父さんが母さんを思いとどまらせた。でも何か思い切ったことをしないと、いつか母さんのほうが殺されるのは目に見えていた。

その方法を教えてくれたのは、昔のお隣さんだった。ベティは昔うちの向かいに住んでいた人で、引っ越してからも母さんと連絡を取り合っていたんだ。母さんより20歳も上で、知恵があった。何週間も前から脱出を計画するのよ、とベティは母さんに言い聞かせた。最初の一歩が、自分名義のクレジットカードを手に入れることだ。当時は夫の署名がないとカードをつくれなかったから、親父の信用を取り戻す必要があった。ベティは、「私とのつき合いは隠しておきなさい」と釘を刺すのも忘れなかった。

それからの数週間、母さんは19歳の恋する美人に戻ったふりをして、親父をほめそやし、ご機嫌を取っていたね。「親父に首ったけ」だと信じさせてから、カードの申込書を差し出すと、親父はニヤついて、「少しお金を使えるようにしてやろう」と言った。

カードが送られてくると、母さんは封筒の上から硬いプラスチックを触って、ホッと胸をなで下ろした。カードをいつも持ち歩き、うっとり眺めた。母さんの目には、黄金のチケットのように見えたんだ。

数日後、俺たちが朝飯を食べているその横で、親父が電話で母さんのことをボロクソにけなしていた。これがとどめになった。母さんは俺たちのそばに来て宣言した。

「母さんはここを出ていきます。父さんと一緒にここに残るか、一緒に来るか、今すぐ決めてちょうだい」

親父は呆然としていた。兄貴もだ。俺は火がついたように立ち上がり、ゴミ袋を引っつかんで、荷物をまとめに2階に駆け上がった。しばらくすると兄貴も荷造りを始めた。

家を出る前に、家族4人で最後の言葉を交わした。親父は驚きとあざけりが入り交じった目で母さんをにらみつけた。

「俺がいなきゃ何もできないくせに」と言った。「おまえには学もなければ、自分のカネも、未来もない。1年もしないうちに娼婦になってるだろうよ」。そしてちょっと黙ってから、兄貴と俺にもかみついた。「おまえら2人とも、腰抜けの大人になるぞ。二度と戻ってくんな、ジャッキー。すぐに後釜が来るからよ」

母さんはうなずいて立ち上がった。親父に青春を捧げ、魂を捧げたが、もはやこれまでだ。過去の思い出は何も持たず、ミンクのコートもダイヤの指輪も置いていった。親父がそれを売春婦の恋人にくれてやろうが、知ったことじゃなかった。

俺たちが母さんのボルボ（親父が乗ろうとしなかった唯一の車）に乗り込むのを、親父はじっと見ていたね。自転車はもう後ろに取りつけてあった。母さんはゆっくり車を出した。親父は平気なふりをしていたが、車が角を曲がろうとしたその時、ガレージに走って行くのが見えた。母さんはアクセルを踏んだ。

母さんはちゃんと手を打っていたよ。親父が追いかけてくることを先読みして、すぐにハイウェイに乗ってインディアナ州の実家に向かわなかった。工事用の泥道を通って、親父が知らないベティの家に行ったんだ。

ベティはガレージを開けて待っててくれていて、俺たちが車を乗り入れると扉をガシャンと下ろした。親父がコルベットでハイウェイを飛ばしている間、俺たちは家のすぐそばに潜んで、親父がスケートランドに出勤するのを待っていたんだ。金稼ぎのチャンスを逃すような親父じゃなかったからね。何があってもだ。

やっとバッファローを出て、145キロほど走った頃、問題が発生した。ガタが来たボルボのエンジンオイルが燃え始めたんだ。排気管から黒い煙が噴き出して、母さんはパニックになった。

それまでこらえていたものがドッとあふれ出したんだろう。ずっと恐怖を閉じ込め平静を装っていたけど、突然のことに取り乱してしまったんだ。涙で顔がぐしゃぐしゃになっていた。

「どうしたらいいの？」と母さんは目を見開いて言った。もともと家を出たくなかった兄貴は、戻ろうよとせがんだ。母さんはすがるように助手席の俺を見てくり返した。「どうしたらいいの？」

「母さん、行かなきゃ」と俺は言った。「行こうよ、母さん」

母さんはまわりに何もないガソリンスタンドで車を停めると、半狂乱で公衆電話からベティに電話をかけた。

「ベティ、私にはできないわ」と言った。「車が壊れたのよ。戻らなきゃ！」

「あなた今どこにいるの？」とベティは冷静に言った。

「わからない、どこなのか全然わからない！」

ベティは、ガソリンスタンドの店員と——当時はどのスタンドにも店員がいたんだ——電話を代わってちょうだい、と言った。店員はペンシルベニア州エリーの近くだと説明し、ベティと少し話をしてから、母さんに受話器を返した。

「ジャッキー、エリーにボルボの代理店があるわ。今夜はエリーのホテルに泊まって、明日の朝一で代理店に行きなさい。そこに行けるだけのエンジンオイルを店員が入れてくれるから」。母さんは黙って聞いていた。「ジャッキー、聞いてるの？　言う通りにすれば大丈夫よ」

「ええ、平気」と母さんは燃え尽きたようにつぶやいた。「ホテル。ボルボの代理店。わかったわ」

今は知らないけど、当時はエリーにまともなホテルは1つしかなかった。それはホリデイ・インで、代理店の近くにあった。母さんの後についてフロントデスクに行くと、またもや問題が発生した。ホテルは満室だったんだ。

母さんはガックリうなだれ、兄貴と俺はその両脇に、服を入れたゴミ袋を持って突っ立ってた。絶望を絵に描いたような親子だろ？　そこへ、夜勤のマネジャーが助け船を出してくれた。「じゃあ、会議室に折りたたみ式ベッドを入れてあげましょう」と言った。「トイレはすぐそこですよ。でも会議が始まる朝9時までには出てくださいね」

その夜は工業カーペット敷きの会議室で、蛍光灯の下、ありがたく寝た。

ピンチに追い詰められたけど、母さんはへこたれちゃいなかったよ。俺たちが眠るまで、横になって天井のタイルを見つめていた。それから隣の喫茶店に入って、車に取りつけた自転車と道路を一晩中見張り続けたんだ。

翌朝開店と同時に代理店に駆け込んだおかげで、営業時間中に修理部品を取り寄せ、その日のうちにハイウェイに戻ることができた。夕方にエリーを出て一晩中走り続け、8時間後にインディアナ州ブラジルの母さんの実家に着いた。夜明け前に古い木の家に車を停めた時、母さんは泣いていた。その気持ちは、俺には痛いほどわかった。

あの街に着いたことには大きな意味があったと、当時も今も思っているよ。俺はまだ8歳だったけど、もう人生の第2ステージに進んでいた。インディアナ州のこの片田舎で、俺や家族に何が起ころうとしているのかは知らなかった。そんなことはどうでもよかった。生まれて初めて地獄から抜け出し、あの悪魔から解放されただけで満足だった。

＊

それからの半年はじいさんばあさんの家で暮らし、俺は近くのカトリック系の「受胎告知」小学校の2年生に転入した。2年生に8歳は俺だけだったけど、俺が1年ダブっていることはクラスの誰も知らなかった。字も読めなかったから、2年生をやり直す必要があったんだ。でも担任のシスター・キャサリンに救われた。小柄なシスター・キャサリンは60歳で、前歯が1本だけ金歯だった。修道服は身につけていなかった。そしてめちゃくちゃ気むずかしかった。

誰にもへつらわない心意気に、俺はホレたね。

学校は小さく、シスター・キャサリンは1つの教室で1、2年生全員を教えた。受け持ちの生徒は18人。俺が勉強についていけなかったり、ほかの生徒が問題を起こしたりしても、学習障害や心の問題にすり替えたりせず、自分で責任を持って教えてくれた。

俺がどういう育ちをしてきたのかシスターは知らなかったし、知る必要もなかった。俺を「問題児」扱いして専門家のところに送る口実はいくらでもあった。でもそうしなかった。シスターが知っていたのは、俺が幼稚園児並みの学力でこの学校に来たことと、その俺を教えるのが自分の仕事だってことだけ。それ以外のことはどうでもよかったんだ。

ブラジルで、小学校２年生の俺。

シスターが教師になった時代は、今のように子どもにレッテルを貼る教育があたりまえじゃなかった。シスターは言い訳には耳を貸さなかった。遅れを取り戻すには「頑張るしかない」って教えてくれた。

俺は笑顔なんか信じないし、仏頂面《ぶっちょうづら》が嫌いじゃない。それはシスター・キャサリンを知ってるからだよ。親父は外では笑顔を振りまいていたが、俺のことなんかどうでもよかった。無愛想なシスターは、俺たち生徒を気にかけていた。生徒のよさを引き出そうとした。教わったことが身につくまで、俺にじっくり時間をかけてくれた。おかげで1年たった頃には、2年生の教科書が読めるようになったよ。

兄貴は新しい生活になじまなかった。数か月後にバッファローに戻り、親父の腰巾着《こしぎんちゃく》になって、何事もなかったようにスケートランドで働いた。

＊

その頃俺たちは母さんの実家を出て、自分たちの家に引っ越した。ブラジルのランプライト・マナー公営団地の55平米2ＬＤＫの部屋で、家賃は月7ドル。

毎晩何千ドルも稼ぐ親父が（気が向けば）3、4週間ごとに送ってくる養育費は、たった25ドルだ。母さんのデパートの月給は数百ドルぽっちで、母さんが夜間に通っていたインディアナ州立大学にも学費がかかる。

足りない分の埋め合わせに生活保護を申請して、月123ドルと食料配給券をもらえることになった。最初のひと月は小切手が来たけど、車を持っていることがバレて打ち切られた。車を売らないと生活保護は受けられないって言うんだ。

俺たちが住んでいたのは公共交通機関もない、人口8000人の田舎町だ。俺を学校に送るのも、勤めに行くのも、大学の夜間部に通うのも、車がなかったら話にならないだろう？　切羽詰まった母さんは、親の扶養を受けられない子どものための「要扶養児童扶助」プログラムを見つけてきた。ばあさんが小切手を受け取り、署名して渡してくれた。それでも生活は楽じゃなかったよ。123ドルで何が買えるっていうんだい?

今も忘れられない思い出がある。ある晩、ほんとにお金がなくなって、ガス欠寸前の車で家に帰った。冷蔵庫は空っぽで、電気代も払えないし、もちろん銀行にもお金はない。俺はふと、小銭をためていた2つのガラス瓶のことを思い出して、棚から下ろした。

「母さん、小銭を数えてみようよ!」

母さんはニッコリ笑った。母さんは子ども時代、道端に落ちてる小銭を拾いなさい、ってじいさんに教えられたんだ。じいさんは大恐慌でどん底生活をしたことがあった。「いつ入り用になるともわからんからな」が口グセだったね。

地獄に暮らし、毎晩数千ドルを家に持ち帰っていた頃は、お金に困る時が来るなんて思いもしなかった。でも母さんは親父に鼻で笑われながらも、子ども時代の習慣を続けていたんだ。拾ったお金がどれだけ役に立つかを調べる時が来た。

母さんと2人で、リビングの床に小銭をザーッとぶちまけて数えた。いくらあったと思う?電気代を払い、ガソリンを満タンにして、食料品を買ってもおつりが来た。帰り道にでっかいハンバーガーまで買えたよ。

あれはどん底の時代だったけど、俺たちはなんとか暮らしていた。ギリギリだけどね。兄貴がいないのを母さんは寂しがったけど、俺が学校になじんで、友だちができたのを見て喜んでいた。学校で充実した1年を過ごし、引っ越した夜から一度もおねしょをしていなかった。俺は立ち直ろうとしているように見えた。でも、心の中の魔物は消えちゃいなかった。ただ眠っていただけだった。そして目覚めて戻ってくると、俺をズタズタにした。

＊

3年生になって俺はショックを受けた。活字体もろくに読めないのに筆記体を習わされたから、だけじゃないよ。新しい担任のミズ・Dは、シスター・キャサリンと全然タイプが違ったんだ。3、4年生合わせて約20人の小さいクラスだけど、ミズ・Dは手こずって、俺の補習をする余裕もなかった。

トラブルが始まったのは、新学期の2週目に学力診断テストを受けた時だ。ひどい出来だった。俺はまだまだ勉強が遅れていて、数週間前どころか、前の年に習った内容も身についていなかったんだ。

シスター・キャサリンは落ちこぼれにもつきっきりで指導して、俺を毎日鍛えてくれたけれど、ミズ・Dは逃げ道を探そうとした。新学年からひと月もたたないうちに母さんを呼び出し、俺を別の学校に通わせろと言ってきたんだ。「特殊な生徒」のための学校にね。

「特殊」がどういうことかは、子どもだって知っている。一生色眼鏡で見られるってことだ。普通じゃないってことだ。そしてこのたった一つの不安が引き金になって、俺はたちまちどもり始めた。ストレスと不安のせいで、頭で考えたことを言葉にするまでの流れが混乱してしまったんだ。吃音が一番ひどくなるのは学校だった。

ちょっと想像してほしい。君はクラスや学校でたった1人の黒人だ。おまけにクラス一の落ちこぼれで、毎日赤っ恥をかいている。どんな気持ちになると思う？　俺は自分のやることなすこと間違っているような気がした。そのせいでますます吃音がひどくなって、授業で指されても黙ってた。メンツを保つには、目立たないのが一番だった。

ミズ・Dはそんな俺の気持ちをわかろうともしなかったね。すぐにイライラして、憂さを晴らすために俺を怒鳴りつけた。俺の横に身をかがめて耳元で怒鳴ることもあったよ。開けたら最後、次々と災厄が飛び出てくる「パンドラの箱」を自分が開けていることに、ミズ・Dは気づいてもいなかった。

親父と暮らしていた頃、学校は俺のたった1つの安全な逃げ場、誰からも傷つけられない場所だった。でもインディアナの学校は、「拷問部屋」になった。それが俺のトラウマを呼び覚まし、吃音や不安を次々と引き起こしたんだ。

ミズ・Dは俺を学校から追い出そうとした。学校もミズ・Dの肩を持った。でも母さんは俺のために戦ってくれた。結局、言語療法士の治療と精神科医の集団療法を受けるって条件で、学校に残れることになった。

精神科の診療所は病院の隣にあった。小さい子どもに「自分はおかしいんじゃないか？」と不安がらせるのに、これ以上の場所があるかい？　集団療法はB級映画を見てるみたいだった。俺たちは精神科医を囲む7つのイスに座らされた。じっとしていられない子もいた。1人はヘルメットをかぶった頭を壁にガンガンぶつけていたね。もう1人は医者の話の途中で立ち上がって、隅まで歩いていってゴミ箱に小便した。唯一まともに見えた俺の隣の子は、自分の家に火をつけたらしい。

初日に、俺は医者の顔をじっと見上げながら思ったよ。「ここは俺の居場所じゃない」ってね。この日を境に、人前での不安と緊張がエスカレートした。吃音は手に負えなくなり、抜け毛がひどくなって、黒い肌に白いポツポツができた。俺はＡＤＨＤ（注意欠如・多動症）と診断され、向精神薬のリタリンを処方された。でも、そんな単純なことじゃなかった。

俺は「毒性ストレス」に苦しめられていたんだ。

俺が受けたような心身の虐待は、幼い子どもにいろんな悪影響をおよぼすことがわかっている。ほら、幼少期は、脳が急激に成長して発達するだろう？　この大切な時期に、邪悪な父親が家族全員をぶっ壊そうとしてきたら、ストレスが急激に高まるんだ。そういう強いストレスにいつもさらされていると、その状態が新しい「あたりまえ」になってしまう。危険を避けるために、「敵と戦うか、逃げるか」を瞬時に選べるように、体がいつも極度の緊張状態に置かれる。

身に危険が迫っている時なら、闘争・逃走反応は役に立つ。でもその状態がずっと続いたら、どうなると思う？

俺はすべてを科学で説明するようなガラじゃない。でも事実は事実だ。「毒性ストレスが子どもに与えるダメージは、小児マヒや髄膜炎よりひどい」って小児科医の話を読んだこともあるし、それが学習障害や社会不安のもとになることも、経験から知っている。

ストレスは言語発達と記憶を邪魔するから、どんなに賢い生徒でも、学んだことを思い出しにくくなる。そして俺みたいに育った子どもが大人になると、喫煙や飲酒、薬物乱用のリスクはもちろん、鬱病や心臓病、肥満、がんのリスクまで高くなるんだ。

荒れた家庭で育った子どもは、少年犯罪で逮捕される確率が53％高く、成人してから暴力犯罪を犯す確率は38％高い。俺は絵に描いたような「問題児」だった。親父は「チンピラを育ててる」と言って母さんを責めたが、それをしたのは母さんじゃない。今挙げた数字を見たらはっきりわかる。俺を破滅に向かわせた人間は、トルニス・ゴギンズだった。

＊

集団療法はすぐにやめたし、向精神薬も飲まなかった。2度目のセッションが終わって母さんが迎えに来た時、俺は助手席に座って、死んだ目で前を見つめ、「母さん、もうあそこには行かない」と宣言したよ。「あいつらみんなおかしいんだ」。母さんはわかってくれた。

でも俺はまだ「壊れた子ども」のままだった。子どもの毒性ストレスの対処法はいろいろ開発されているし、効果が証明されているものもあるけれど、ミズ・Dは知らなかったんだと思う。それは責められない。1980年代には、まだはっきりしたことがわかっていなかったしね。

でも俺に言えることが1つある。シスター・キャサリンは、ミズ・Dと同じ問題児を教えていたのに、どの生徒にも高い期待を持ち続け、苛立ってキレたりしなかった。シスターはこんな感じだった。「学び方は1人ひとり違います。あなたにどういう学び方が合っているのか、見つけていきましょう」って。そしてシスターは、俺に「くり返し」が必要なことを見抜いた。

俺は同じ問題を何度も何度も解いて学ばないと身につかない。それが俺の勉強法で、時間がかかるんだ。でもミズ・Dは「効率」がすべてだった。「ついていけないなら出ていきなさい」ってわけだ。そうする間も、俺はどんどん切羽詰まっていった。よくなっているってことを見せなければ、あの「特殊」地獄に永久に追いやられてしまう。

俺は対策を見つけた。カンニングを始めたんだ。

俺は勉強が苦手だった。とくに、このダメになってしまった脳ではね。でも、カンニングはめちゃ得意だった。友だちの宿題を写し、隣の答案をチラ見し、成績に関係ない学力診断テストまでカンニングしまくった。効果抜群だったぜ！　テストの点が上がっていくと、ミズ・Dの怒りは収まり、母さんに電話をかけてこなくなった。

俺は問題を解決したつもりだった。**でも、実は一番楽な道を選ぶことで、「新しい問題」を生み出していたんだ。**この対策を続ける限り、学校できちんと学ぶことも、遅れを取り戻すこともできない。破滅まっしぐらだった。

ブラジルでの幼少期に1つ救いがあったとしたら、俺がまだ幼かったことだろう。だから、この新しい故郷でやがて俺を苦しめることになる、偏見や差別にまだ気づかなかった。自分のような人間がまわりに1人もいない、「オンリーワン」の状況では、無知なやつらにのけ者にされ、疑われ、さげすまれ、いじめられ、ひどい扱いを受ける危険がある。人生ってのはそういうものだ。とくにあの時代はそうだった。

そして大きくなってその現実に気づいた頃には、俺の人生はすでにハズレだらけのフォーチュンクッキーになっていた。クッキーを割るたび、同じおみくじが現れた。

「おまえは生まれながらの負け犬だ!」

チャレンジ#1「痛みリスト」を作ろう

俺は幼い頃に人生ガチャで「ハズレ」を引いて、しばらくの間悲惨な暮らしをしていた。

誰だって、人生のどこかで必ずつらい目に遭う。君のハズレは何だろう？　君はどんなひどい目に遭っているんだ？　暴力か？　虐待やいじめ？　不安や危険を感じている？　それとも、君は生ぬるい環境でぬくぬく育ち、恵まれた楽な人生を送ってきて、自分を追い込んだことが一度もないんだろうか？

君の成長と成功を今、妨げているのは何だろう？　職場や学校で君の邪魔をするやつがいるのか？　見くびられて、平等なチャンスを与えられていないのか？　君が今挑んでいる厳しい戦いは何だろう？　それとも、君は自分で自分の限界を決めてしまっているのか？

ノートや日記帳を1冊用意してほしい。持っていないなら買ってもいいし、パソコンやタブレット、スマホのメモアプリを開いてもいいね。**そこに、君のつらい状況を洗いざらい書くんだ。**

このチャレンジを中途半端にすませたらダメだ。俺は今、長い間封印していた黒歴史を赤裸々に語った。だから君も同じようにしてほしい。今君を傷つけていることや、危険にさらしていること、そしてなぜ君がそうした状況から逃げられないのかという「言い訳」を、できるだけくわしく書いてほしいんだ。

君の痛みを「かたち」にしよう。そしてそこから力をもらおう。君はこれからその痛みを力に変えて、君の逆境を「ひっくり返す」んだ。

君の物語と、言い訳のリスト、つまり君が「このままでは終わらない」という理由のリストは、君がこれから成功するための起爆剤になる。ワクワクするかい？　いや、実は楽なことじゃないよ。でもそれは今心配することじゃない。とりあえず今は、起爆剤の「在庫」を確かめるだけでいい。

リストができたら誰かにシェアしよう。ＳＮＳにログインして、君をギリギリまで苦しめる過去や現在の状況を簡単に説明して、写真をアップしてもいい。ハッシュタグ　#ガチャにハズれた　#canthurtme（本書のタイトル）を忘れずに。もちろん、誰にも言わずに１人で向き合ってもいいよ。どっちでも、好きなほうでやってほしい。

簡単なことじゃないのは、俺も知っている。でもこのチャレンジをやるだけで、君は逆境を乗り越える「力」を手に入れ始めることができるんだ。

2章

真実はつらい

誰もおまえのことなんか助けに来ない。自分でやるしかねえんだよ！

ウィルマス・アービングが、俺たちに新しい始まりをくれた。

ウィルマスが母さんと出会って電話番号を聞き出すまで、俺は不幸と苦しみしか知らなかった。お金がある時の生活は、トラウマだらけだった。親父から解放されると、今度はトラウマの悪影響と貧困に苦しんだ。

でも俺が小4の時、母さんはインディアナポリス出身の、建設請負業者として成功していたウィルマスと出会った。あのあったかい笑顔とおおらかな性格に惹かれたんだ。暴力的なところは1つもなくて、一緒にいるとほんとに安心できた。ウィルマスっていう心の支えができて、俺たちにもとうとういいことが起こりそうな予感がしたね。

ウィルマスと一緒にいると、母さんはよく笑った。明るい、腹の底からの笑いだ。そして、ちょっと背筋が伸びた。ウィルマスは母さんに誇りを持たせ、「私は美しい」って自信を取り戻させたんだ。俺にとっては、初めてのまともな父親的存在だった。といってもウィルマスは俺を甘やかさなかったよ。「愛してる」なんてサムいことは言わなかった。でも、そばにいてくれた。

ウィルマスと。

俺は小学校からバスケットボールに夢中で、親友のジョニー・ニコルズともバスケを通じて仲よくなった。ウィルマスはバスケの天才で、いつもジョニーと3人でプレーした。ウィルマスは動きの手本を見せ、ディフェンスの駆け引きを伝授して、ジャンプシュートを教えてくれたよ。

誕生日や休日は母さんとウィルマスと俺の3人で過ごした。そして俺が中2になる前の夏に、ウィルマスはひざまずいて母さんに結婚を申し込んだんだ。

次の夏が来たら、ウィルマスの住むインディアナポリスに引っ越して、一緒に暮らす予定だった。親父ほどじゃないけど、ウィルマスも金持ちだった。また都会生活に戻れるのを、母さんと楽しみにしていたんだ。

でも1989年のクリスマスの翌日に、突然すべてがストップした。

俺たちはまだインディアナポリスに引っ越していなかったから、クリスマスは母さんの実家にウィルマスを呼んでお祝いした。その次の日には、ウィルマスが所属する男子リーグのバスケの試合があって、俺も出してもらえることになっていたんだ。楽しみすぎて、2日も前から荷物を詰めていたね。でも当日の朝になって、連れていけないと言われちまった。

「ごめんよ、今回は留守番しててくれ、チビのデイビッドよ」とウィルマスは言った。俺はうなだれてため息をついた。ウィルマスは俺ががっかりしているのを見て、慰めようとした。「何日かしたら母さんとこっちにおいで。そしたらまたバスケをやろうな」

俺は渋々うなずいた。でも、俺は大人の事情に口を挟まないように育てられたからね。ウィルマスには事情を説明する義理がないことも、代わりの試合がないことも、俺にはちゃんとわかっていたよ。母さんと2人でウィルマスを見送った。ウィルマスはニッコリ笑って車に乗り込み、いつものようにサッと手を振って走り去った。

ウィルマスの生きている姿を見たのは、それが最後だった。

その夜、ウィルマスは予定通り男子リーグでプレーしてから、1人で車に乗って「白いライオンの家」に帰った。平屋建ての自宅の私道には、入り口に白いライオンの柱が立っていて、家の場所を友だちや親戚、配達人に教える時はいつもそれを目印にして説明していたんだ。ウィルマスは車をガレージに停めて、そこから直接家に入ろうとした。まさか後ろから危険が迫っているなんて考えもしなかった。ガレージの扉にカギをかけたこともなかったんだ。

犯人たちは何時間も前からそこに潜んで、襲いかかるチャンスを待っていた。ウィルマスが運転席から下りたとたん、物陰から飛び出して至近距離から銃をぶっ放した。ウィルマスは胸に5発食らって、ガレージの床に倒れた。犯人はウィルマスをまたいで、眉間にとどめの1発を撃ち込んだ。

翌朝、近所に住むウィルマスの父親が白いライオンの家の前を通りかかり、ガレージの扉が開いているのを見て、「何かがおかしい」と気がついた。私道を通ってガレージまで行き、そこで息子が死んでいるのを見つけて泣き崩れた。

ウィルマスはまだ43歳だった。

＊

ウィルマスの母親からばあさんちに電話があった時、俺もまだそこにいた。ばあさんは電話を切ると、手招きして俺に教えてくれた。

俺は何よりも母さんのことが心配だった。ウィルマスは母さんの救世主だった。彼のおかげで殻から出て、心を開き、前向きな気持ちを取り戻していたのに、母さんはいったいどうなっちまうんだ? どうして神様は母さんをつらい目にばかり遭わせるのか? くすぶっていた怒りが一気に燃え上がった。ばあさんを振りほどくと、冷蔵庫を殴って扉をへこませた。

母さんを捜しに、ばあさんと車で家に戻った。母さんはウィルマスから連絡がないので心配になって、ちょうどウィルマスの家に電話をかけていたところだった。電話に出たのは刑事で、母さんはびっくりして固まった。まさか刑事が出るなんて思わないだろう? ばあさんは駆け寄って、母さんの指から受話器を引きはがすと、抱きかかえて座らせた。

母さんは信じようとしなかった。いたずら好きなウィルマスがいかにもやりそうな悪ふざけよ、って。でもその時母さんは、ウィルマスが2か月前にも撃たれていたことを思い出したんだ。人違いで撃たれたんだと、ウィルマスは言っていた。かすり傷ですんだことだし、母さんは忘れることにした。ウィルマスに自分の知らない後ろ暗い一面があるだなんて、思いもしなかった。

なぜウィルマスが射殺されたのかは、結局わからずじまいだった。闇取引か麻薬取引のトラブルに巻き込まれたのかもしれない。母さんはまだ信じていなかったけれど、とりあえず喪服を荷物に詰めて母さんと一緒にウィルマスの家に向かった。

俺たちが着いた時、ウィルマスの家には警察の黄色いテープが張りめぐらされていた。おぞましいクリスマスプレゼントみたいにさ。ウィルマスの悪ふざけなんかじゃなかった。

母さんは車を停めてテープをくぐり、俺も後について玄関に行った。殺された現場を一目見ようと、左のほうを向いたのを覚えてる。ウィルマスの冷たい血が、まだガレージの床にたまっていた。まだ14歳の俺が、犯罪現場をうろついて、「義父になるはずだった人が殺害された」という重苦しい事実に押し潰されそうになっていた。なのに、母さんも、ウィルマスの家族も、警察も、そんなこと気にしちゃいなかった。

ウソみたいな話だけど、母さんはその夜、ウィルマスの家に泊まることを許された。犯人が戻ってきた場合に備えて、ウィルマスの兄さんが銃を2丁持って待機してさ。

俺は数キロ離れた、ウィルマスの妹の不気味な家の寝室に1人で泊まらされた。部屋のテレビは年代物のダイヤル式で、ちゃんと映るチャンネルは3つしかなかったから、地元のニュースをつけっぱなしにした。TV局は30分ごとに同じ映像を流していた。母さんと俺が警察のテープをくぐって、シーツに包まれたウィルマスの遺体が救急車に運ばれるのを呆然と見ている映像だ。まるでホラー映画みたいだろう？　俺は1人そこに座って、同じ映像を何度も何度も見た。頭の中を暗い記憶が、壊れたレコードみたいにグルグル駆けめぐった。俺たちの過去は殺伐《さつばつ》としていた。今や空色だった未来までが吹っ飛ばされた。俺たちにはわずかな息抜きも許されず、クソみたいな現実がすべての光を呑み込んだ。

映像を見るたび恐怖が膨らんだ。でもどうしても目が離せなかった。

*

ウィルマスを埋葬した数日後に家に戻って、またスクールバスで学校に通い始めた。俺は深く悲しみ、途方に暮れていた。このままブラジルに住み続けるのか、予定通りインディアナポリスに引っ越すのかも決まらない、宙ぶらりんの状態だった。

母さんはまだショック状態から抜け出せず、死を嘆き悲しんでもいなかった。感情がマヒしていたんだ。まるで過去のすべての苦痛が1つの大きな傷口になってよみがえり、母さんを呑み込んでしまったかのようだった。母さんはそこにいるのに、俺に気づいてもくれない。そんな中で冬休みが明け、俺は普通の生活のカケラにしがみつく思いで、学校に戻った。

でもつらかった。スクールバスに乗ったとたん、1年前のおぞましい記憶がフラッシュバックした。

あの日もバスに乗ると、いつものように外の景色が見渡せる、左後輪の上の高い席に座った。学校に近づくと、バスは道端に停まって、前のバスが出るのを待った。その時、俺たちのバスの横にオレンジ色の車が停まって、かわいい男の子がクッキーの袋を持ってうれしそうに走ってきたんだ。でも、バスの運転手にはそれが見えず、バスを急発進させた。

俺が少年の母親の驚いた顔に気づいた瞬間、窓に血しぶきが飛んできた。母親は恐怖の悲鳴を上げた。あの姿はもう人間じゃなかった。傷ついた獰猛《どうもう》なケモノだった。母親は絶叫しながら、髪の毛を頭からごっそり引き抜いたんだ。すぐに遠くからサイレンが聞こえ、どんどん近づいてきた。少年は6歳ぐらいで、クッキーはバスの運転手へのプレゼントだった。

生徒は全員バスを下りるように言われた。惨劇の現場を通る時、生まれ持った好奇心からか、怖いもの見たさからか、俺は衝動的にバスの下を覗いて少年を見ちまった。頭が紙切れみたいにぺちゃんこにつぶれ、脳みそと血の混ざったものが、バスの下に廃油のように広がっていた。


それからまる1年、一度も思い出さなかった。なのにウィルマスが死んでから突然記憶がよみがえって、もうそのことしか考えられなくなった。ボーッとして何も手につかず、すべてがどうでもよくなった。

もうわかったんだ。この世は悲劇に満ちていて、いつか俺も悲劇の吹きだまりに呑み込まれて終わっちまうんだろうって。

ベッドに入っても寝つけなくなった。母さんもテレビを砂嵐のままつけっぱなしにして、本を読みながら肘掛けイスで眠った。俺はベッドで横になったけど、朝起きると床に落ちて胎児のポーズで寝ていた。そのうちあきらめて、最初から床で眠るようになった。

＊

母さんと俺に何よりも必要なのは、新しいスタートだった。だから、ウィルマスのいないインディアナポリスに引っ越したんだ。

俺は母さんに言われて、市内の私立の進学校、カセドラル・ハイスクールの入試を受けた〔著者が育ったインディアナ州の地区では、日本の中3に当たる年に高校に進学〕。いつものようにカンニングして切り抜けた。それも、秀才の答案をな。入学前の夏休みに、合格通知と一緒に届いた時間割には、AP（ハイレベル）クラスの授業が並んでいたぜ！

勉強はカンニングや宿題の丸写しで切り抜け、バスケットボールでは1年生《フレッシュマン》チームに選ばれた。このチームは、大学バスケットボールの花形選手を何人も出している、インディアナ州屈指の強豪なんだ。俺は司令塔のポイントガードを任された。自信になったけど、その自信はぐらついていた。勉強でズルをしているのは自分でもわかっていた。だいいち学費が高すぎて、1年でやめることになった。

高2でノースセントラル・ハイスクールに転入した。黒人の多い地域の公立高校で、生徒は4000人もいた。初日に俺は何を血迷ったのか、白人の優等生スタイルで登校したよ。ピタピタのジーンズに襟つきシャツをインして、メッシュのベルトまで締めてさ。笑い物にならずにすんだのは、バスケのおかげだ。

高2では「クールにキメる」ことに命を懸けていた。イメチェンしてヒップホップ系の服を着てね。ストリートギャングや非行グループとつるんで、学校をサボりがちになった。ある日昼間に帰宅した母さんに、「10人のチンピラども」と台所のテーブルでたむろしているのを見られちまった。数週間後にインディアナ州ブラジルに連れ戻された。

バスケのトライアウト（入部テスト）の週に、ノースビュー・ハイスクールに転入した。初日の昼時に、満員のカフェテリアに入っていった時のことは忘れない。1200人の生徒のうち、黒人はたった5人。前にここに住んでいた頃の俺は、まわりと同じ格好をしていた。でも今の俺はもう変わっていた。

その日はダボパンを、腰どころかケツの下までずり下げて、シカゴブルズのブカブカのジャケットを羽織り、キャップを斜め後ろかぶりでキメていた。全員の視線が俺に集まった。教師と生徒、それに事務職員までもが、珍しい生き物でも見るようにジロジロ見てきた。たぶん俺は、彼らが初めてリアルに見る、黒人の不良少年だったんだろうな。

俺がその場にいるだけで空気が変わった。DJがレコード盤に滑らせる針みたいに、俺は1人違うリズムを刻んでいた。ヒップホップと同じで、全員の注目を浴びたが、全員に好かれたわけじゃない。涼しい顔をしてカフェテリアを闊歩《かっぽ》した。

でも、それは見せかけだった。ワルぶってふてぶてしく登場したが、内心は不安で押し潰されそうだった。なにしろブラジルに戻るのは、燃えさかる火の中に飛び込むようなものだったんだ。俺にとって幼少期のブラジルは、PTSD（心的外傷後ストレス障害）の温床だった。ここを離れるまでに、死のトラウマを2度も味わった。

インディアナポリスに引っ越したことで、哀れんでくれる人たちから逃れて、過去を置き去りにすることができた。勉強には苦労したけど、友だちができたし、新しいスタイルも手に入れた。

そしてブラジルに戻った今、外見が変わっていたから、「俺は変わった」っていう幻想を持ち続けることができた。でも、本当に変わるには、とんでもない努力が必要だ。自分と向き合って本気を出すってことだ。

俺はそんな努力をしていなかった。マヌケなクソガキのままで、しっかりした土台もなかった。そしてわずかに残っていた自信も、バスケのトライアウトに失敗して、粉々になっちまったんだ。

ジャージを着て体育館に行くと、ユニフォームに着替えろと言われた。当時はミシガン大学のクリス・ウェバーとジェイレン・ローズ率いるスター集団、「ファブ・ファイブ」が人気で、俺も彼らのマネをしてダボダボでブカブカのジャージを着ていた。でもブラジルの高校のコーチは、ファッションなんか洟《はな》も引っかけなかった。

ピッチリした白い短パンを穿かされ、タマと腿が締めつけられて思うように動けなかった。コーチはお気に入りのインディアナ州出身のレジェンド、ラリー・バードの型に俺たちをはめようとした。まあ、気持ちはわかる。ラリーはブラジルやインディアナ州全体であがめられていたからさ。ラリーの娘もこの高校の生徒で、俺も仲よくなったよ。でも格好まで真似したくないけどな！

それに、マナーの問題もあった。インディアナポリスでは試合中に汚い言葉で相手選手を挑発しても許された。絶妙な動きをしたりシュートをキメたりした後で、相手選手のママやガールフレンドをけなして心理面を揺さぶるんだ。俺はこの「トラッシュトーク」を研究して、かなり得意になったね。口の悪いドレイモンド・グリーンを気取ってた。

インディアナポリスではそれも「バスケのうち」だったのに、この田舎町ではそれが通用しなかった。トライアウトが始まると、俺はドリブルを左右に切り返し、ディフェンスを揺さぶって抜き去ると、相手のメンツを潰すような悪態をついた。そんな俺のマナーにコーチは顔をしかめた(あんたらのあがめるラリー・バードが、最強のトラッシュトーカーなのを知らないのか?)。

俺はすぐにボールを取り上げられ、一度もやったことのないフロントコートのポジションに回された。そのせいでいつもの自分が出せず、いいところなしで終わった。さっきの威勢はどこへやらだ。この日、光っていたのは、ジョニーだった。

その週の唯一の救いは、親友のジョニー・ニコルズと再会したことだ。インディアナポリスに引っ越してからも、ジョニーとはずっと連絡を取り合っていた。俺たちは早速1 on 1の練習を再開した。ジョニーは小柄だけどいいプレーヤーで、トライアウトではピカイチだった。シュートを何本も沈め、難局を打開し、コートを縦横無尽に駆け抜けた。

ジョニーがバーシティ(1軍)チームに選ばれたのも当然だ。一方、俺はお情けでジュニア・バーシティ(2軍)にしか入れず、ショックを隠せなかった。

＊

俺は打ちひしがれた。トライアウトのせいだけじゃないよ。この結果は、俺がうすうす感じていた「変化」を裏づけるように思えたんだ。

ブラジルは外からは前と同じように見えたけど、「何かが変わった」と感じた。小学校時代の俺は、勉強には苦しんだけど、街に少ししかいない黒人として、人種差別に気づいたことも、感じたこともなかった。でも10代の今は、どこにいてもそれを感じた。過敏になったからじゃないよ。あからさまな人種差別は前からあったんだ。

ブラジルに戻ってしばらくした頃、従兄のデミアンと遠くのパーティーに行った。門限を破って一晩中騒ぎ、夜が明けてからばあさんに電話で迎えを頼んだ。

「なんですって？」とばあさんはぴしゃりと言った。「決まりを守らなかったんだから歩いて帰りなさい」

了解《ラジャー》。

ばあさんの家は田舎道の10マイル（約16キロ）〔本書はレースやトレーニングなど、マイル表記のほうが距離がわかりやすい場合が多いため、距離に関してはマイルと概算キロを併記します〕も先だったけど、俺たちはふざけながらブラブラ歩き始めた。俺とインディアナポリス育ちのデミアンは、腰穿きのダボパンに「スターター」のブカブカジャケットという、ブラジルの田舎道ではめったに見かけない格好をしていた。

7マイル（11キロ）ほど歩いたところで、道の向こうから小型トラックがガタガタ音を立ててやってきた。俺たちが道端に寄ってやり過ごそうとすると、トラックはスピードを落としてゆっくりすれ違った。中にティーンが2人いて、荷台にもう1人立っているのが見えた。すると助手席の窓が開いて、野郎が俺たちを指差して叫んだ。「黒人《ニガー》め！」

俺たちは相手にしなかった。頭を下げてそのまま歩き続けた。クソトラックは俺たちの横を通り過ぎてから、砂利道で砂埃《すなぼこり》を上げてキキーッと停まった。振り返ると、ゴロツキが銃を手に運転席を下りて、俺の頭に狙いを定めながら歩いてきた。

「ようクソ野郎、おまえらどこから来た？　ここで何してやがる」

デミアンはゆっくり歩き続け、俺は黙ってそいつと目を合わせた。やつは目の前まで近づいてきた。身の危険が差し迫っていた。全身に鳥肌が立ったが、俺は逃げも隠れもせずに立っていた。しばらくすると、やつはトラックに戻っていった。


ニガーと呼ばれたのは、この時が初めてじゃない。この少し前に、ジョニーと俺は女の子を2人連れてピザハットに行った。俺の好きな黒髪のパムも一緒にな。パムとは両思いだったけど、まだつき合ってもいなくて、ただ無邪気に楽しく過ごしていただけだ。でもパムは、迎えに来た父親に俺といるところを見られると、真っ青になった。

父親は混み合った店内に飛び込んでくると、店中の注目を集めながらドシドシと近づいてきた。そして俺には何も言わずに、ただ娘をにらみつけて叫んだ。「二度とこのニガーと一緒に座るんじゃないぞ！」

パムは恥ずかしさで真っ赤になって、父親に追い立てられるようにして出ていった。俺は呆然と床を見つめたね。こんな屈辱を受けたのは初めてだった。チンピラに銃を向けられた時よりも、この時のほうがよっぽど傷ついたよ。公衆の面前だったたし、相手が大人だったからだ。なぜあんなに憎しみに満ちているのか、わけがわからなかった。

もし彼が俺をあんなに憎んでいるのなら、同じような人がブラジルにはどれだけいるんだろう？　その答えは知りたくもなかった。

＊

「目立たなければ叩かれない」これが、インディアナ州ブラジルでの高2時代の俺の行動原則だ。教室の最後列に身を潜め、イスに沈み込み、休み時間は人混みに紛れて移動した。

高校では外国語が必修だった。ちゃんちゃらおかしいだろう？　無駄だとかそういうんじゃないぜ。英語もろくに読めない俺がスペイン語なんてな。8年もカンニングし続けたせいで、もうアホを隠しきれなくなっていた。進級はしたが何一つ学んじゃいなかった。学校制度をだましているつもりが、実は俺自身をだましていたんだ。

高2の中頃のある朝、俺はスペイン語のクラスに入っていって、後ろの棚から自分の問題集を取った。授業をやり過ごすにはコツがあった。授業は聞かなくてもいいけど、聞いている「ふり」をするんだ。俺は席にどかっと座ると問題集を開いて、前に立つ教師をじっと見つめたね。

そして机に目を落とした瞬間、教室が静まりかえったように思えた。教師の唇は動いているのに、何も聞こえなくなった。問題集に殴り書きされた、俺宛てのメッセージから目が離せなくなった。

問題集の表紙の俺の名前の下に、俺が絞首刑になった絵が落書きされていたんだ。棒人間のへツタクソな絵だ。そしてその下にこう書かれていた。

ニガー《Niger》め、おまえを殺してやる！

ニガー《Nigger》のスペルが間違っていたけど、自分の名前もろくに書けない俺にはわからなかった。でも言いたいことはわかった。教室を見回すうちに、嵐のような怒りが襲ってきて、耳の中でゴウゴウ吹き荒れた。ここは俺の居場所じゃない、ブラジルに戻ってくるんじゃなかった！

それまでに受けた差別が１つひとつよみがえってきた。そして、「やってられるか」って思った。教師の話の途中で立ち上がり、呼び止める声も聞かずに、問題集を持って校長室に走った。怒りのあまり、受付も通らずに校長室にズカズカと入って、校長のデスクの上に証拠物件を投げ出した。

「もううんざりだ」と言った。

校長は名をカーク・フリーマンといった。最近彼と話した時、デスクから見上げた俺の目の涙を今も忘れていない、と言っていたね。

ブラジルでこんなことが起こっていたのは、不思議でもなんでもなかった。インディアナ州南部は昔から人種差別の巣窟《そうくつ》だったんだ。この事件から４年後の１９９５年の独立記念日（７月４日）には、白人至上主義の秘密結社「クー・クラックス・クラン（ＫＫＫ）」が、白装束に白いフードをかぶってブラジルのメインストリートで行進した。

KKKが活発に活動していたセンターポイントは、ブラジルから車で15分ほどの街で、うちの学校にもそこから多くの生徒が通っていた。歴史のクラスでは、そいつらが俺の後ろに陣取って、黒人差別ジョークを飛ばしてきた。俺は別に校長に犯人捜しをしてほしかったんじゃない。ただ、俺の気持ちをわかってほしかっただけだ。

フリーマン校長の目を見て、彼が俺の苦しみを気の毒に思いつつも、困っているのがわかった。俺をどうやって助ければいいのか、途方に暮れていたんだ。校長は問題集に書かれた絵と字をじっくり調べ、それから目を上げて、慰めの言葉をかけようとした。

「デイビッド、これは無知のきわみだよ」と彼は言った。「ニガーのつづりさえ間違っているじゃないか」

俺の命が危険にさらされてるってのに、校長はそんなことしか言えなかった。校長室を出る時に感じたあの孤独を、俺は一生忘れないよ。学校中にヘイトが渦巻いていて、俺の知りもしないやつらが、ただ肌の色が違うというだけで俺を殺したいほど憎んでいる。そう考えるとゾッとした。

同じ疑問が頭をグルグル駆けめぐった。俺を憎んでいるのはどこのどいつだ？「敵」が誰なのか、見当もつかなかった。歴史のクラスのクソ野郎か？ それとも、ダチだと思っているやつらなのか？

この事件は、道で銃を向けられたり、友だちの人種差別的な親に嫌われたりすることとは全然違った。それまでの差別は、少なくとも露骨だった。でもこれは匿名の卑怯な迫害だ。「学校の誰が俺をそこまで憎んでいるんだ？」って疑問は、違う意味で気味が悪くて、頭から離れなくなった。友だちはいたし、全員が白人だったけど、学校中の壁に目に見えないペンキで俺を差別する落書きが書かれているような気がした。そのせいで「オンリーワン」の重圧がますますつらくなっていった。

世界中の人種や性などのマイノリティは、自分のような人間がまわりに1人もいない、「オンリーワン」の状況に入っていく重圧を知っている。ほとんどの白人は、それがどんなにつらいことかわかっちゃいない。残念なことだよ。ちょっと考えればわかるのに。

外に出たら人目について、いちいち難癖をつけられるんだから、家に引きこもりたくもなるだろう？　まあ少なくとも、そんな風に感じる。

本当に差別されているかどうかは、はっきりわからないよ。ただそう感じるだけだ。はっきりわからないのも、それはそれで腹立たしかった。ブラジルでは、俺はどこに行ってもオンリーワンだった。カフェテリアのテーブルでも、ジョニーや仲間たちとの昼飯でも、クラスでも、バスケットボールのコートでも。

この年俺は16歳になり、じいさんが茶色いシボレー・シタシオンのボロ車を買ってくれた。初めて学校に乗っていった日に、運転席のドアにスプレーで「ニガー」と落書きされた。今度はスペルは正しかったけど、フリーマン校長はやっぱり絶句した。

はらわたが煮えくりかえった。でも怒りは表には出ず、内側から俺をむしばんでいった。こんなに強烈な感情をどうしたらいいのか、どこで発散したらいいのかを、俺は知らなかったんだ。

差別してくる相手に、片っ端から反撃したらよかったのか？

*

俺はすでにケンカで3回停学になっていて、もう何も感じなくなっていた。自分の殻に閉じこもって、黒人の自立と独立をめざす「ブラック・ナショナリズム」の沼にハマった。指導者のマルコムXにシビレた。

毎日学校から帰ると、マルコムXの初期の演説映像を狂ったように見ていたよ。心の慰めがほしかったんだ。マルコムXが歴史を分析し、黒人の絶望を怒りに変えた方法に救いを感じた。まあ、政治や経済の思想とやらはチンプンカンプンだったけどな。

俺に刺さったのは、「白人による白人のための体制」への怒りだ。あの頃はヘイトで頭が一杯で、むなしい怒りにとらわれていた。でも俺は「ネーション・オブ・イスラム」〔アフリカ系アメリカ人のイスラム運動組織〕なんてガラじゃなかった。あの組織は厳しい規律を求めるが、当時の俺には規律の「き」の字もなかったんだ。

代わりに、高3になると人種差別的な白人がドン引きする、コテコテの黒人のふりをして、連中を苛立たせた。ケツより下までズボンをずり下げた。車のトランクに家のスピーカーを積んでカーステにつなぎ、スヌープ・ドッグの『ジン・アンド・ジュース』を爆音で流しながら街中を走った。60年代風のモコモコのハンドルカバーをつけて、ルームミラーにデカいサイコロの飾りをつるした。毎朝学校に行く前にバスルームの鏡を見ながら、学校の人種差別主義者を罵倒《ばとう》する言葉を考えた。

ワイルドな髪型も試したね。丸坊主にして頭の左側に細い放射状の剃り込みを入れる、「リバースパート」もやってみた。といっても、俺は人気がなかったわけじゃないよ。街ではクールな黒人の若者で通っていた。でも俺をよく見れば、黒人のカルチャーにハマっていたわけでも、人種差別を批判していたわけでもないのはわかったはずだ。全然そんなつもりじゃなかった。

俺がこういうことをやったのは、俺を憎むやつらの「反応」を見たかったからだ。俺は「人にどう思われているか」を気にしていた。それは薄っぺらい生き方だ。

ただ苦痛に溺れ、何の目的もなかった。お先真っ暗、破滅まっしぐらのチンケな野郎に見られていた。でも、すべての希望を手放したわけじゃないよ。1つだけ夢が残っていたんだ。

空軍に入りたい、という夢が。

＊

俺のじいさんは空軍のコックを37年務めた。それがじいさんの誇りだった。退役後も日曜には空軍の制服で教会に行き、平日は軍の作業服で庭先に座っていたよ。

そんなじいさんの誇りに刺激を受けて、俺は空軍の民間補助機関、「民間航空パトロール（CAP）」に入隊したんだ。週1で集まって隊列を組んで行進し、士官から空軍のいろんな仕事の説明を受けた。そうして俺は、輸送機からパラシュートで降下して撃墜されたパイロットを救出する、「空軍パラレスキュー隊員（降下傘救助隊員）」に憧れるようになった。

高1に上がる前の夏に、「パラレスキュー・ジャンプ・オリエンテーション・コース（PJOC）」っていう、1週間の講習を受けた。ここでも俺はオンリーワンの黒人だった。そしてこの時聞いた、パラレスキュー隊員スコット・ギャレンのとんでもない話が、俺の人生を変えたんだ。

ある日ギャレンは、高度4000メートルから降下する演習中に、別の隊員が自分の真上を降下している状況で、パラシュートを開いた。これはよくあることで、下にいるギャレンのほうに優先権がある。ギャレンは訓練した通り、真上の隊員に手を振って合図をした。でもその隊員が合図を見なかったせいで、ギャレンは重大な危険にさらされた。真上の隊員は、まだ時速190キロで自由降下中だったんだ！

やっと気がついた隊員は、体を弾丸みたいに丸めてギャレンとの衝突を避けようとしたが、手遅れだった。隊員はギャレンのパラシュートを突き破って、膝からギャレンの顔に激突した。パラシュートは破れ、ギャレンは意識を失ったまま、空中に放り出された。隊員のほうはパラシュートを開くことができて、軽傷で着地した。

ギャレンは着地するというより、ぺちゃんこになったバスケットボールみたいに、3度も地面から跳ね返った。でも意識がなくなって体が脱力していたおかげで、時速160キロで地面に叩きつけられたのに、体がバラバラにならずにすんだんだ。手術台で2度心臓が止まったけれど、

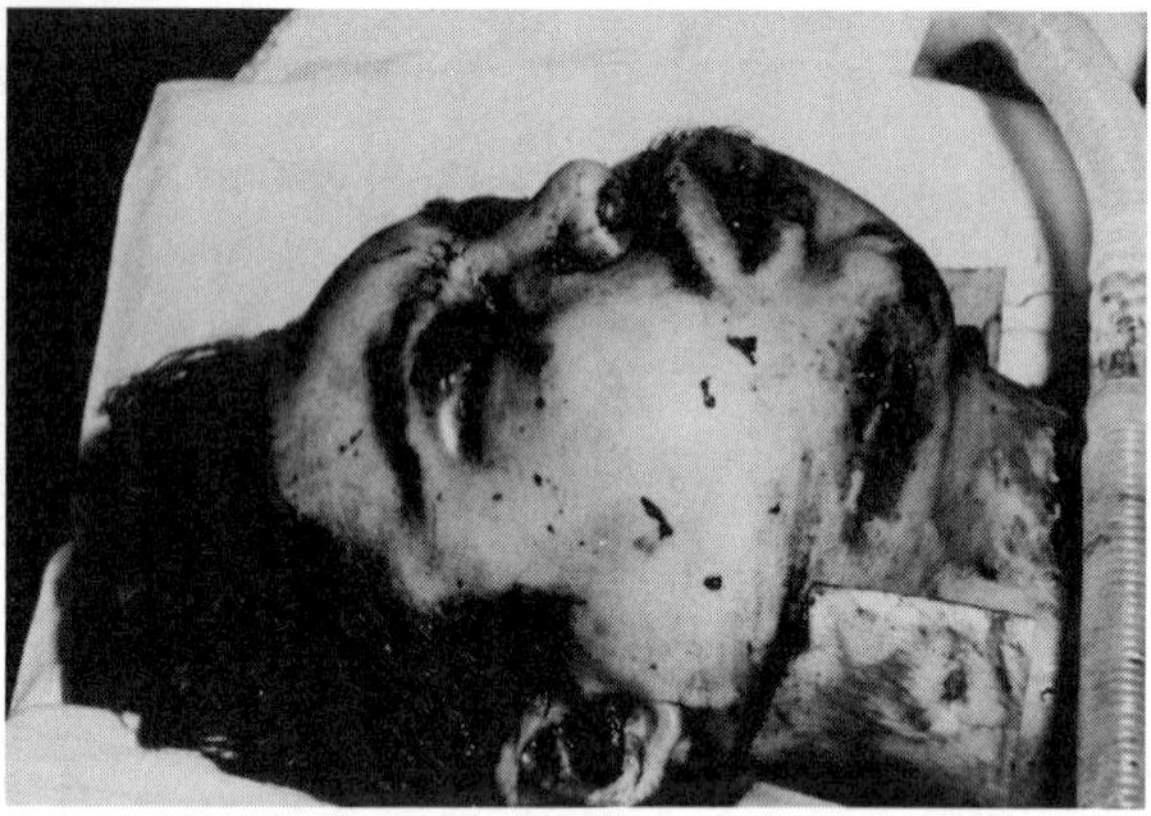

事故後のスコット・ギャレン。

救命医たちの必死の努力で生還した。

病院のベッドで目を覚ました時、「この先完全に回復することはないし、二度とパラレスキュー隊には戻れない」と宣告された。でも事故から18か月後、ギャレンは医学の限界を乗り越えて完全に回復し、愛する仕事に戻ることができたんだ。

この話は何年も俺の頭を離れなかった。ギャレンが絶望的な状態からよみがえったことに、自分の境遇を重ね合わせたからだ。

ウィルマスを殺され、人種差別の波に揉まれていた俺は（君をうんざりさせたくないから全部は語らないが、ほかにも数え切れないできごとがあった！）、「生身で自由降下」しているような不安とよるべなさを感じていた。

でもギャレンは、**「死以外のどんなことも乗り越えられる」**ことを、身をもって証明した。彼の話を聞いた瞬間、高校を出たら絶対空軍に入る、と決めた。そのせいで、学校に通う意味を見失ってしまったけどな。

とくに、高3〔著者が通った高校は4年制〕でバスケのバーシティチームに選ばれなかったことで、学校をやめたくなった。俺のスキルが足りないせいじゃないよ。俺がずば抜けたプレーヤーで、バスケに打ち込んでいることを、コーチは知っていた。寝ても覚めてもジョニーとプレーしていた。俺たちの友情そのものがバスケを中心に成り立っていた。

でも俺は、高2の時にジュニアチームで活躍させてもらえなかったことにムカついて、夏練をサボったんだ。コーチはそんな俺を、「チームへの献身が足りない」と決めつけた。だから俺はバーシティチームに選ばれず、そのせいでバスケで大学に行くために成績を上げる意味がなくなっちまった。まあどっちにしろ、カンニングでギリギリしのいでいただけだったけどな。学校に行く意味なんかない、少なくとも俺にはそう思えた。

あの頃は、軍が教育をあんなに重視するなんて知らなかった。志願したら誰でも入れるとナメていた。でも2つのできごとをきっかけに、「変わらなければ」と思い始めた。

＊

1つは、高3の時に「ASVAB《アズバブ》（軍隊職業適性試験）」に落ちたことだ。ASVABは知識と学習能力を測る、軍隊版の共通テストなんだ。俺は得意のカンニングで切り抜けるつもりだった。それまでもずっとテストや授業で人の答案を写してきたからね。

でもASVABで着席したとたん、ぶったまげた。カンニング防止のために列ごとに問題を変

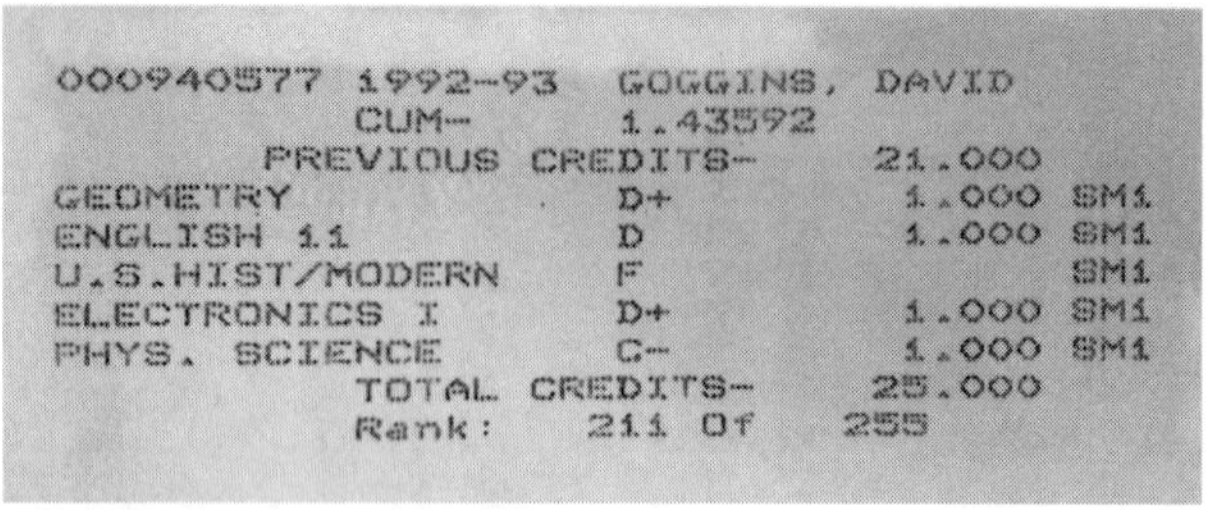

```
000940577 1992-93  GOGGINS, DAVID
          CUM-       1.43592
       PREVIOUS CREDITS-       21.000
GEOMETRY               D+       1.000 SM1
ENGLISH 11             D        1.000 SM1
U.S.HIST/MODERN        F              SM1
ELECTRONICS I          D+       1.000 SM1
PHYS. SCIENCE          C-       1.000 SM1
          TOTAL CREDITS-       25.000
          Rank:     211 Of    255
```

高3の成績表。〔A、B、C、D、Fの5段階評価でDやF（落第）が並んでいる。255人中211位〕

えていて、左右両隣が俺と違う問題を解いていたんだ！　だから仕方なく自力で解いて、99点満点中20点しか取れず惨敗したよ。空軍に入る最低ラインはたった36点だってのに、それにも届かなかった。

変化が必要だと痛感したもう1つのきっかけは、高3が終わる直前の夏に学校から送られてきた手紙だ。

母さんはウィルマスが死んでから、まだ底なしの悲しみに沈んでいて、気を紛らわせるためにできるだけ忙しくしていた。学位を取ってからはデポー大学でフルタイムで働き、インディアナ州立大学で夜間講座を教えていた。

立ち止まったら最後、現実をいやでも考えてしまう。だから忙しく立ち働いて、日中はほとんど帰らなかったし、学校の成績を見せろとも言わなかった。

高3の1学期が終わった時もそうだったな。ジョニーと俺はFやDが並ぶヒサンな成績表を持ち帰った。2人でゲラゲラふざけながら、2時間かけてF（落第）をBに、DをCに見えるように細工したんだ。妙に自慢したくなって、書き換えた成績表を母さんに見せようとしたけど、母さんは目もくれずに俺の言葉をそのまま信じたね。

母さんと俺は「家庭内別居」みたいなもんだった。俺は自分で自分の面倒を見ていたから、母さんの言うことを聞かなくなった。あの手紙が届く10日ほど前にも、パーティーで門限を破って家を追い出されていたんだ。ルールを守れないなら出ていけ、ってね。

俺は何年も前から自立しているつもりだった。料理も洗濯も自分でやっていた。別に母さんに腹を立てていたんじゃないよ。反抗期だったし、母さんがいなくてもやっていけると思っていただけだ。

家を追い出されてから10日ほどで、持ち金がなくなった。たまたまその日の朝に、母さんがジョニーの家に電話をかけてきて、学校から手紙が来たって知らせてくれた。無断欠席が4分の1を超え、成績の平均がDだから、4年生で成績と出席状況を大幅に改善しない限り卒業は認められないってさ。母さんは別に腹を立ててたんじゃない。怒るより疲れ果てていた。「帰って読むよ」と俺が言うと、「その必要はないわ」と母さんはぴしゃりと言った。「落第しそうなのを知らせたかっただけ」

その日の夜遅く、俺は腹ペコで帰った。許してくれとは言わなかったし、母さんも謝れとは言わなかった。ドアだけ開けて、中に入れてくれた。俺が台所でピーナッツバターとジャムのサンドイッチをつくっていると、母さんが何も言わずに手紙を差し出した。俺は自分の部屋に戻って読んだ。マイケル・ジョーダンと特殊部隊のポスターをベタベタ貼った部屋だ。どっちの夢も、俺の手の届かないところに行こうとしていた。

＊

その夜風呂から上がると、バスルームのさびた鏡をぬぐって、自分をじっくり観察した。俺を見返すその顔つきが気にくわなかった。未来も目標もない、チンケな不良がそこにいた。

むしゃくしゃして、クソ野郎の顔を殴って鏡を粉々にしたかった。代わりに、やつに説教した。現実に向き合う時が来ていた。

「よう、おまえ」と俺は言った。**「おまえみたいなやつを、空軍がほしがると思うか？　何の信念もない、ただの厄介者じゃねえか」**

シェービングクリームを取って顔に薄く延ばし、新しいカミソリでひげを剃りながら続けた。

「おまえはアホなクソッタレだ。小3並みの読み書きしかできないじゃねえか。とんだお笑いぐさだぜ！　バスケ以外、何の努力もしたこともないおまえが、空軍をめざす？　笑わせやがる」

頬とあごの無精ひげを剃り終え、次は頭にかかった。何が何でも変わりたかった。新しい人間になりたかった。

「軍人がズボンを腰穿きしてるかよ？　チンピラみたいなしゃべり方すんな。そんなんで成功できるはずがねえだろ！　大人になれよ！」

湯気が立ち込めていた。魂からあふれ出た熱気が肌から立ち上った。ストレス発散のつもりで始めたものが、自分を見つめ直し、改造するためのセッションになっていた。

「みんなおまえが悪いんだ」と俺は言った。**「ああ、知ってるよ、いろいろあったんだろ。おまえがどんな目に遭ってきたかは知ってるさ。俺もそこにいたんだよ、このクソッタレめが！　まったくおめでたい野郎だぜ。誰もおまえのことなんか助けに来やしないさ。母さんも、ウィルマスもな。誰もだ！　自分でやるしかねえんだよ！」**

語り終えた時には丸坊主になっていた。頭皮から玉のような汗が噴き出し、額から鼻筋を通ってポタポタ床に落ちた。

俺は違う人間に見えた。そしてこの時生まれて初めて、自分と真正面から向き合った。これが俺の新しい儀式になり、それから何年も続けた。そのおかげで俺は学校の成績を上げ、たるんだ体を絞り、高校を卒業して、空軍に入ることができたんだ。

単純な儀式だよ。毎晩顔と頭を剃って、自分のリアルな姿を観察し、それを声に出してガツンと言う。目標を立てて、ふせんに書いて、鏡のまわりに貼る。これを**「自分と向き合う鏡」**と名づけた。来る日も来る日も、自分の立てた目標に、責任を持って向き合ったからだ。最初の目標は、「体を絞る」と「進んで家事をやる」だった。

軍隊にいるみたいに毎日ベッドメイキングしろ！

ズボンを上げろ！

頭を毎朝剃れ！

庭の芝生を刈れ！

皿を全部洗え！

それ以来、俺はこの鏡のおかげで、道を踏み外さずにいられている。そして、この方法を思いついたのはまだ若い頃だったけれど、鏡は人生の「どんな段階にいるどんな人にも」役立つことがわかったんだ。

たとえば引退を前にして、新しい自分になろうとする時。つらい別れを経験した時。太ってしまった時。障害やケガを乗り越えようとする時。何の目的もなく生きてきて、人生を無駄にしたことに気づいた時。そんな時に感じるネガティブな気持ちは、「変わりたい」という心の叫びなんだ。でも、変わるのは簡単なことじゃない。この儀式が俺を変えてくれたのは、俺の「言い方」がよかったからだ。

回りくどい言い方はしなかった。本当のことをズバズバ言った。自分を叩き直すには、そうするしかなかったからだ。

高校4年に上がる前のあの夏、俺は怯えていた。不安だった。俺は勉強ができなかった。10代の間ずっとちゃらんぽらんに生きていた。大人や世間をだませると思っていた。ズルやイカサマを重ね、一見前進しているように見えていたが、結局は現実の壁に跳ね返された。その夜、家に帰って学校からの手紙を読んで、「もう現実を否定できない」と悟った。それを自分にビシバシ突きつけたんだ。

「おいデイビッド、おまえは勉強に真面目に取り組んでいないな」、なんて遠回しな言い方はしなかった。ありのままの自分を直視する必要があった。自分を変えるには、今の自分と正面から向き合わないと始まらない。勉強ができず、学校をナメてきたなら、**「おまえはアホだ！」**と自分に言う。「人生を踏み外すぞ、死ぬほど勉強しろ」と伝えるんだ。

鏡の中にデブがいたら、「2キロ落とせ」なんてなまっちょろいことは言わない。**「おまえはデブ野郎だ！」**と真実を告げる。それでいいんだ。デブならデブだと言う。

毎日見つめるクソ鏡がありのままの自分を映しているのに、ウソをつき続けて何の意味がある？　ちょっとの間気分がよくなるだけで、何も変わりゃしない。デブならデブだという事実を変えるしかない。だってそれは健康に悪いからだ。俺もそうだった。

大嫌いな仕事なのに怖くてやめられず、30年もやり続けているのは、へなちょこ野郎だからだ。ただそれだけのことだ。**自分に真実を告げろ！**　さんざん時間を無駄にしてきたけれど、無駄死にしないために、勇気を持って夢を実現するぞ、と。

自分にダメ出しをするんだ！

誰も厳しいことなんか聞きたくない。個人として、社会として一番「聞く必要があること」から耳を塞ごうとする。この世界はぶっ壊れていて、社会には大きな問題がたくさんある。社会が今も人種や文化によって分断されているのに、それに向き合う度胸がないんだ！

差別や偏見はまだあるのに、目をつぶって認めようとしない。ブラジルの住民は、あの小さな街に人種差別があるってことを今も認めたがらない。だから俺はカーク・フリーマン校長をリスペクトしている。2018年春に電話で話した時、校長は俺が経験したことをはっきり覚えていた。彼は真実を恐れない、数少ない1人だ。

もし君が「オンリーワン」なら、現実の大虐殺のような状況にとらわれているのでもない限り、ありのままの自分に向き合おう。君の人生がぶっ壊れたのは、あからさまな差別や、社会に組み込まれた偏見のせいじゃない。君が機会を奪われたり、稼ぎが少なかったり、家を立ち退かされたりしたのは、アメリカのせいでも、クソ大統領のせいでも、祖先が奴隷だったからでも、移民やユダヤ人、女性、ゲイへのヘイトのせいでもない。

そういうことのせいで「人生がうまくいかない」と思っているなら、教えてあげよう。**君を押しとどめているのは、君自身だ！**

君は全力を尽くさずにあきらめている！　君が限界突破できない「本当の理由」を自分に告げれば、ネガティブな気持ちをジェット燃料に変え、不利な状況を滑走路に変えられるんだ！

もう無駄にできる時間はない。時間は砂漠の小川みたいに瞬間蒸発してしまう。だからこそ、今この瞬間から、君自身を成長させるために、君に厳しくなろう。君を高めるために、打たれ強くなろう。

鏡の中の自分を甘やかしていたら、現状を変えて未来を切り拓くために「生まれ変わろう」、なんて思わないだろう？

＊

初めて鏡の中の自分に向き合った次の朝、俺は車のハンドルカバーとサイコロの飾りをゴミ箱に捨てた。シャツをズボンにたくし込んでベルトを締めた。新学期が始まると、仲間と昼飯を食べるのをやめた。人に好かれるためにクールなふりをするのは時間の無駄だと、やっと気づいたんだ。人気者とつるむのはやめて、1人で食べた。

言っとくけど、俺は魔法みたいに瞬時に変身を遂げたわけじゃないよ。突然現れた幸運の女神に救われたんじゃない。俺が犬死にしなかった理由はただ1つ、最後の最後に本気を出したからだ。

高4の1年間、俺の眼中にはワークアウトとバスケ、勉強しかなかった。そして、自分に挑み続ける意欲をくれたのが、あの「自分と向き合う鏡」だったんだ。ほとんど毎日夜明け前に起きて、朝5時からYMCAで筋トレをしてから学校に行ったね。昼間も暇を見て走り、暗くなると近所のゴルフクラブのまわりを走った。

ある晩、それまでの人生の最長記録の13マイル（20キロ）を走った。走っていると、見覚えのある交差点まで来た。前にゴロツキに銃を突きつけられた場所だ。怯えてUターンしたが、半マイル（800メートル）ほど逃げたところで、「戻れ」という心の声を聞いた。交差点にもう一度戻って、立ち止まった。でも恐怖で心臓が飛び出しそうになり、走って通り過ぎようとしたんだ。

すると、どこからか野良犬が2匹やってきて、うなりながら街路樹に挟まれた道を追いかけてきた。1歩先を走るのがせいぜいだった。あのトラックがまた現れて、1965年頃にミシシッピで多発した黒人殺害事件のように、俺をひき殺すんじゃないかと、ビビりまくってた。俺はどんどんスピードを上げて、息を切らしながら走り続けた。とうとう野良犬はあきらめてどこかへ行ってしまった。

残ったのは俺と、荒い息遣い、そして田舎の深い静けさだけ。なぜだか気分がすっきりした。そして折り返した時には、もう恐怖は消えていた。俺はこの通りを克服したんだ。

それ以来、俺はあえて「不快なこと」をやるようになった。雨が降っていたら、走りに行く。雪が降り始めたら、俺の心は「ランニングシューズを履け」と言ってくる。

何もかもが嫌になると、自分と向き合う鏡の世話になった。でもあの鏡に向き合い、自分と向き合い続けたことで、不快なことを乗り越える意欲が湧いて、どんどんタフになった。そうしてタフで打たれ強くなったおかげで、目標をどんどんクリアできたんだ。

＊

一番つらかったのは、勉強だ。台所のテーブルが、俺の毎日、毎晩の自習室になった。ASVABで2度目の不合格を食らった時、母さんは俺が空軍に本気で入りたがっていると知って、家庭教師を見つけてきた。

この先生が、俺に合った勉強のやり方を考えてくれた。それは記憶法だ。俺はちょっとノートを取っただけじゃ何も覚えられない。だから教科書を読んで、ノートに1ページ1ページ書き写す。それを2度、3度とやる。学習っていうよりは、書き写す、覚える、思い出す、をくり返して、頭の中に知識を焼きつけていったんだ。

これを英語でやった。歴史でやった。数学の公式も、書いて書いて暗記した。家庭教師に1時間教わったら、ノートを読み返して頭に叩き込むのに6時間かけた。自習の時間割と目標をふせんに書いて、自分と向き合う鏡のまわりに貼った。で、俺はどうなったと思う？　ガリ勉野郎になったぜ！

俺の読み書きは、半年で小4から高校卒業レベルに上がった。語彙はグングン増えた。単語帳を何千枚も書いて、何時間も、何日も、何週間も復習した。

これは、俺なりの「生き残り戦略」でもあった。この成績じゃ大学には入れない。それにバスケでも、高4でバーシティチームのスタメンにはなったけど、大学スカウトの間で俺は無名だった。俺が心に決めていたのは、「インディアナ州ブラジルを出てやる」ってことだけ。そしてそれを実現できる唯一最大のチャンスは、軍に入隊することだった。そのためにはASVAB合格が絶対条件だ。3度目のトライで、とうとう空軍の最低ラインをクリアした。

目的を持って生きることで、少なくとも一時的に、俺は大きく変わった。高4の1年間を勉強とワークアウトに費やしたおかげで、心にエネルギーがみなぎり、ヘビが脱皮するみたいに、魂から憎しみがスルッと抜け落ちたんだ。

俺の心を乗っ取り、俺を内側から焚きつけていた、ブラジルの人種差別への恨みが消え去った。なぜだと思う？　そういうネガティブな感情の大もとと向き合ったからだ。

俺を不安にさせるやつらをじっくり観察した。そして、やつら自身も不安に駆られているんだと気づいた。俺のことを知りもしないのに、ただ人種が違うってだけでからかったり脅したりするのを見れば、「おかしいのは俺じゃなく、やつらだ」ってわかる。

でも自分に自信がないと、やつらが「どういう人間なのか」を考えもせずに、彼らの偏見に呑まれてしまう。

バカげているけれど、これは、とくにオンリーワンの状況で不安な時にハマりやすい落とし穴なんだ。俺はそれに気づいたとたん、やつらのことで悩むのは時間の無駄だと悟った。そしてこう思った。「これからあいつらを見返してやる、そしてそのためにはやるべきことがたくさんある」ってね。侮辱され、見下されるたび、悔しい気持ちを燃えさかるエンジンに「燃料」としてくべていったんだ。

高校を卒業する頃には、俺は知っていた。**俺が身につけた自信は、理想的な家族や、天性の才能がくれたものじゃない。その自信は自分と向き合い、自分を受け入れることで手に入れたものだ、ってことを。自分をありのままに受け入れれば、進むべき道は必ず見つかる。**

俺は自分を受け入れたことで、ブラジルから永久に去る道を見つけた。でも完全に逃げおおせたわけじゃなかった。君も、骨の髄まで苦しめられた状況を乗り越えた時、戦いに「勝った」ような気になるかもしれない。その幻想にだまされちゃいけない。

君の過去や、君の奥深くにある恐れは、ただ眠っているだけで、2倍の力を持ってよみがえることがあるんだ。だから気をつけなくちゃならない。俺の場合は、空軍に入って、自分がまだヤワで不安を抱いていると思い知らされた。

俺の心身はまだまだ強くもタフでもなかったんだ。

チャレンジ#2 「鏡の自分」と真正直に向き合おう

鏡に映る君にガンを飛ばして、「ありのままのリアルな君」と向き合う時が来た。これは「自己肯定感を高める」とかいう小手先のテクニックじゃない。いい加減にやってはいけない。エゴを満足させるためにやるんじゃない。これはエゴを捨てて、「本当の君」になるための第一歩だ！

俺は「自分と向き合う鏡」のまわりにふせんを貼った。君もぜひやってほしい。デジタル機器じゃダメなんだ。君の不安や夢、目標をふせんに1つひとつ手で書き出して、鏡のまわりに貼りつけていこう。

勉強が必要なら、**頭が悪いから死ぬほど勉強する必要がある**、とはっきり書こう！　鏡の向こうに太りすぎのやつがいたら、**それはクソデブだってことだ！**　それを受け入れよう！

このチャレンジでは、君に厳しくしよう。自分を高めるためには、打たれ強くなる必要があるからだ。

目標が仕事のこと（転職する、起業するなど）であれ、生活（減量する、体を動かすなど）や運動（初めて5キロや10キロ、マラソンの距離を走るなど）のことであれ、今の君がどういう状態で、目標を達成するためには毎日どんなステップをクリアしていく必要があるのかを、ありのまま認めよう。そしてすべてのステップや通過点を、1つひとつふせんに書くんだ。

たとえば君の最終目標が「20キロ減量する」なら、最初にふせんに書くのは「1週間で1キロ落とす」かもしれないね。そのステップをクリアしたら、ふせんをはがして、2キロや3キロに増やした目標を立てる。最終目標を達成するまでそれをくり返してほしい。

どんな目標でも、そこにたどり着くための1つひとつの小さなステップに、責任を持って取り組もう。君自身を磨くためには、「本気の努力」と「自分を管理する能力」が欠かせない。毎日見るクソ鏡が、ありのままの君を映し出している。目を背けるのはもうやめよう。それを起爆剤にするんだ！

気が向いたら、ふせんを貼りつけた鏡を見ている君の画像に、ハッシュタグ　# canthurtme　#自分と向き合う鏡　をつけて、SNSにアップしてくれよ。

3章 不可能なタスク

心身の限界は「本物の限界」とは限らない

真夜中過ぎの通りは静まりかえっていた。俺は小型トラックを駐車場に停めて、エンジンを切った。静けさの中で聞こえるのは、街灯のジーッという音と、俺が走らせるペンの音だけだ。契約店に害虫トラップを設置し終えて、ファストフード店や飲食店の厨房のリストにチェックマークを入れた。こういった店には、君の知らない夜の「お客さん」が訪れる。それらを退治するために、俺たちのような連中が夜中にやってくるわけだ。俺はクリップボードを運転席の肘掛けの下にたくし込むと、道具をつかんでトラックを下り、今度はネズミ捕りの補充に取りかかった。

その小さい緑の箱はどこにでもあるよ。今度レストランに行ったら見回してみてくれ。すぐわかるところに置かれているから。そういう罠を仕掛け、動かし、補充するのが俺の仕事だった。ネズミの死骸を見ることもあった。でも驚かなかったよ。死はにおいでわかるからさ。

これは、俺がパラレスキュー隊員をめざして入隊した、「空軍」の任務じゃない。入隊した19歳の時は体重80キロだったけど、除隊となった4年後の今は135キロ近くの巨漢になって、違う種類の「パトロール」をしていた。

この体重じゃ、餌を仕掛けるためにかがむのも一苦労だった。クソデブの俺は、片膝をついた時に作業ズボンの股が裂けないように、股当てにスポーツ用ソックスをぬいつけて補強していたよ。ウソじゃないぜ。まったくトホホな格好だった。

外のチェックが終わったら、今度は店内だ。中にも害虫はうようよいる。俺はインディアナポリスの担当地域にある、ほとんどの飲食店のカギと警報器の解除コードを持たされていた。店内に入ると、薬剤を満タンに入れた銀色の噴霧器を背負って、ガスマスクをつけた。ほら、映画に出てくる宇宙人がいるだろ？　あれにそっくりだった。マスクの口の部分が飛び出していて、有害物質から俺を守ってくれる。

守ってくれる、か……。

この仕事に少しでもいいところがあるとしたら、それは人目につかないことだ。深夜に働いて、暗闇の中を出入りする。だから俺はガスマスクも気に入っていたね。マスクは絶対に欠かせない。殺虫剤から身を守るためだけじゃないよ。マスクのおかげで人目、とくに自分の目から自分を隠せたからだ。ガラス戸やステンレスの調理台に映る自分の姿が見えても、「それは俺じゃねえ」と思うことができた。それはどっかのクソ野郎、チンケな虫ケラ、残り物のブラウニーをくすねるようなクズだ。

俺じゃねえ。

調理台やタイルの床に薬剤を撒《ま》くために部屋の電気をつけると、ゴキブリが物陰にカサカサと音を立てて隠れた。仕掛けた粘着シートにくっついたまま死んだネズミもいた。死骸は袋に入れて捨てる。蛾やハエをおびき寄せて殺すライトを点検して清掃する。作業は半時間ほどで終わり、次の飲食店に向かう。毎晩十数軒の店を訪問して、夜明け前に全部終わらせた。

ゾッとするような仕事だろう？　俺も思い出すたびゾッとするよ。といっても、仕事が悪いんじゃない。あれは必要とされるまっとうな仕事だった。

空軍でも似たようなことをやっていたしね。新兵訓練のブートキャンプが始まったとたん、俺は訓練軍曹のご機嫌を損ねて、トイレ掃除の担当にさせられたんだ。兵舎のトイレ磨きが俺の日課になった。ほんのちょっとでも汚れが残っていると、別の部隊に移って訓練初日からやり直せと脅された。だから心してやったね。

空軍に入れただけで有頂天だったから、文句ひとつ言わずにピカピカに磨き上げたよ。トイレの床に落ちた食べ物だって食べられるくらいにな。でも4年後の今、張り切ってトイレを磨いていた俺はどこかに行ってしまい、もう何も感じなくなっていた。

「トンネルの先には光がある」って言うよね。でも目が闇に慣れたら、トンネルを抜け出したいとも思わなくなる。それが俺に起こったことなんだ。俺はマヒしていた。人生にマヒし、結婚生活に絶望し、クソみたいな現実を受け入れていた。

戦士になり損ねた夜勤のゴキブリ駆除係。生きている時間を切り売りする無気力なゾンビ。それが俺だった。こんな仕事をやっていたただ1つの理由は、これでも前の仕事に比べればまだ待遇がよかったからだ。

＊

軍を除隊になった後、俺は聖ビンセント病院の職を紹介された。夜11時から朝7時までの警備の仕事で、月給は最低賃金の700ドル。

ここで働いている頃、「エコラボ」という害虫駆除業者のトラックが、病院の駐車場に停まっているのをよく見かけた。エコラボは俺たちの病院も巡回していて、厨房のカギを開けるのが俺の役目だった。

ある晩エコラボの担当者に、作業員募集の話を聞いた。無料でトラックを使えて、上司の監視もない上、病院の仕事よりペイが35％増しだっていうんだ。健康リスクなんてどうでもよかった。ホイホイ飛びついたね。

あの頃の俺は、何も考えずにすむ「一番楽な道」を選び、荒波に揉まれるまま生きて、ゆっくり死に向かっていた。でもマヒしていたとはいえ、自分が何をしているのかはわかっていたよ。気が散るものがない暗い夜は、いろいろ考えてしまうからさ。俺はドミノ倒しの「最初のドミノ」を押してしまったことを、はっきり自覚していた。害虫・害獣駆除も、そこからなし崩し的に舞い込んできた仕事だった。

空軍は俺の「脱出口」になるはずだった。あの訓練軍曹のせいで、俺は結局別の部隊に移され、一から訓練をやり直す羽目になった。でも身長188センチ体重80キロの俊敏で屈強な俺は、新兵の花形になり、俺たちの部隊はブートキャンプ一の飛行小隊になった。そしてついに、あこがれの空軍パラレスキュー訓練が始まった。

パラレスキュー隊は、「牙《きば》を持つ守り神」とも呼ばれる。敵陣に空から舞い降りて、撃墜されたパイロットを救出するからだ。俺は訓練部隊の中でも成績優秀で、腕立て伏せでも、腹筋やバタ足、ランでも一番だった。優等卒業生に手が届きそうだったが、1つだけ、訓練前に聞いていなかった誤算があった。それは「水中コンフィデンス《自信》」っていう訓練だ。

簡単に聞こえるけど、要は何週間もかけて訓練生を溺死させようとする訓練なんだ。そして俺

ボーイスカウト隊。

は水が死ぬほど苦手だった。

生活保護と公営団地は3年で抜け出したけれど、水泳を習う余裕なんかなく、プールには近寄らなかった。初めて泳いだのは、12歳でボーイスカウトのキャンプに参加した時だ。

親父のもとを離れてから俺はボーイスカウトに入っていた。こういうキャンプは、ボーイスカウトの最高ランク、「イーグルスカウト」になるためのメリットバッジ（技能章）を揃える絶好のチャンスなんだ。

ある朝、水泳のメリットバッジをもらうための課題をやった。浮きで区切られた湖のコースを1マイル（1600メートル）泳ぐんだ。みんなさっさと飛び込んで泳ぎ始めた。メンツを保つためには、泳げるふりをしなくちゃいけない。俺も後について湖に入り、必死に犬かきをした。水を飲みすぎてすぐ背泳ぎに切り換え、結局1マイルのほとんどを、見よう見まねの背泳ぎで泳ぎ切ったね。メリットバッジはゲットした。

＊

パラレスキュー隊に入るための水泳テストは、もっと本格的な、時間制限つきの500メートル自由形だ。俺は19歳になってもクロールを知らなかった。本屋で買った『サルでもわかる水泳』の図を見て、毎日プールで練習した。顔を水につけるのも嫌だったけど、1かき、2かきと距離を延ばし、やっと端から端まで泳げるようになったね。

俺たち黒人の体は白人より水に浮きにくい。泳ぐのを一瞬でもやめたとたん、体が沈み始めちまう。パニックでドキドキして体に力が入ると、ますます沈む。この水泳テストには合格したけれど、ただ「泳げる」のは「得意」とは違うし、「得意」と「自信」はもっと違う。浮力が足りないと水中コンフィデンスは難しく、不合格になりやすいんだ。

パラレスキュー訓練の水中コンフィデンスは、10週間の訓練プログラムの一環で、特殊な強化訓練を通して、ストレス下でも冷静に水中の任務ができるかどうかをテストする。

俺がとくに苦手だったのが、「ボビング（上下運動）」って演習だ。5人ずつのチームに分かれて、プールの浅いほうの端に横一列に並ぶ。背中には薄いメッキ鋼板製の28リットル酸素タンク、腰には7・3キロの重量ベルトという、めちゃくちゃ重い装備をつける。おまけにタンクを使って呼吸することは許されない。この格好で、まず水深90センチの浅い端から3メートルの深い端まで、傾斜しているプールの底を後ろ向きに歩くんだ。この体勢でゆっくり歩いていると、疑念やネガティブな気持ちが頭の中をグルグル渦巻いた。

おまえ、こんなとこで何やってんだ？　ここはおまえの居場所じゃねえだろ！　おまえは泳げないんだ！　イカサマがバレるぞ！

時間の流れが遅くなり、1秒が1分にも感じられた。肺に空気を入れようとして、横隔膜がけいれんを起こしそうになる。水中演習では「落ち着きが肝心」だと頭ではわかっていても、怖すぎて体に力が入り、拳を握りしめるみたいに歯を固く食いしばった。パニックを抑えようとすると、頭がズキズキしてきた。

やっと全員が深いほうの端に着くと、そこで「ボビング」の開始だ。水底を蹴って、足に着けたフィン（ヒレ）を使わずに水面に浮上し、一息吸ってから、また沈む動作をくり返す。重りをつけたまま浮上するのは楽じゃないが、少なくとも呼吸ができるのはうれしかった。

最初の一息にほんとに救われた。酸素が体中に行き渡り、体がリラックスし始める。でもまた水中に沈むと、教官が「交換！」と叫ぶ。この声を聞いたら、フィンを足から外して手にはめて、水底から腕を一かきだけして水面に浮上するんだ。水底を手で押してもいいが、足で蹴ってはいけない。これを5分くり返す。

水中コンフィデンスでは、体に負荷がかかる上に酸素摂取量が制限されるから、水面近くでの失神は珍しくなかった。手にフィンをはめているせいで、ギリギリ呼吸できるだけの高さまでしか顔を水面に出せないし、呼吸と呼吸の間は激しく体を動かし続けて酸素を燃やしている。

酸素を燃やすペースが速すぎると、脳が酸欠状態になって失神してしまう。教官はこれを「魔法使いに会う」って呼んでいたよ。ボビングをしていると時間が刻々と過ぎ、頭の中で星が回り始めて、魔法使いが忍び寄ってくるのを感じた。

*

この演習に合格した後は、腕や足を使っての水中移動が得意になった。でも最初から最後まで俺がずっと苦手だったのは、もっと単純な、手を使わない「立ち泳ぎ」なんだ。

両手とあごを水面から高く上げたまま、足だけをミキサーのようにグルグル回転させながら、3分間立ち泳ぎをする。3分なんて短いように思えるし、クラスのほとんどが楽々やっていたけど、俺には不可能に近かった。あごが水面についたとたん、0秒からのやり直しになる。みんながほとんど足を動かさずに涼しい顔でやっている中、俺は足を全速力で回転させているのに、重力なんて屁とも思わない白人の仲間の半分の高さにも上がれなかった。

プールでは毎日が屈辱だった。人前で恥をかいたわけじゃない。演習には全部パスしたよ。でも心が苦しかった。夜になると次の日の訓練のことで頭が一杯になって、恐怖で眠れない時もあった。やがてその恐怖は、楽に訓練をこなすクラスメイトへの恨みつらみに変わり、そして暗い記憶がよみがえってきた。

俺は部隊でオンリーワンの黒人だった。そういう状況にいると、インディアナ州の田舎町での子ども時代をいやでも思い出してしまうんだ。そして、水中コンフィデンス訓練がつらくなるにつれて、水への恐怖が膨れ上がり、心に渦巻く感情に溺れそうになった。

クラスメイトが眠っている間も、恐れと怒りが血管の中で煮えたぎった。そして、不安は現実になった。荒れ狂う恐怖のせいで、「やめたい気持ち」を抑えられなくなったんだ。失敗はもう目に見えていた。


こういったすべてが爆発したのが、6週目の「バディ呼吸」演習の時だ。

この演習では2人1組でペアを組んで、相棒《バディ》の前腕をつかみながら、1つのシュノーケルを使って2人で代わる代わる呼吸する。でもその間に、教官があれやこれやと妨害して、俺たちをシュノーケルから引き離そうとしてきやがる。

普通は水面近くでやる演習だけど、体が浮かない俺は深さ3メートルのプールの真ん中辺りまで沈んで、バディも一緒に引きずり下ろしてしまったよ。バディが一息吸ってから、俺にシュノーケルを渡す。俺は浮上してシュノーケルのパイプを水面から出し、息を吐いてパイプから水を出してから、大きく吸い込んでバディに渡す、って手順だ。

でも教官が妨害してくるせいで、いつもパイプに入った水を半分しか噴き出せず、そのせいで空気よりも水をたくさん吸い込む羽目になった。おまけに水面の近くにとどまるために足を激しく動かしているせいで、最初から酸素不足なんだ。

軍事訓練での教官の仕事は、部隊の中で誰が弱いのかを見きわめ、「成績を上げるか、やめるか」を迫ることにある。そして俺が四苦八苦しているのは、教官にはお見通しだった。

その日は教官の1人が俺を狙い撃ちにして、怒鳴りつけたり叩いたりしてきた。俺は息ができなくなって、「魔法使い」から逃れるために、細い管から必死で空気を吸い込もうとした。でもついに失神しちまった。死んだヒトみたいに倒れて、クラスメイトを見上げていたのを覚えているよ。みんなが落ち着いて楽々とシュノーケルを渡し合っているのが腹立たしかった。今の俺なら、教官はただ仕事をしていただけだとわかる。でもその頃の俺は「こんなのフェアじゃねえ！」と憤（いきどお）っていた。

この演習にも最後には合格した。でも水中コンフィデンスはあと4週間あって、演習がまだ11種類も残っている。パラレスキュー隊は輸送機やヘリから海に飛び込むから、厳しい水中演習が必要なのはわかる。ただ、俺はもうやりたくなかった。そして次の日の朝、俺はまさかの「逃げ道」を与えられたんだ。

*

数週間前に受けた健康診断の血液検査で、俺が「鎌状赤血球形質」を持っていることが判明した。鎌状赤血球貧血っていう遺伝性の貧血病を発症してはいないけど、その「形質」を持っているという。そして当時は、この形質を持つ人は激しい運動をすると心不全を起こして突然死するリスクが高い、と考えられていた。

だから空軍は、軍事訓練中の死亡事故を防ぐために、医療上の理由で俺の訓練を中断させたんだ。俺はまるで「夢を奪われた」みたいに愕然《がくぜん》としているふりをした。打ちのめされているような小芝居を打った。でも、内心ガッツポーズだったぜ！

ところがその週の終わりに、医者は診断を撤回した。訓練を続けても「安全だ」とは言わなかったが、この形質のことはまだよくわかっていないから、どうするかは「自分で決めるように」と言われたんだ。そして俺が訓練場に戻ると、欠席が長くなりすぎたから、「訓練を続けるつもりなら初日からやり直せ」と空曹長に申し渡された。死ぬ思いで残り4週間足らずのところまで来たのに、最初に戻ってまた10週間の水中コンフィデンスの恐怖と怒り、不眠に耐えろというんだ。


今の俺なら、そんなことは屁とも思わない。フェアな扱いを受けるためだけに、人より長く厳しい道を走れと言われたら、ただ「了解」とだけ言って、さっさと走り始めるだろう。でもあの頃の俺は未熟だった。体は強かったが、心に打ち勝つにはほど遠かった。

空曹長は俺をじっと見つめて、返事を待った。俺は目も合わせられず、下を向いて答えた。

「空曹長さんよ、医者に鎌状赤血球のことはまだよくわかっていないって言われて、それが気になっているんだ」

空曹長は無表情にうなずいて、訓練脱退の書類に署名した。理由は鎌状赤血球。書類上は、自

1994年の空軍ブートキャンプ時。
体重80キロの俺。

1999年に海岸で。体重130キロ。

分からやめたことにはなっていない。だが俺には本当のことがわかっていた。今の俺には、鎌状赤血球なんか何でもない。今も形質は持っている。消えてなくなるもんじゃない。でもあの時の俺は、目の前に現れた障害に負けちまった。

俺はケンタッキー州のキャンベル基地に異動になった。友だちや家族には、「医療上の理由で」訓練失格になったと言っておいた。この基地で4年間、空軍の地上部隊「戦術航空統制班（TAC－P《タックピー》）」で勤務した。TAC－Pは各軍の特殊部隊に同行して活動するチームで、俺は地上部隊と敵地上空の航空支援部隊——F15やF16などの高速戦闘機——との連絡調整の訓練を受けた。知的な人たちと一緒に働ける、やり甲斐のある仕事だった。

でも残念なことに、俺は誇りに思わなかった。恐れに未来を乗っ取られた「負け犬」だという引け目から、与えられたチャンスに目が向かなかったんだ。

ジムと食卓で屈辱の憂さ晴らしをした。パワーリフティングをやり込んで体を大きくした。食べてはワークアウトし、ワークアウトしては食べ、空軍をやめる頃には１１５キロになっていた。除隊後も筋肉と脂肪を増やし続けて、体重はとうとう１３５キロに達した。とにかくデカくなりたかった。デカい体の中にデイビッド・ゴギンズを隠すために。

80キロの「本当の俺」を、腕回り53センチと太鼓腹の体に押し込めた。たくましい口ひげをたくわえ、目が合っただけの相手に凄《すご》んで威嚇した。でも本当の自分は腰抜けだと知っていた。そのギャップに苦しみ続けた。

*

俺が自分の運命に責任を持ち始めた朝は、いつものように始まった。朝7時にエコラボのシフトが終わると、ステーキ&シェイクのドライブスルーでLサイズのチョコレートシェイクを調達し、それからセブン‐イレブンで「ホステス」の箱入りミニチョコレートドーナツを買って、家までの45分のドライブ中にペロリと平らげた。

当時はインディアナ州キャメルのゴルフ場内のしゃれたマンションに、妻のパムと彼女の連れ子と暮らしていた。高校時代に俺がピザハットで「ニガー」と呼ばれた話をしただろ？　あの時一緒にいた子と結婚したんだ。俺をニガーと呼んだ男の娘と、さ。

こんな生活を続ける余裕はなかった。パムは無職だったしね。でも当時はクレジットカードで借金をするのがあたりまえで、めちゃくちゃなことがまかり通っていた。俺は時速70マイル（１１０キロ）でハイウェイを飛ばし、糖分を注入しながら、地元のロック専門局から流れる『サウンド・オブ・サイレンス』を聴いていた。サイモン&ガーファンクルの歌詞がグサグサ刺さった。ハロー暗闇、懐かしき友よ……。

そう、暗闇こそ俺の親友だった。暗闇の中で働き、友だちや他人から本当の自分を隠した。あの頃、「俺は途方に暮れて怯えている」と打ち明けたとしても、誰にも信じてもらえなかっただろう。俺の見た目は、「ナメてはいけないケモノ」のように獰猛だった。

でも本当の俺は心を病み、トラウマと失敗に魂を押し潰されていた。自分の失敗を人や環境のせいにした。結婚生活はうまくいかず、パムは70マイル（１１０キロ）先のブラジルの実家に帰った。俺たちはほとんどの時間を別々に過ごしていた。

朝8時頃に家に着き、中に入ったとたん電話が鳴った。俺の生活パターンを知り尽くしている母さんからだ。

「食事にいらっしゃいな」

俺はいつもビュッフェのような朝飯を平らげた。ほとんどの人が一度には絶対食べられない量だ。ちょっと想像してくれよ。シナモンロール8個に、スクランブルエッグ卵6個分、ベーコン２３０グラム〔厚切り5、6枚〕、フルーツシリアル2杯。おっと、その前にさっき車でドーナツとチョコレートシェイクを平らげたばかりだ。

返事なんかしなくても俺が来ることは、母さんにはわかっていた。食べ物は俺にとってドラッグみたいなもので、いつだって最後の一かけらまで食べ尽くしたからな。

電話を切ってテレビをつけ、廊下をドスドス歩いてシャワーに向かった。湯気の向こうからナレーターの声が聞こえてきた。「世界で最もタフな……海軍特殊部隊《ネイビーシールズ》……」［ネイビーSEALs（シールズ）とは、SEa（海）、Air（空）、Land（陸）のすべての任務をこなす、海軍の特殊精鋭部隊のこと。SEAL（シール）は単数形］

特殊部隊に憧れていた俺は、慌てて腰にタオルを巻いてリビングに戻った。太ったケツがタオルからはみ出したけど、構わずソファに座り込んで、それからの30分テレビに釘づけになった。

この番組は、ネイビーシールズの「224期訓練生」を追ったドキュメンタリーだ。彼らが基礎水中爆破訓練BUD／S《バッズ》の「**ヘルウィーク（地獄週間）**」と呼ばれる5日間の猛特訓を受ける様子を描いていた。

ヘルウィークは、米軍で最も過酷な肉体訓練なんだ。男たちは泥まみれの障害物コースを進み、丸太を頭上に掲げながら柔らかい砂浜を走り、冷たい波打ち際でガタガタ震えながら血と汗を流していた。

見ているだけで頭皮から汗が噴き出した。最強の男たちが鐘を鳴らして脱落していくのを、俺は文字通り身を乗り出して、食い入るように見つめたね。

パラレスキュー訓練も厳しかったが、テレビの訓練生ほどつらい目に遭ったことは一度もなかった。BUD／Sに参加する訓練生のうち、**最後まで耐え抜くことができるのは、3人に1人だ**

け。彼らは体が腫れ上がり、傷だらけで、睡眠を奪われ、疲れ果てていた。それでも、俺は心の底から彼らを「うらやましい」と思ったんだ。

番組を見れば見るほど、あの苦しみの中に、俺の求めている「答え」が隠れているような気がしてならなかった。カメラは何度も引いて、泡立つ海の全景を映し、そのたび俺は男たちのつらさを肌身に感じた。

シールズには、俺にないすべてがあった。彼らは誇りと自信に満ち、どんなにしごかれ打ちのめされても、さらに試練を求めることでしか得られない、優れた実力を備えていた。

彼らは最も硬く、最も研ぎ澄まされた剣《つるぎ》だった。どんな苦しみも、死さえも恐れなくなるまで、みずから志願して火で熱され、鍛え抜かれた剣。彼らは外から「モチベーション」を与えられたんじゃない。心の奥から湧き上がる思いに突き動かされていた。

番組のラストは卒業式だった。誇り高い22人の男たちが、白い正装で並んでいる。最後にカメラがズームして指揮官をアップでとらえた。

「平凡が期待され、称《たた》えられることの多いこの社会の中で」と彼は語った。**「平凡を忌み嫌い、型にはまることを拒否し、これまで信じられてきた人間の限界を超えようとする男たちには、たまらない魅力がある。これが、BUD／Sの求める人物像だ。力の限りを尽くし、1つひとつの任務をやり遂げる方法を見つける者。あらゆる障害を乗り越え、克服する者だ」**

その瞬間、まるで指揮官がこの俺に向かって直接語りかけているような気がしたね。

番組が終わると、バスルームに戻って、鏡の中の自分をしげしげと見つめた。135キロの巨体の隅から隅まで見回した。そこには、俺をヘイトする田舎の連中が浴びせてきた言葉そのままの男がいた。学がなく、実用的なスキルゼロの、チャラけたお先真っ暗なポンコツ野郎。平凡どころか底辺の生活を送る、社会のクズだ。

でも、遠回りはしたが、俺はこの時とうとう目が覚めた。

朝飯の間は上の空で、母さんが用意してくれた料理も半分しか食べなかった。「やり残した仕事」のことで頭が一杯だった。俺は子どもの頃からずっと、米軍の特殊精鋭部隊に入りたかった。これだけの贅肉をたくわえ、失敗を積み重ねた俺の中に、まだそのあこがれが埋まっていた。それがたまたま見た番組のせいでむくむくと頭をもたげ、その後も細胞を次々と乗っ取るウィルスのように、俺を駆り立て続けたんだ。

*

俺はこのあこがれにとりつかれた。それから3週間というもの、毎朝仕事から帰ってくると、アメリカ中の海軍基地に片っ端から電話をかけた。当直の士官に自分の経歴を説明して、特殊部隊の訓練を受けさせてくれるならどこへでも行くと言った。

全員に断られた。軍勤務経験者はお呼びじゃなかったんだ。ある時地方の新兵勧誘事務所が興味を持ってくれ、直接会いたいと言ってきた。喜んで飛んでいったら、俺の太った体を見るなり鼻で笑われた。「調子に乗った勘違い野郎」だと思われてしまったんだ。面接が終わる頃には俺自身もそう思っていた。

探し当てた現役士官全員に電話をかけ終えると、今度は地元の海軍予備部隊に電話した。そしてこの時初めて、スティーブン・シャルジョ海曹と話をした。シャルジョはF14飛行隊の電気技師や教官を務め、カリフォルニア州サンディエゴのミラマー海軍航空基地に8年勤務してから、シールズの訓練が行われるサンディエゴ海軍基地で新兵勧誘官として働いた。仕事熱心なシャルジョはトントン拍子に出世して、アメリカ中西部での新兵勧誘の任務を与えられて、インディアナポリスに栄転した。

俺が電話をかけたのは、シャルジョが赴任してきた10日後だった。もしほかの人が電話に出ていたら、君は今この本を読んでいないだろうね。でも俺は幸運と持ち前のしぶとさで、海軍きっての新兵勧誘官を見つけることができた。シャルジョは、俺のようなダイヤの原石を、つまり特殊部隊をめざして再入隊を希望する軍勤務経験者を探そうとしていたんだ。

初めての会話はあっさり終わった。シャルジョは、力になれると思うから面接に来るように、と言った。どこかで聞いたようなセリフだな。俺は大して期待もせずに、車のキーをつかんでシャルジョのオフィスに急行した。30分後に着いた時、シャルジョはすでにBUD／Sの事務局に話を通していた。
オフィスにいた海軍の軍人——全員が白人だ——は俺を見てびっくりしたが、シャルジョだけは平然としていた。俺が重量級だとしたら、身長170センチのシャルジョは軽量級だが、俺の巨体にまったく動じなかった。彼は新兵勧誘官らしく、明るく人当たりがよかったが、笑顔の裏に秘めた闘志に俺は気づいたね。

彼の後について廊下を進み、体重を量っていると、壁に貼られた体重グラフが目に入った。俺の身長で海軍志願者に許される体重の上限は、87キロ、か……。俺は息を止めて胸を張り、必死に腹を引っ込めて、がっかりする瞬間を先延ばしにしようと悪あがきをした。でもその瞬間は来なかった。

「君はデカいなあ」シャルジョはファイルに「135キロ」と書き入れながら、首を振って笑った。「海軍には予備役の新兵を現役勤務に就かせるプログラムがあってね。それを君に使おうと思っている。プログラムは年度末に終了するから、それまでに君をねじ込まないとな。要するに、君にはやるべきことがある。まあ、言わなくてもわかっているだろうがね」

俺はシャルジョの視線の先にある体重グラフをもう一度確認した。彼はうなずいてニコッと笑い、俺の肩をポンと叩いて行ってしまった。現実に向き合う時が来た。

3か月以内に48キロ減量する。

不可能なタスクに思えた。これが、すぐに仕事をやめなかった理由の1つだ。もう1つの理由は、ASVABだった。あの悪夢の試験が、フランケンシュタインの怪物みたいによみがえってきた。空軍に入隊するためにギリギリでパスしたけれど、BUD／Sの参加資格を得るには、あれよりずっと高い得点が必要なんだ。

それからの2週間、夜は害虫・害獣駆除の仕事をしながら、昼間は勉強漬けの生活を送った。ワークアウトはまだ始めていなかった。本格的な減量は後回しだ。

土曜の午後にASVABを受けて、月曜にシャルジョに電話した。「海軍へようこそ」と彼は言った。先にいい知らせを教えてくれたんだ。一部のセクションではかなりいい点を取ることができ、俺は正式に海軍予備兵になった。でも「機械的適性」のセクションは44点で、BUD／Sの参加資格を得るには50点が必要だった。5週間後に試験全体を受け直すことになった。

*

今ではスティーブン・シャルジョは、俺たちの偶然の出会いを「運命」と呼んでいる。初めて話した瞬間、俺が本気であることを知り、俺を信じてくれた。だから体重なんか問題にしなかった。でも俺自身はASVABを受けてから、不安で一杯だった。だからこそ、その日の深夜に起こったことは、「宿命」か、「神のおぼし召し」に思えてならないんだ。

このレストランの名前は伏せとこう。君が知ったら絶対食事に行く気にならないし、そうなったら訴訟を起こされて、俺も弁護士を雇わないといけなくなるからな。ただ、これだけは言っておく。この店は不潔すぎた。

最初に外の罠をチェックすると、死んだドブネズミが1匹入っていた。店内の粘着罠にはハツカネズミ1匹とドブネズミ2匹がかかったまま死んでいて、生ゴミのあふれるゴミ箱にはゴキブリ《G》がたかっていた。

俺はやれやれと首を振り、流しの下にひざまずいて、壁の狭い隙間に殺虫剤をプシューッと撒いた。この時はまだ知らなかったんだが、壁の中にGのデカい巣があって、そこに殺虫剤が命中して、Gがワラワラと四方八方へ散り始めたんだ。

ふと、首の後ろで何かがうごめくような感じがした。サッと手で払いのけて、後ろを見ようと首を伸ばすと、開いた天井パネルからGの大群が厨房の床に下りてくるのが見えた。どうやら俺の殺虫剤は、Gの大鉱脈に命中したようなんだ。エコラボでの仕事で、ここまでの大群を見たのは初めてだった。Gは俺の肩や頭にまで乗ってきた。床にもワサワサとうごめいていた。

俺は泡を食って噴霧器を放り出し、ネズミがかかった粘着罠をつかんで外へ飛び出した。Gを駆除する方法を考えるのに、新鮮な空気と時間が必要だった。

とりあえずネズミの死骸を捨てようとゴミ箱まで歩きながら、「どうしたらいいのか？」と頭をひねった。ゴミ箱のフタを開けると、そこにはアライグマがいて、黄色い歯をむいて「シャーッ！」と威嚇してきた。俺は慌ててゴミ箱をバシンと閉めた。

何なんだ？　いったい何だっていうんだよ？　俺はどこまで墜ちていくんだ？　この惨めな暮らしをいつまで続けて、未来をダメにするつもりなのか？　いつかでっかい目標が見つかるのを夢見ながら、あとどれだけ待って、どれだけの年月を無駄にしたら気がすむんだ？

そして俺は悟ったんだ。今立ち上がって、「一番厳しい道」を歩き始めなければ、このメンタルのクソ地獄から永久に抜け出せないまま、人生が終わっちまう、って。

あの店には二度と戻らなかったよ。道具も回収しなかった。トラックを出して、途中で「気つけ薬」のチョコレートシェイクを買って、家に戻った。車を停めた時、外はまだ暗かった。でも、もうそんなことは言ってられない。作業着を脱いでスウェットに着替え、ランニングシューズのひもを締めた。1年以上走っていなかったけれど、4マイル（6・4キロ）走るつもりで通りへ出た。

4分の1マイル（400メートル）しかもたなかったよ。心臓が飛び出しそうになった。めまいがしてゴルフコースの端に腰を下ろし、息を整えてから、とぼとぼ帰った。溶けかけたシェイクが、またもや失敗した俺を慰めようと待っていた。シェイクを引っつかんですすり、ソファにドカッと座り込んだ。目から涙があふれた。

おまえはいったい何様のつもりなんだ？　何の目的も持たず、何一つ成し遂げちゃいない。「ネイビーシールズ隊員、デイビッド・ゴギンズ」だと？　とんだ夢物語だ。その辺を5分も走れやしないじゃねえか。

子どもの頃から抑え込んできた恐れと不安が、一気にあふれ出した。俺は人生の「敗北」を認めかけ、完全にあきらめようとしていた。

とその時、15年前から持っている映画『ロッキー』の古いビデオテープが目に入ったんだ。思わずデッキに入れて、大好きな第14ラウンドのシーンまで早送りした。

『ロッキー』は、今も俺に一番刺さる映画だ。俺のように貧しく先の見えない暮らしをしている、無学なベテランボクサーの話。ロッキーはトレーナーにまで愛想を尽かされている。

　そんな彼にも、突然ツキが回ってきた。あらゆる敵をなぎ倒してきた史上最強の世界チャンピオン、アポロ・クリードから、タイトルマッチの相手に抜擢《ばってき》されたんだ。ロッキーの望みはただ1つ、クリードと15ラウンド最後まで戦い抜く《ゴーイング・ザ・ディスタンス》ことだ。それをやり遂げるだけで、生まれて初めて自分に誇りを持てる。

　アポロとは予想外の接戦になった。ロッキーは血みどろの激しい戦いをくり広げるが、そのうち追い込まれていく。ロッキーは負けそうになっていた。第14ラウンド開始早々、アポロの強烈なパンチを浴びてダウンしてしまう。それでもロッキーはリングの真ん中で立ち上がる。

　アポロはロッキーに迫り、ライオンのように追い詰める。鋭い左ジャブを食らわせ、足取り鈍いロッキーに強烈なコンビネーションパンチを叩き込む。鋭い右フックを決め、さらにもう一発お見舞いする。

　アポロはロッキーをとうとうコーナーに追い込む。ロッキーの足はフラフラだ。両腕を上げてガードする力も残っていない。アポロはロッキーの左側頭部に再度右フックを決め、それから左フック、そして強烈な右のアッパーカットで、ロッキーをダウンさせる。

　アポロは両腕を高く掲げてコーナーに戻る。でも、ロッキーはリングに突っ伏しているが、あきらめない。レフリーがカウントを始めると、ロッキーはロープに這っていく。トレーナーのミッキーは、もう起き上がるなと制するが、ロッキーは聞いちゃいない。片膝を立て、それから四つん這いになる。

レフリーがカウント6を数えた時に、ロッキーはついにロープをつかんで立ち上がる。場内は騒然となり、アポロは振り向いて、立っているロッキーを見る。ロッキーは、打ってこいよとアポロを挑発する。アポロは「信じられない」と言いたげに肩をすぼめる……。

戦いはまだ終わっちゃいないぜ。

俺はビデオを消して、自分の人生について考えた。何の目的も、情熱もない人生。でも俺は自分に言い聞かせた。もし今恐れや劣等感に屈したら、その感情に振り回されたまま一生を終えることになる。それでいいのか？

残された道はただ一つ、俺を打ちのめすネガティブな感情を原動力に変えて、立ち上がることだ。それを、俺は実行した。

＊

シェイクをゴミ箱に投げ捨て、靴ひもを締め直し、もう一度通りへ出た。さっきは4分の1マイル（400メートル）で脚と肺に鋭い痛みを感じ、動悸がひどくなって立ち止まった。今度も同じ痛みを感じ、心臓はオーバーヒートしたエンジンみたいにドクドクした。でも俺はそのまま走り続けた。そのうちに痛みは消えた。そして、かがんで息を整えた時には1マイル（1・6キロ）走ってたんだ。

その時、初めて気がついた。**俺の心身の限界は「本当の限界」とは限らない**、とね。それに、早くあきらめすぎるクセがついていることもわかった。

不可能をやってのけるには、勇気と力を最後の1滴まで振り絞らないといけない。つまり、数時間、数日間、数週間ノンストップの苦しみに耐え続けるってことだ。生きるか死ぬかの瀬戸際まで自分を追い込むってことだ。死んでしまう可能性を現実のものとして受け入れるってことだ。だからどんなに心臓が早鐘を打っても、どんなに痛みを感じても、やめるつもりはなかった。ただ、俺には何の戦闘計画も、何の青写真もなかった。そこで一からやり方を考えた。

典型的な1日はこんなふうだ。朝4時半起床、バナナを平らげながらASVABの勉強。5時に教科書を持ってエアロバイクにまたがり、2時間汗をかきながら勉強。俺はクソデブだっただろう？　まだ体が重すぎて長距離を走れなかったから、バイクでできるだけカロリーを燃やす必要があったんだ。それが終わると、近くの高校まで車を飛ばして、プールで2時間泳ぐ。それからジムでベンチプレスとインクラインプレス、下肢エクササイズのサーキットトレーニングをやる。

敵は自分の巨体だ。俺に必要なのは「くり返し」だった。それぞれのエクササイズを100回か200回ずつ、5、6セットやる。それからエアロバイクに戻ってもう2時間。

いつも腹を空かせていたね。まともな食事は夕飯だけ、それもたいした量じゃない。鶏もも肉のグリルかソテーに、野菜炒めと米をちょっと。夕飯後はまたエアロバイクを2時間漕いでから床につき、起きるとまたすべてをくり返す。

俺がとんでもなく不利な状況に置かれていることは知っていた。俺がやろうとしていたのは、落ちこぼれがハーバードをめざすとか、カジノで1回のルーレットに全財産を注《つ》ぎ込む、みたいなことだ。何の保証もないのに、自分に全賭けしていたんだから。

毎日2回体重を量って、2週間で11キロ減らした。粘り強く続けるうちに、体重がスルスル落ち始めた。次の10日間で115キロまで減らした。体が軽くなったおかげで腕立て伏せと腹筋を開始し、本格的に走れるようになった。朝起きてからのエアロバイクとプール、ジムのルーチンを続けながら、2マイル（3・2キロ）や3マイル（4・8キロ）、4マイル（6・4キロ）のランも組み込んだ。ランニングシューズを捨てて、シール候補生がBUD／Sで履く、「ベイツライト」のブーツで走ったね。

これだけ努力していたんだから、夜はさぞ心安らかに眠れたと思うだろう？　それが違うんだ。俺は不安で一杯だった。胃がキリキリ痛み、思考が堂々めぐりした。試験当日に頭が真っ白になる悪夢を見ることも、次の日のワークアウトが嫌でたまらないこともあった。

燃料不足の状態で馬力を出しすぎたせいで、心身が疲労して、鬱みたいになった。結婚生活はボロボロで、離婚まっしぐらだった。パムには、たとえ奇跡が起こって俺がサンディエゴに行くことになっても、絶対ついていかない、と言われちまった。パムたちはほとんどの時間をブラジルの実家で過ごし、俺はここカーメルの家で1人途方に暮れていた。「俺には何の価値も力もない」という自虐的な考えに溺れて、押し潰されそうになっていた。

鬱に苦しんでいる時は、すべての光が消えて、一筋の希望も持てなくなる。ネガティブなことしか見えなくなる。これを乗り切るには、鬱を起爆剤にするしかない。**自己不信と不安は、裏を返せば、目的のない人生を生きるのをやめた証拠だ**、と考えることにした。この骨折りは無駄に終わるかもしれないが、少なくとも生きる意味をまた見つけることができたんだ、と。

*

気分が落ち込む夜は、シャルジョに電話をかけた。シャルジョは早朝と深夜はいつもオフィスにいたんだ。心配させたくないから、落ち込んでいるとは言わなかったよ。自分に気合いを入れるためだけに電話した。何キロ減量して、どれだけワークアウトしたかを報告すると、シャルジョはASVABの勉強も続けるんだぞ、と励ましてくれた。

了解！

『ロッキー』のサントラをカセットテープに落として、『ゴーイング・ザ・ディスタンス』で気分を上げた。自転車《バイク》の遠乗りや長いランをする時は、爆音で『ロッキーのテーマ』のホルンを聴きながら、BUD／Sで冷たい海に飛び込み、ヘルウィークを突破する自分を想像した。そうなれることをただただ願い、夢見ていた。

でも体重が115キロまで落ちた時、BUD／Sの参加資格を得ることは、もう夢物語じゃなくなった。俺自身を含むほとんどの人が「不可能だ」と思ったことを達成できる可能性が、現実のものになっていたんだ。

とはいえ、スランプもあったよ。115キロを切ってしばらくたったある朝、体重を量ったら前日から0・5キロしか減っていなかった。これだけの体重を減らそうと思ったら、少しの足踏みも許されない。6マイル（9・7キロ）のランと2マイル（3・2キロ）のスイムの間、俺は不安で頭が一杯だった。その後、3時間のサーキットトレーニングをするためにジムに着いた頃には、疲れと痛みでヘトヘトになっていた。

懸垂を数セットに分けて100回やってから、最後にもう一度懸垂バーに戻って、限界までやることにした。めざすは12回。でも10回目にあごをバーの上に出した時、手のひらに焼けるような痛みが走った。何週間か前から「楽をしたい」という誘惑に駆られ、そのたびに踏みとどまっていた。でもその日はあまりの痛みに、11回で誘惑に負けて床に落ち、目標に1回届かないままワークアウトを終えちまった。

この1回の懸垂が、0・5キロの体重が、頭を離れなかった。どうしても頭から追い出せず、家に帰る間も、台所のテーブルでグリルチキンと味のないベイクドポテトを食べる間も、悶々としていた。何か手を打たないと、眠れそうにない。俺は車のキーをつかんだ。

「手抜きをしているようじゃ成功できねえぞ」と、俺はジムに戻りながら、自分に活を入れた。

「ゴギンズよ、近道なんてものはねえんだ！」

懸垂を一からやり直した。足りなかった1回を埋め合わせるために、250回やった！ 同じようなことが何度もあった。腹が減ったから、疲れたからと、ランやスイムで手抜きをしたら、必ず戻って、何倍も自分を追い込んだ。心の中の魔物を抑えつけるには、そうするしかないんだ。

どっちを選んでも、苦しいことに変わりはない。その瞬間の肉体的苦痛に耐えるか、やり損ねた1回の懸垂、1往復《ラップ》のスイム、4分の1マイル（400メートル）のランのせいで、一生に一度のチャンスをふいにするかもしれないという不安に苦しめられるかだ。シールズに関する限り、俺は何事も運任せにするつもりはなかった。

ASVABの前夜、BUD／Sまであと4週間の時点で、体重はもう不安材料じゃなくなっていた。98キロまで減量して、かつてないほど俊敏で強靭な体になっていたんだ。毎日6マイル（9・7キロ）のランと20マイル（32キロ）のバイク、2マイル（3・2キロ）のスイムを欠かさなかった。真冬にだよ。

俺が一番好きだった「モノン・トレイル」ってコースは、インディアナポリスの街路樹をぬうように走る、歩行者や自転車のための6マイル（9・7キロ）のアスファルトの遊歩道だ。サイクリストに、赤ちゃん連れの親、週末ランナー、シニアたちの憩《いこ》いの場所だ。

俺はシャルジョからもうネイビーシールズの準備命令をもらっていた。そこにはBUD／Sのフェーズ1（体力錬成訓練）でやるワークアウトが書いてあったから、喜んでその倍をやった。BUD／Sの訓練生は多くても約190人で、そのうちすべての訓練を突破するのはわずか40人ほどだ。俺はその40人のうちの1人というだけじゃなく、「トップ」になるつもりでいた。

でもその前に、あのクソいまいましいＡＳＶＡＢに合格する必要がある。自由になる時間のすべてを勉強に注ぎ込んだ。ワークアウト以外の時間は台所のテーブルに座って公式を暗記し、何百枚もの単語帳を回した。体力トレーニングは順調に進んでいたから、俺の不安のすべては、磁石にくっつくクリップのようにＡＳＶＡＢに貼りついていたんだ。

これが、俺のシールズ志願資格が失効する前の「最後のチャンス」になる。俺は頭がよくないし、高校の成績から見ても、資格を得るために必要な点数が取れる保証はなかった。

もし試験に落ちたら、夢はそこで終わり、俺はまた生きる目的を失って、根無し草のように漂うことになる。

＊

受験会場は、インディアナポリスのベンジャミン・ハリソン基地の狭い教室だ。受験者は30人ほどで、全員が若く、ほとんどが高校出たてだった。1人ひとりに旧式のデスクトップパソコンが割り当てられた。ひと月前から試験が電子化されていたんだ。コンピュータに不慣れな俺は、問題に答えるどころか、パソコンを操作できる気もしなかったが、アホでも扱えるプログラムでホッとした。

ＡＳＶＡＢの問題は10のセクションに分かれている。スイスイ解いて、とうとう運命の「機械的適性」セクションに来た。あと1時間もすれば、俺が自分をだましてきたのか、シールズになれる資質を本当に持っているのかが、はっきりする。答えがわからない問題は、問題用紙に印をつけておいた。結局、このセクションの30問中、10問以上を当てずっぽうで答えた。そのうちの何問かが正解じゃなかったら、俺はアウトになる。

最後のセクションを解き終えると、答案を送信するように指示された。送信をクリックしたとたん、教室の前にいる試験監督のパソコンに俺の答案が送られ、そこで瞬時に採点される仕組みだ。パソコンの画面越しにチラッと前を見ると、試験監督が座っていた。

俺はパソコンのポインターを送信ボタンの上に動かして、クリックしてから教室を出た。不安でいても立ってもいられなくなって、駐車場をグルグル歩き回った。しばらくしてからホンダアコードに乗り込んだけれど、エンジンはかけなかった。どうしても帰れなかったんだ。

魂が抜けたような目をして、運転席に15分ほど座っていた。シャルジョが結果を知らせてくれるまでには、あと2日はかかる。でも、俺の謎には、俺の未来には、もう答えが出ている。その答えがどこにあるかは知っている。俺は真実を知る必要があった。勇気を奮い起こして教室に戻り、未来を知る人に近寄った。

「おやっさん、俺の点数を教えてくれないか」と俺は言った。試験監督は驚いた顔をして俺を見上げたが、うんとは言わなかった。

「すまんがこれはお国の試験で、規則があってな」と彼は言った。「規則を決めたのは私じゃないから、曲げることもできんよ」

「なあ、おやっさんよ。あんたにはわからないだろうけど、この試験は俺にとってほんとに大事なんだ。俺のすべてがかかってるんだよ！」。試験監督は俺のキラキラした目をしばらく見つめていたかと思うと、パソコンに向かった。

「私は今、あらゆる規則を破っているのだよ」と彼は言った。「君はゴギンズだね？」。俺はうなずいて、彼がファイルを探す間に後ろに回った。「ほら、これだ。おめでとう、65点。上出来じゃないか」

それは総合評価で、俺が知りたい点数じゃなかった。肝心のセクションで50点取れたかどうかで、運命が決まる。

「機械的適性は何点だい？」。試験監督が肩をすくめてマウスを動かすと、点数が出てきた。そこには俺のラッキーナンバーが光り輝いていた。「50」だ。

「イエス！」俺は叫んだ。「イエス！　イエス！」

まだ数人が試験を受けていたけど、人生最高の瞬間に自分を抑えることなんかできなかった。声を限りに「イエス！」と叫び続けた。監督はイスから転げ落ちそうになり、受験生は「アホか？」という目で俺を見てきた。

俺がどんなにとち狂った日々を送ってきたかを、やつらが知っていたらな！　2か月というもの、俺は全存在をこの瞬間に懸けてきた。だから心ゆくまで味わいたかった。車に駆け戻って、また叫んだ。

「ファック・イエー《っしゃあああああ》！」

車で帰る途中、母さんに電話した。シャルジョを除けば、俺の変身を目撃した人は母さんだけだった。「やったよ」と報告すると、目に涙があふれた。「やったんだ！　俺はシールになるぜ」

シャルジョは翌朝出勤して知らせを受けると、すぐに電話をくれた。シャルジョのところに俺の合格通知が届いていたんだ！　シャルジョが喜んでいるのは声でわかった。彼は出会った瞬間に俺を見込んでくれた。それが間違いではなかったことを知って、満足していた。

楽しいことばかりじゃなかったよ。妻のパムとはどうにもならないところまできていて、最後の選択を迫られた。こんなに苦労して手に入れたチャンスを手放して結婚生活を続けるか、離婚してシールをめざすかだ。

俺が最終的に下した決断は、パムや彼女の父さんへの気持ちとは何の関係もない。パムの父さんはもう俺に謝ってくれていたしね。この決断は、俺がどんな人間でいたいのか、どんな人間になりたいのか、という選択だった。

ネガティブな考えや感情にとらわれていた俺にとって、この機会は長年の呪縛から抜け出すたった1つのチャンスだったんだ。

俺はシール候補生にふさわしいやり方で合格を祝った。体を痛めつけたんだ。翌朝から3週間、プールで7キロの重量ベルトを着けて泳いだ。両手にレンガを持ったまま、息継ぎなしで、50メートルプールの端から端まで歩いた。もう水は怖くなかった。

その日は続けて1、2マイル（1・6～3・2キロ）泳ぎ、それから母さんちの近くの池に行った。言っとくが、これはアメリカ中西部の超寒い12月のことだぜ。木の葉はすっかり落ちて、軒からつららが垂れ下がり、辺り一面雪で覆われていたけれど、池はまだ完全には凍っていなかった。

迷彩柄のズボンと茶色い半袖Tシャツ、ブーツのまま冷たい水に入って、仰向けに浮かんで灰色の空を見上げた。体温を奪う水が押し寄せてきて、身を切るように冷たかった。でも俺は心の底から楽しんでいた。しばらくして、池から出て走り始めた。ブーツは水浸しで、下着は砂まみれだった。Tシャツがパリパリになって胸に張りつき、ズボンの裾が凍っていた。

俺はモノン・トレイルを走った。うめき声を上げて、鼻と口から湯気を噴き出しながら、足早に歩く人たちやジョガーをすり抜けた。民間人、か……。

スピードを上げ、フィラデルフィアの街を駆け抜けるロッキーのように走り始めると、みんなが振り向いた。俺をがんじがらめにしていた過去から解き放たれ、未知の未来に向かって、できるだけ速く、できるだけ遠くへ走り続けた。俺は知っていた。俺の人生には苦痛が、そして目的があるってことを。

そして、俺がそれに立ち向かう準備ができているってことを。

チャレンジ #3 「キツいこと」をやって心の強度を上げよう

心を鍛えるための第一歩は、日頃から意識して**「ぬるま湯から出る」**ことだ。もう一度ノートを取り出して、君のやりたくないこと、不快に感じることのうち、とくに君自身のためになることを、全部書き出してほしい。

そのうちの1つをやろう。そしてもう一度やろう。

この本では、俺がやったことを「チャレンジ」として君にもやってもらう。でもそれは、「とんでもなく不可能なタスクを見つけて一気に達成する」ってことじゃないよ。そこは気をつけてくれよな。肝心なのは、生活を一気に変えることじゃなく、少しずつ変化を起こして、その変化を維持することなんだ。そのために、生活の細かい部分に目を向けて、やりたくないことを探し、それを毎日やり続けよう。

ベッドメイキングや皿洗い、アイロンかけ、夜明け前に起きて毎日2マイル（3・2キロ）走る、といった簡単なことでいいんだ。それが不快じゃなくなったら、5マイル（8キロ）、10マイル（16キロ）と距離を延ばしていこう。「そんなことはもうやっているよ」というなら、まだやっていないことを探してほしい。

生活の中で「おろそかにしていること」や「もっとよくできること」は必ずあるはずだ。それを探そう。人は自分の弱みよりも強みに時間をかけることが多い。その時間をちょっと使って、弱みを強みに変えていくんだ。

不快に感じることをすれば、強くなれる。ちょっとしたことでいい。不快に感じる回数が増えれば増えるほど、その分強くなれるよ。そのうち、ストレスのかかる状況に置かれても、プラスになる前向きな言葉を自分にかけられるようになる。

ぬるま湯から足を踏み出した君の写真やビデオに、何を、なぜやっているのかの説明をつけて、SNSにアップしてくれよな。ハッシュタグ #不快ゾーン #一番厳しい道 #canthurtme #不可能なタスク を忘れずに。

4章 魂を奪う

130時間ヘルウィークを駆け抜ける

1発目の手榴弾《てりゅうだん》が至近距離で爆発すると、すべてがスローモーションで崩れ落ちた。

ほんの1分前、俺たちは談話室で戦争映画を見ながら、まったりとバカ話をして、これから始まる訓練を楽しみに待っていた。すると突然、この最初の爆発が起こり、それを皮切りに次々と爆発が起こって、教官のサイコ・ピートの野郎が、声を限りに叫びながら現れた。頬をリンゴ飴みたいに真っ赤にして、右のこめかみに青筋を立てていた。やつは叫ぶと目玉が飛び出し、体全体がブルブル震えるんだ。

「散れ！　おい、表へ出ろ！　動け、動け、動け！」

俺のボートクルーは事前に計画した通り、一列になってドアに走った。外ではネイビーシールズが暗闇の見えない「敵」に向かってM60機関銃をぶっ放している。これこそ、俺たちが待ち望んでいた悪夢だ。俺たちの未来を決めるか、はたまた俺たちをぶっ壊すことになる、悪夢のような現実だ。本能が「地面に伏せろ」と俺たちに告げていたが、教官にああ言われたら動くしかなかった。

機関銃のダダダダという連射音が腹に響いたかと思うと、別の至近距離の爆発がオレンジ色の美しい光の輪を放った。俺たちは「挽肉製造器《グラインダー》」と呼ばれるアスファルト敷きの錬成場に集まり、ドキドキしながら命令を待った。これは「戦い」だが、異国の戦場で行われるものじゃない。この戦いは、人生のほとんどの戦いと同じで、心の中で勝敗が決まる。

これはヘルウィークの始まりを告げる「ブレイクアウト（開戦）」と呼ばれる儀式で、手榴弾や機関銃は空砲だ。

サイコ・ピートは気泡の入ったアスファルトを踏みならした。眉から汗がしたたり、手に持ったライフルの銃口から蒸気が夜霧に立ち上る。「ヘルウィークへようこそ、諸君」と、サイコはさっきとは打って変わってカリフォルニアのサーファー風の間延びした、穏やかな口調で宣言した。そして、まるで獲物を狙うかのように、俺たちを上から下までなめ回すように見た。「おまえらが苦しむ姿を見るのが、何よりの楽しみだ」

そう、その苦しみときたら！　サイコの号令で、腕立て伏せや腹筋、仰向けバタ足、ジャンピングランジ、ダイブボマー（変形腕立て伏せ）をやらされる。その間、教官は俺たちにホースで冷水を浴びせながら、ゲラゲラ笑い続ける。ワークアウトを何回も、何セットもくり返させられ、いつ終わるかはわからない。

俺たち訓練生は1人ひとり、アスファルトに描かれた白いカエルの水かきマークの上に立った。俺たちを見下ろすように立っているのが、シールズの守護聖人「フロッグマン」の銅像だ。うろこを生やした謎の生き物には、手足の水かきと鋭いかぎ爪があって、腹筋が割れてやがる。そしてその左に、あの悪名高い「真鍮の鐘」が立っている。この場所こそが、俺がゴキブリ退治から帰ってきてネイビーシールズの番組に釘づけになったあの朝から、ずっと夢見てきた場所、歴史と苦しみがしみついたアスファルト敷きの錬成場、「グラインダー」なんだ。

＊

シールズの選抜訓練BUD／S（基礎水中爆破訓練）は、6か月の総合錬成訓練で、3つの段階に分かれている。

「フェーズ1」は体力錬成訓練（PT）。「フェーズ2」は潜水訓練で、水中で移動する方法や、特殊な潜水装置を操作する方法を学ぶ。この装置は「閉回路型潜水システム」といって、敵に検知されないように気泡を放出せず、ダイバーが吐いた息から二酸化炭素を除去して、呼吸可能な空気に再生するものだ。「フェーズ3」は地上戦訓練だ。

でも、「ＢＵＤ／Ｓ」と聞いてふつう想像するのは、フェーズ1だ。新しい訓練生をなじませ、約１２０人のクラスを、海神《ネプチューン》の三叉矛《トライデント》をかたどったネイビーシールズの金章――ナメちゃいけない相手だということを世界に知らしめる印――にふさわしい、25人から40人ほどの精鋭たちに絞り込むのが、この段階だからな。

ＢＵＤ／Ｓの教官は俺たち訓練生を鍛えるために、心身の限界を超えてしごき、勇気を試し、体力、持久力、敏捷性の厳しい身体的基準を満たすよう迫る。フェーズ１の最初の2週間は、たとえば10メートルのロープを登る、スポーツ番組『サスケ』風の半マイル（８００メートル）の障害物コースを10分以内にクリアする、４マイル（６・４キロ）の砂浜を32分以内に完走する、といった訓練をやる。だが俺に言わせりゃ、そんなのは子どもだましだ。フェーズ１の最大の試練、**「ヘルウィーク（地獄週間）」**とは比べものにならない。

ヘルウィークはまったくの別物だ。それは中世の拷問に似た訓練で、ＢＵＤ／Ｓが始まってすぐの第3週に行われる。筋肉と関節をナイフで刺されるような痛みが高まり、肺が魔物に握られた布袋のように勝手に収縮して過呼吸になる状態が、昼も夜もなく１３０時間ぶっ通しで続く。それは身体の限界をはるかに超えた、心と人格をあらわにする試練だ。何より、俺たちの無意識の思考や行動のパターンをむき出しにするためにつくられた試練なんだ。

ＢＵＤ／Ｓが行われるのは、海軍特殊戦センター。南カリフォルニアの観光地ポイントローマ半島の内側の、サンディエゴ・マリーナを太平洋から隠すように広がるコロナド島に置かれた施設だ。

うれしいことに、カリフォルニアの黄金の太陽だって、グラインダーを美しく見せることはできない。醜いままがいいんだ。あのアスファルトの錬成場こそ、俺が求めていたすべてだった。苦しみが好きだからじゃないよ。シールに必要な素質が俺にあるかどうかを、ここでやっと知ることができるからだ。

ただ、ほとんどの人はその素質を持っていない。ヘルウィークが始まるまでに、もう40人以上がやめていた。BUD／Sでは、やめる者は真鍮の鐘まで歩いていって、鐘を3回鳴らし、ヘルメットをアスファルトの地面に置いて去る、って決まりがある。

鐘を鳴らす習慣が始まったのは、ベトナム戦争の時代だ。当時はその場を離れて兵舎に行くだけだったが、強化訓練中にやめる訓練生が多すぎて、誰が残っているかがわからなくなった。そこで鐘を鳴らす方式が始まり、それ以来この鐘は「やめる」って事実を訓練生自身が受け入れる儀式になっている。やめる者にとって、鐘の音は「ケジメ」だ。でも俺にとっては、自分が「前進している」証しに聞こえた。

＊

俺はサイコを嫌っていたが、やつの仕事にケチをつけるつもりはないよ。サイコたち教官は、群れを「間引く」ためにいる。彼らは弱いやつらに用はなかった。

サイコはいつも俺や、俺よりデカい訓練生を目《め》の敵《かたき》にして、弱みをあぶり出そうとした。小柄な訓練生のタフな強者《つわもの》たちもだ。クラスには、アメリカ東部や南部、西部の労働者階級や富裕層の精鋭たちに交じって、俺みたいな中西部の田舎者が少しと、テキサスの牧場育ちがたくさんいた。

ＢＵＤ／Ｓのどのクラスにも、テキサスの力自慢が大勢いたね。シールズにこれだけの人材を送り込む州はほかにない。バーベキューに秘密があるんだろうな。でもサイコは誰もひいきしなかった。どこの出身のどんな訓練生にも、影のようにしつこくつきまとった。俺たちをあざ笑い、怒鳴り散らし、人前でなじり、脳内にまで潜り込んで内側から壊そうとした。

それでもヘルウィークの始まりは楽しかったよ。「ブレイクアウト」の狂気の爆発と銃撃、怒声の中では、誰も迫りつつある悪夢のことなんか考えない。戦士の聖なる通過儀礼に投げ込まれて、アドレナリンでハイになっている。舞い上がったままグラインダーを見回し、「おお、ヘルウィークだぜ！」と喜ぶ。ああ、でも現実は、全員がここでとんでもない目に遭わされるんだ。「これで頑張ってるつもりだとぉ？」と、サイコは吐き捨てた。「おまえらはＢＵＤ／Ｓ史上最低のクラスになりそうだな。せいぜい恥をかくがいいさ」

サイコはしごきを堪能していた。俺たちをまたぎ、間を歩き、俺たちの流す汗や唾液、鼻水、涙、血の上に、ブーツの靴跡を刻みつけた。やつはタフであることを自負していた。ほとんどの教官がそうだ。なぜって、彼らはシールズだからだ。それだけで優越感に浸っていた。「おまえらは俺のヘルウィークの成績の足下にもおよばんぞ、それだけは言っておく」

サイコがそばを通りながらそう言うのを聞いて、俺は内心ほくそ笑みながらワークアウトを続けた。サイコは小柄だが頑丈で、俊敏、強靭だ。でもヘルウィークを無双したって？　そんなの信じられないぜ、教官《サー》！

サイコは、上司であるフェーズ1の監督官と目を合わせた。監督官はどこからどう見ても優秀な人物だ。あまりしゃべらず、しゃべる必要もなかった。身長185センチだが、それよりずっと大きく見えた。そしてもちろん、筋骨隆々だった。冷酷非情な、鋼《はがね》のように硬い102キロの筋肉の塊。その風貌はシルバー《S》バック《B》ゴリラ《G》〔ボスゴリラ〕そっくりだ。彼はつねに状況を静かに分析し、頭の中でメモを取りながら、苦痛の親玉のように俺たちの前に立ちはだかった。

「あいつらがガキみたいに泣きベソをかいてやめていくと考えただけで、興奮しますよ」とサイコは言った。SBGは軽くうなずき、サイコは突き刺すような目で俺をにらみつけた。「ああ、おまえはやめるだろうよ」と、サイコは声を落として俺に毒づいた。「絶対にやめさせてやる」

サイコの脅しは、こういうさり気ない口調のほうが怖かったね。でもあいつは暗い目で眉をつり上げ、顔を真っ赤にして、つま先からはげ頭のてっぺんまで全身を震わせて、金切り声を上げることも多かった。

*

ヘルウィークが開始して1時間ほどたった頃、サイコは腕立て伏せをする俺の横にひざまずき、すぐそばまで顔を近づけてわめいた。

「波打ち際《サーフ》へ行け、この惨めなクソ野郎ども！」


BUD／S開始からもう3週間ほどたっていたから、俺たちは砂浜とBUD／S施設（オフィスとロッカー室、兵舎、教室のあるコンクリートの建物の集まり）を隔てる、4・5メートルの土堤《どてい》を、すでに数え切れないほど乗り越えていた。

「波打ち際に行け」と命令されたら、作業着を着たまま波打ち際に寝転んで全身を濡らし、それから砂を転げまわって、頭からつま先まで砂まみれの状態で、グラインダーに戻る。体から海水と砂がしたたっていると、懸垂はめちゃめちゃ難しくなる。これが「濡れて砂まみれになる」って儀式で、耳と鼻はもちろん、体中の穴という穴に砂が入った。でもこの時は、「波責め」という、特別なしごきが始まろうとしていた。

俺たちは命令された通り、空手マスターみたいに叫びながら波打ち際に突進した。作業着のまま腕を組みながら、砕け波の中を進んだ。この日の波打ち際は荒れていた。頭ほどの高さの波がゴウゴウと鳴りながら、3重、4重になって激しく押し寄せ、砕け散る。冷たい水でタマが縮み上がり、波に呼吸を奪われた。

これは5月初めのことだ。コロナド沖の海水温は、春は16、17度ほどにしかならない。俺たちは数珠つなぎになって、水面を浮き沈みしながら水平線を見張り、波が俺たちを呑み込む前にうねりを見つけようと必死だった。俺たちのボートクルーのサーファーがいち早く先触れに気づいて「波が来るぞ」と叫んでくれたおかげで、ギリギリのところで潜って波をやり過ごすことができた。

10分ほどすると、サイコが「陸に戻れ」と命じた。俺たちは低体温症になりかけていた。急いで砕波帯《サーフゾーン》〔波が白く砕けるところから岸までのエリア〕を離れ、気をつけの姿勢を取って、メディカルチェックを受けた。これを何度もくり返した。

夕焼け空はくすんだオレンジ色で、夜が近づくにつれグッと冷え込んだ。

「諸君、太陽に別れを告げろ」とSBGが言った。俺たちは夕日に向かって手を振った。体が凍えかけているという、不都合な真実を受け入れるための儀式だ。

1時間後、体は完全に冷え切っていた。俺たちボートクルーの6人は、少しでも暖を取ろうと身を寄せ合ったが、全然温まらなかった。寒くて歯がかみ合わなくなり、ガタガタ震えて洟《はな》をすすった。それは俺たちの心が乱れ、揺らいでいることの表れだ。過酷な演習がまだ始まったばかりだという現実を、俺たちはやっと理解し始めたところだったんだ。

＊

ヘルウィークの前は、フェーズ1のロープ登りや腕立て伏せ、懸垂、バタ足でどんなに心が折れそうになっても、逃げ場があった。どんなにつらくても、夜になったら兵舎に帰り、友だちと飯を食って映画を見たり、外に出てナンパしたりした後、自分のベッドで眠れるとわかっていた。つまりどんなにつらい日でも、目の前の地獄から逃れることだけを考えていればよかった。

ヘルウィークは、そんなまっちょろいもんじゃない。とくにつらかったのは、初日が始まって1時間後に、みんなで腕を組んで太平洋に向かい、海から出たり入ったりを何時間もくり返した、この時だ。その合間には教官たちに、「体を温めてやろう」と言われて、柔らかい砂を体中にまぶされた。俺たちはたいてい硬いゴムボートか丸太を頭上に担《かつ》いでいた。たとえ体が温まったとしても、それはほんの一瞬だった。なんせ10分ごとに海の中に戻されたからな。

初日の夜は、時間の進みがとくにゆっくりに感じられた。寒さが骨の髄までしみ渡ると、走っても走っても体が温まらなくなる。その夜はもう爆弾も射撃もなく、叫び声もほとんど聞こえなかった。代わりに不気味な静けさが広がった。やる気は地に落ちた。海の中で聞こえるのは、頭にかぶる波の音と、うっかり飲み込んだ海水が胃の中でゴロゴロする音と、歯がガチガチ鳴る音だけだ。

極限までの寒さとストレスにさらされると、残りの「120時間」を頭で理解できなくなる。睡眠なしの5日半は、小さく分割できない。これだけの長い時間を、「手際よく」攻略する方法なんかありゃしない。だからシール志願者は初めての「波責め」の間に、必ずこの素朴な疑問を自分に投げかけることになる。

「なぜ俺はここにいるんだ?」

真夜中に低体温症になりかけ、怪物みたいな波に呑み込まれるたび、混乱した俺たちの頭に、この単純な疑問が浮かんだ。なぜって、誰もシールになる「義務」なんかないからだ。

俺たちは徴兵されたんじゃない。シールになるっていうのは、「自分で決めたこと」だ。そして試練のさなかに、このたった1つの小さな疑問について考えながら、俺は悟った。**俺が訓練を受け続ける1秒1秒が、「俺の選択」なんだ、と。**

シールになる、という考えそのものがマゾみたいに思えてきたよ。俺は自分から志願して拷問を受けている。それはまともな頭には理解できないことだ。だからこそ、この疑問はあれだけ多くの男たちを押し潰すんだ。

もちろん教官は全員このことを知っていた。だから、訓練生をどやしつけるのをすぐにやめた。代わりに、サイコ・ピートは夜が更けると、思いやりのあるアニキみたいなやさしい言葉をかけてきた。熱々のスープや温かいシャワー、毛布はどうだ、兵舎まで車で送ってやるぞ、と。これはやめたい者が飛びつきたくなる罠《わな》で、そうやって何人もの訓練生にヘルメットを置かせてきた。サイコは屈した者たちの魂を奪ったんだ。

彼らはこの素朴な疑問に答えられなかった。なぜなのかは俺にもわかる。金曜までこれが続くというのに、今はまだ日曜で、すでに一生で一番寒い思いをしている。こんなことは自分にも、誰にも耐えられない、と思いたくなる。結婚しているやつらは、「凍えて苦しむ代わりに、今頃美しい嫁さんと家で抱き合っているはずなのに」と考える。独身のやつらは、「今頃かわいい子をナンパしているはずなのに」と考える。

こういったキラキラした誘惑に目をつぶるのはほんとに難しい。**でも、俺がBUD／Sのフェーズ1を経験するのは、実はこれで2度目だった。**

俺はクラス230の一員として、ヘルウィークのしごきを味わったが、卒業はしなかった。やめたわけじゃないよ。両側肺炎になってドクターストップがかかったんだ。医者の命令を3度無視して戦いに残ろうとしたが、とうとう兵舎に戻され、クラス231の訓練生として第1週に「ロールバック」されることになった。

2度目のBUD／Sが始まった時も、まだ肺炎は完治していなかった。肺に粘液がたまり、咳をするたび胸が震えて、肺胞の内側をゴシゴシこするような音がした。それでも俺は、今度は卒業できる見込みがずっと高いと信じていた。心の準備ができていたし、何と言っても俺のボートクルーには、とんでもないやつらが揃っていたからだ。

*

シール候補生は、身長順に6、7人の「ボートクルー」というチームに分けられる。なんで身長順かっていうと、ヘルウィークが始まると、どこへ行くにもチームでボートを担がされるからだ。背の高さはタフかどうかとは何の関係もないけどな。そして俺たち「ボートクルー2」は、外れ者揃いだった。

まずは、BUD／Sを受けるためだけに48キロ減量し、2回もASVAB入隊試験を受ける羽目になった、元害虫駆除業者の俺がいる。

それから、海軍史上最強の狙撃手《スナイパー》になった、今は亡きクリス・カイルがいた。その首に、イラク・ファルージャの武装勢力が8万ドルの懸賞金をかけたほどの凄腕だ。カイルがシール・チーム3の一員として援護した海兵隊員の間で、彼は生ける伝説になった。銀星章《シルバースター》を1個と青銅星章《ブロンズスター》を3個受章し、除隊後に書いた回想録『アメリカン・スナイパー』は、ブラッドリー・クーパー主演で映画化されて大ヒットした。でも当時のカイルは純朴なテキサスの元ロデオ乗りで、ほとんどしゃべらなかったけどな。

お次はビル・ブラウン、あだ名は変人《フリーク》ブラウンだ。ほとんどの訓練生に、ただ「フリーク」とだけ呼ばれていたが、そのあだ名を嫌っていた。生まれてからずっと変人扱いされてきたからだ。

やつはいろんな意味で、白人版のデイビッド・ゴギンズだ。ニュージャージー州サウスジャージーの川沿いの荒れた街で育ち、口蓋裂《こうがいれつ》と落ちこぼれのせいで近所の悪ガキにいじめられ、いつの間にかこのあだ名が定着した。それを嫌がってケンカに明け暮れ、少年院に半年ぶち込まれた。19歳で独り立ちして、人目を避けてガソリンスタンドで働いた。

でも生活は苦しかった。上着も車もなく、どこに行くにもさびついた10段変速の自転車に乗り、文字通り凍えていた。ある日の仕事帰りに、規律と目的、そして暖かい服を求めて、海軍新兵勧誘センターに立ち寄った。そこでシールズを知って興味を持ったが、やつは泳げなかった。俺と同じように独学で泳ぎを覚え、3度目の正直でとうとうシールズの水泳テストに合格した。

間もなくBUD／Sに参加したが、ここでもフリークのあだ名がついて回った。体力錬成訓練をバリバリこなし、フェーズ1を駆け抜けたが、教室では苦労した。フェーズ2の潜水訓練には、腕力だけでなく知力も必要なんだ。それでもブラウンはなんとか切り抜けた。

そしてBUD／S卒業まであと2週間って時に、地上戦訓練の「武器実習」という時間制限つき演習で、武器の組み立てに手間取った。標的には的中させたが時間に間に合わず、最後の最後にBUD／Sを落第した。

でもやつはあきらめなかった。フリーク・ブラウンはあきらめるようなやつじゃねえ。

俺はブラウンとクラス231で同じチームになる前から、噂をいろいろ聞いていたよ。やつはめちゃくちゃケンカ腰で、出会った瞬間気に入った。戦場で一緒に戦いたいと思わせる、強い男なんだ。

初めてグラインダーから砂浜まで一緒にボートを担いだ時、これからはいつも2人でボートの一番重い先頭を担ごう、と誘った。

「フリーク・ブラウンよ」と俺は叫んだ。「俺たちがボートクルー2の柱になろうぜ！」。ブラウンがにらんできたから、じろっと見返してやった。

「その呼び方はやめろ、ゴギンズよ」と彼はうなるように言った。

「おう、持ち場を離れるんじゃねえぞ！　おまえと俺とで先頭を担ぐ。1週間ずっとだ！」と俺。

「了解」と彼は言った。

*

俺は最初からボートクルー2の指揮を執り、「6人全員でヘルウィークを乗り切ること」だけを考えた。みんなが俺についてきてくれたのは、俺が率先してリーダーシップを発揮したからだ。それも、グラインダーでだけじゃないぜ。

ヘルウィークが始まるちょっと前に、俺は「ヘルウィークのスケジュール表を教官から盗もう」と考えた。ある晩、談話室兼教室でつるんでいたクルーに持ちかけたけど、聞き流された。何人かは笑い飛ばして、くだらない会話に戻った。

なぜなのかはわかる。そんなことをしても無駄だと思ったんだ。そもそも、どうやってスケジュール表を盗むんだ？　たとえ手に入れたとしても、前もってスケジュールを知っていたら、かえってつらくなるんじゃないのか？　だいいち、バレてつかまったらどうする？　そんな危険を冒す価値はあるのか？

ある、と俺は考えた。だって俺はヘルウィークを1度経験していたからだ。経験者は俺とブラウンのほかにも何人かいた。とんでもない苦しみと疲労にさらされると、やめたい気持ちを振り払えなくなることを、俺たち経験者は知っていた。睡眠も休息も当分取れないと思うと、130時間の苦しみは1000時間にも感じられるんだ。

俺たちが知っていたことは、ほかにもあった。ヘルウィークは「心理戦」だってことだ。教官は苦しみを与えて、俺たちが本性をさらけ出すのを手ぐすね引いて待っている。それは、最強のアスリートを見つけるためじゃない。**「最強の心」の持ち主を選び出すためなんだ。**やめるやつらがそれに気づいた時には、もう手遅れだった。

人生のすべてが心理戦だ！　人生の浮き沈みに流されると忘れそうになるが、苦しみや拷問がどんなにひどくなっても、悪いことには必ず「終わり」が来る。なぜ忘れてしまうかというと、自分の感情や行動をコントロールできなくなるからだ。とくに、苦痛がピークに達した時にはそうなりやすい。

ヘルウィークでやめていったやつらは、操作盤のない、どんどん速くなるランニングマシンに乗せられたように感じていたんだろう。でも、あいつらが後から理解したかどうかは知らないが、それは「妄想」だ。

2度目のヘルウィークを始める時に、俺ははっきり覚悟していた。ここには俺の意志で来たこと、俺はなんとしても戦い続けるつもりだってこと、そしてこのクソみたいなゲームに勝つための資質が俺にあるってことを。だから、試練を耐え抜き、ここで起こることを心ゆくまで楽しんでやるぜ、って意気込みや情熱があった。

この情熱に助けられたからこそ、全力で訓練に取り組み、必要ならルールをかいくぐり、金曜の午後に終了の笛が鳴るまで何があっても「敵」に負けずに戦い続けよう、と思えた。俺にとって、戦争はヘルウィークで、敵は「おまえらをしごいてやめさせてやる」とほざく教官たちだった！

だから、あいつらのスケジュールを記憶して、次に何が来るかを頭に入れておけば、時間の進みを速くできるし、最初からあいつらを出し抜くことができる、と考えたんだ。ヘルウィークであいつらに叩きのめされている時も、スケジュールを心の支えに頑張れるってね。

「冗談で言ってるんじゃないぜ、スケジュール表が必要なんだ！」と俺は食い下がった。

クラス231で俺以外のたった1人の黒人、ケニー・ビグビーが、教室の向こうから何か言いたげに見つめてきた。ケニーはBUD／Sの最初のクラスも俺と同じだったが、ヘルウィーク直前にケガで離脱して、2度目のトライのために戻っていたんだ。「やれやれ」とケニーは言った。

「デイビッド・ゴギンズが戻って丸太を担いでいる」

そう言ってケニーはニヤリと笑い、俺もつられて笑った。ケニーは俺が1度目のヘルウィークを肺炎でやめさせられようとしていた時に、教官のオフィスにいて、一部始終を無線で聞いていたんだ。

あれは体力錬成訓練の丸太担ぎでのことだ。俺たちボートクルーは全身ずぶ濡れになって、塩と砂にまみれながら、丸太を担いで砂浜を往復していた。俺は肺炎で血を吐き、鼻と口から血まじりの鼻水を垂らしていた。それを見た教官は、俺が突然死するのを恐れて、俺をつかまえて近くに座らせた。でも彼らがよそを向くたびに、俺は「戻って丸太を担いで」いたね。

ケニーはその夜無線で、同じやり取りを何度も聞いた。

「おい、ゴギンズをあそこから連れ出せ」とある声が言った。

「了解。ゴギンズはここに座っている」と別の声が言った。そして1拍置いて、また無線がピーピー鳴った。「クソ、ゴギンズが戻って丸太を担いでいる。くり返す、ゴギンズが戻って丸太を担いでいる」

ケニーはこの話をするのが好きだった。身長178センチ体重77キロのケニーは、俺より小柄で、ボートクルーは別だったが、信用できる男だった。ていうか、ケニーほどの適任者はいなかった。クラス231の中で、教官たちのオフィスの掃除を担当していたのはケニーだったからな。ケニーだけがオフィスに自由に出入りできたんだ。

その夜、ケニーは抜き足差し足で敵地に入り、ファイルからスケジュール表を取り出し、コピーを取ってから、気づかれないうちに戻しておいた。俺たちはこうやって、人生最大の心理戦で最初の「勝利」をあげたってわけだ。

*

もちろん、「何が起こるか」を事前に知ることは、戦いのほんの一部でしかないよ。スケジュールを知っていようが、拷問は拷問だ。ヘルウィークの拷問を乗り越えるには、真正面から取り組むしかない。俺はリーダーとして、目くばせや短い言葉がけで、クルーがいつも全力で頑張れるように励ました。

俺たちはボートを頭上に掲げて砂浜に立つ時も、丸太を担いであのクソ柔らかい砂浜を往復する時も、死にものぐるいで頑張った。そして、波責めで太平洋の海に入っていく時、俺は映画

『プラトーン』の一番もの悲しい、感動的な曲をハミングしたんだ。

俺はいつも映画にやる気をもらってきた。『ロッキー』を支えに、BUD／Sに参加する夢をかなえた。そしてヘルウィークのあのどん底の夜に、教官たちに苦しみをあざ笑われ、惨めなやつらだとののしられ、頭の高さほどの波の中に何度も送り込まれた時も、やつらを出し抜く力を『プラトーン』からもらった。

『弦楽のためのアダージョ』は、『プラトーン』のとくに切ないシーンで流れていた曲なんだ。俺は骨の髄まで凍るような霧に包まれた時、ベトコンに追われて撃たれるエリアス軍曹のように、両手を挙げながら1人でこのメロディを歌った。みんなが笑った。フェーズ1の間に、訓練生全員が兵舎で『プラトーン』を見ていたからな。

そして俺の歌には、教官を苛立たせ、クルーを奮い立たせる効果もあった。**俺たちは、あの苦痛と錯乱の中に笑える瞬間を見つけることで、あの芝居がかった経験そのものを笑い飛ばして、不利な状況を有利に変えることができたんだ。**そうやって、感情を少しコントロールできるようになった。

くり返すが、すべてが心理戦だ。そして俺は絶対に負けるつもりはなかった。

でもBUD／Sで一番重要な戦いは、ボートクルー同士のチーム戦だ。BUD／Sではほとんどすべてが競争なんだ。ボートや丸太を担いで砂浜を往復する時も、ボートを手漕ぎする時も。丸太やボートを担ぎながら、障害物コースを走り抜ける時もだ。

ヘルウィークにて。

チームで細い平均台の上をバランスを取りながら歩き、クルクル回る丸太やロープの吊り橋を渡った。丸太やボートを、貨物ロープが張られた高さ9メートルの壁の向こうの地面に落とし、それからロープをよじ登って壁を乗り越えた。

競争に勝ったチームはほぼ必ず休息を与えられた。でも負けたチームはサイコ・ピートの余分なしごきを受け、濡れた砂の上で腕立て伏せや腹筋を何セットかやってから、土堤を駆け上れと命じられた。そんな時は疲労で体がガタガタ震え、失敗の上に失敗を重ねた気分になる。

サイコははっきりダメ出しをした。弱い人間を探し出して、せせら笑った。

「おまえはほんとにビョーキだ」と彼は言った、「早く脱落してほしいぜ。おまえが戦場に行けばみんな殺されちまうからな」

サイコが訓練生にわめき立てるのを見て、俺は複雑な気持ちになったね。やつが仕事でやっているのはわかる。でもやつは訓練生をいじめた。そして、俺はいじめってものにガマンならない。やつはBUD／Sに戻ってきた俺を目の敵にした。だから俺は早い段階で、サイコを俺の「敵」に認定した。「おまえの思い通りにはならない」と心に決めたんだ。それをあいつにわからせてやろうとした。

波責めの合間にクルーが身を寄せ合って体を温めている間、俺は1人離れて立った。みんなが震えていても、俺は身じろぎもしなかった。それがあいつをどんなに苛立たせるかを、俺は知っていたんだ。

＊

ヘルウィークで許される唯一の贅沢は、食事だ。俺たちは王様のような食事をしたよ。オムレツにローストチキン、ポテト、ステーキ、熱々のスープ、ミートソースのパスタ、デザートのブラウニー、ジュース、コーヒーなどなど。

ただし、食事にありつくには、頭上にあの重さ90キロのボートを担ぎながら、行きも帰りも食堂までの1マイル（1・6キロ）を走らなくてはいけないんだ。俺は食堂を出る時、濡れた砂だらけのポケットにピーナツバターサンドをねじ込んで、教官の目を盗んで砂浜でむさぼったね。

でもある日の昼飯後、サイコは「1マイルじゃ足りない」と考えた。俺たちがそれを知ったのは、4分の1マイル（400メートル）走った頃だ。サイコはペースを上げて、グラインダーには直行しない、と告げた。

「このまま走り続けろ！」とサイコが叫んだとたん、クルーの1人が遅れ始めた。俺はクルーに声をかけた。

「ついていこうぜ！　あいつをギャフンと言わせるんだ」

「了解！」とフリーク・ブラウンは言った。彼は約束通り、日曜の夜からずっと俺と一緒にボートの一番重い先頭を担ぎ続け、おかげでどんどん強くなっていたんだ。

サイコは俺たちに柔らかい砂の上を4マイル（6・4キロ）以上走らせた。疾走して引き離そうとしたが、俺たちボートクルーは影のようにピタリと張りついていった。するとサイコはペースを変えた。飛ばしたかと思うと、大股でゆっくり歩き、しゃがみ、ジョギングのペースで走り、そしてまた駆けた。この時点で、俺たちはほかのボートクルーを4分の1マイル（400メートル）以上引き離し、サイコの後にピッタリつけながら、サイコの足取りをそっくり真似した。

俺たちをいじめて喜ぶようなことは絶対に許さない。ほかのチームを振り切ることはできても、ボートクルー2はそうはいかねえ！

＊

ヘルウィークは悪魔のオペラだ。クレッシェンドみたいにどんどん過酷になり、水曜の試練でピークに達して、金曜の午後に終了するまでその状態がずっと続く。水曜の時点で、もう全員がボロボロでズタズタだった。特大のラズベリーのように真っ赤に腫れ上がった体から、粘液と血を垂れ流すゾンビになっていた。

教官に簡単なボート上げを命じられても、誰もついていけなかった。俺のクルーでさえ、ボートを地面から持ち上げるのがやっとだった。その間サイコやSBGたち教官は、いつものように「弱い者」を見つけようと、虎視眈々《こしたんたん》と目を光らせていた。

俺は教官たちをマジで嫌っていた。あいつらは俺の頭の中に入り込もうとする「敵」だ。もううんざりだった。ブラウンをチラッと見ると、ヘルウィークに入って初めて参っていた。クルーはみんなそうだった。クソッ、俺もつらかったぜ。膝がグレープフルーツ大に腫れ上がり、1歩進むごとに神経が焼けるように痛んだ。

何か、俺を燃え立たせてくれるものが必要だった。俺はサイコ・ピートに狙いを定めた。あのクソ野郎にはもうガマンならねえ。教官たちは余裕をかましていた。俺たちは切羽詰まっていた。あいつらには俺たちにないものがあった。エネルギーだ！　そこで俺は考えた。今度は俺たちがあいつらの頭の中に住み着いてやる。そうやってあいつらから力を奪い取り、俺たちのものにするんだ。

教官たちは8時間のシフトを終えたら、俺たちがまだ必死に頑張っているのに、車で家に帰る。俺は、帰宅後もあいつらの頭からボートクルー2のことが離れないようにしたかった。奥さんとベッドインする時も、あいつらを悩ませ続けたかった。夕たないほど、あいつらの頭を占領したかった。そうすれば、急所にナイフを突き立てるのと同じくらい、痛めつけることができる。そこで、俺が今では「魂を奪う」と呼んでいる戦術に出たんだ。

俺はブラウンのほうを向いて言った。「俺がなんでおまえをフリークって呼ぶか、知ってるか？」。フリークはボートをちょっと下げて俺を見て、それから予備電力でキコキコ動くロボットみたいに、ボートを機械的に持ち上げた。「おまえが史上最強のヤバいやつだからだよ！」

ブラウンはニヤッと笑った。そして俺は、砂浜で身を寄せ合って熱いコーヒーを飲みながら談笑している9人の教官を肘で指して、「俺があのクソ野郎どもになんて言ってやりたいか、知ってるか？」と聞いた。「クソ食らえだ！」。ブラウンはうなずき、俺たちを苦しめる教官たちを目を細めて見た。俺は残りのクルーを振り向いて言った。「よう、これからクソボートを高く持ち上げて、俺たちの力を見せつけようぜ！」

「クソ美しいじゃねえか」とブラウンは言った。「いっちょやってやるか！」

チームはたちまち生気を取り戻した。俺たちは、ただボートを勢いよく頭上で上げ下げしたんじゃない。空に向かって飛ばし、頭上で受け止め、地面に叩きつけてから、また空高く飛ばしたんだ。その効果はすぐに現れた。痛みと疲れが薄らいだ。これをくり返すたびに、俺たちはどんどん強く、どんどん速くなった。ボートを上に飛ばすたび、みんなで叫んだ。

「ボートクルー2は無敵だ！」

この叫びは、俺たちから教官への「クソ食らえ！」のメッセージだった。

マラソンでは、もうダメだと思っても、そのまま走り続けると、フッと体が軽くなる、「セカンドウィンド（第二の風）」と呼ばれる状態になることがある。教官たちはセカンドウィンドに乗った俺たちを、まじまじと見ていた。世界で一番苛烈な訓練の、一番手強い週の、一番過酷な日に、ボートクルー2は光速で動いて、ヘルウィークをコケにした。

教官たちの表情がすべてを物語っていた。前代未聞のできごとを目撃しているかのように、口をあんぐり開けていた。きまり悪そうに目をそらした教官もいた。SBGだけが満足げだった。

＊

ヘルウィークのあの夜以来、俺は「魂を奪う」戦術を数え切れないほど使っている。敵の魂を奪う目的は、敵意を利用して自分の予備電力を見つけ、セカンドウィンドに乗ることにある。人生のどんな競争に勝つのにも、どんな障害を克服するのにも使える方法なんだ。

チェスの対局に勝つ、職場の権力闘争で敵を倒す、就職面接を乗り切る、成績を上げるといったことにも効果がある。もちろん、どんな肉体的試練を乗り越えるのにも使えるよ。

でも、忘れないでほしい。これは君の心の中で戦うゲームだ。運動競技は別として、誰かを負かしたり、士気を挫《くじ》いたりすることが最終目的じゃない。そもそも、君がこのゲームをやっていることを相手に知らせる必要もない。これは君がここぞという時に全力を出し切るために使う戦術だ。あくまで**君が君自身に仕掛ける心理戦だ。**

相手の魂を奪えば、「戦術的優位」を得る、つまり戦いや競争の中で君に「有利な立ち位置」をつくり出すことができる。人生そのものが、自分の力を一番発揮できる、有利な状況を見つけるためにあると、俺は思っている。俺たちがヘルウィークのスケジュール表を盗んだのも、サイコの後にピッタリついて走ったのも、俺が波打ち際で威勢よく『プラトーン』のテーマを歌ったのも、そのためだ。これらの1つひとつが、俺たちに力をくれる、反抗の行為だった。

ただ、反抗しても魂を奪えない状況もあるよ。すべては状況次第なんだ。BUD／Sでは、俺たちがこういうやり方で優位に立とうとしても、教官はとがめなかった。頑張りさえすれば認めてくれた。

つまり魂を奪うためには、まず下準備として、君の置かれた状況をしっかり確かめなくてはいけない。君の状況を把握して、いつ、どこでならルールを破っていいのか、守るべきなのかを判断しよう。

次に、戦いの前夜に、君の心と体の状態をじっくり観察しよう。君の弱みや劣等感、そして敵の不安や劣等感を書き出してみよう。たとえば、もし君がいじめに遭っているなら、君自身の弱みや劣等感を知っておけば、いじめをするやつがどんなひどいことを言ってくるかを「先読み」できる。やつらと一緒に自分を笑い飛ばせば、やつらの力を奪うことができる。何を言われても客観的に受け流せば、やつらの力を弱められる。

自分の感情に振り回されないようにしよう。自分に満足している人は、誰かをいじめたりせず、誰にでもやさしい。それを忘れないでほしい。つまり、君をいじめるやつには、必ず弱みがあるってことだ。君はそれにつけ込むことも、相手を慰めてやることもできる。時には手を貸すことで、相手を打ちのめせることもあるよ。

相手の動きを2、3手先まで読めば、思考プロセスを乗っ取れる。そうやって、気づかれないうちに魂を奪うんだ。

BUD／Sで俺は、俺たちをいじめる教官を「敵」に見立てた。彼らは、俺がヘルウィークでボートクルー2を励ますために取った戦術に気づかなかった。気づく必要もなかった。きっとヘルウィークの間は俺たちをしごくことしか考えていなかったんだろう。気づいたのかどうか、本当のところはわからないよ。でもとにかく俺はあの歌を歌うことで自分のメンタルを落ち着かせて、クルーが戦いに勝てるように手助けしたんだ。

これと同じで、もし君がライバルと昇進を競っているなら、まずは君自身の弱みを理解して、面接や査定の前に戦略を立てよう。こういう状況では、君の弱みを笑い飛ばしても何にもならない。君の弱みを把握しておくことが大事なんだ。また、ライバルの弱みがわかっていれば、そこを突いて有利な状況に立つこともできる。この戦略を立てるためには、下調べが必要だ。君の置かれた状況や、君自身のこと、敵のことをよく知ろう。

そしていったん戦いに飛び込んだら、「戦い続けること」がカギを握る。肉体的試練なら、敵の魂を奪う前に、まず自分の心の中の「魔物」を退治しておかないといけない。つまり、**いつか必ず頭に浮かぶ、「なぜ俺はここにいるのか？」という素朴な疑問に答えられるようにしておく**

んだ。この疑問が浮かぶ瞬間が必ず訪れることと、君がそれに答えられることを知っていれば、弱音を吐く心を迷わず無視して、進み続けることができる。戦い続けるために、君が「なぜ戦うのか」を知っておこう！

そして、**心身の苦しみには必ず終わりが来ることを忘れないでほしい！　苦しみはいつか必ず終わる。**苦しくなったら、1、2秒ニッコリ笑って、苦痛が薄らぐのを感じよう。それができたら、その1、2秒をどんどんつなげていって、敵が思っているよりも長く耐え、セカンドウィンドに乗れるだろう。

セカンドウィンドについては、科学的にたしかなことはわかっていないんだ。脳内ホルモンのエンドルフィンが神経系に放出されるからだという説もあるし、酸素が爆発的に増えて乳酸を分解するという説や、筋肉を動かすのに必要なグリコーゲンや中性脂肪の作用だという説もある。また純粋に心理的なものだという説もある。

俺が唯一知っているのは、「心が折れそうな時に自分に鞭打って頑張り続けたら、ヘルウィークの一番つらい夜も乗り切れた」ってことだけ。セカンドウィンドを追い風にすれば、敵を打ちのめして魂を奪いやすくなる。難しいのは、その状態に自分を持っていくことなんだ。でも、**どん底だと感じた時に、全力を尽くすことができさえすれば、勝利は目前だ。**

＊

ボート担ぎの後で、クラス全員に1時間の睡眠が与えられた。砂浜に軍の大きい緑のテントが張られ、中に折りたたみ式ベッドが設置された。マットレスはなし。でもどうせ横になったとたん気絶するように寝てしまうんだから、これでも真綿《まわた》の上にいるような贅沢だ。

だが、サイコの仕打ちはまだ終わっちゃいなかった。1分眠ったところで俺だけ叩き起こされ、砂浜に連れていかれた。とうとう俺の頭に入り込むチャンスが来た、とやつは思ったんだろう。俺は寝ぼけて海にフラフラ入り、冷たさにびっくりして目が覚めた。

そこで、1人きりの波責めを思いっ切り楽しむことに決めた。胸まで水に浸かって、『弦楽のためのアダージョ』をハミングし始めたんだ。大声でだ。波が砕ける音に負けずに、あのクソ野郎にも聞こえるようにな。この曲のおかげで、俺はよみがえった！

俺がこの訓練に来たのは、シールズの一員になれるだけの強さが自分にあるかどうかを確かめるためだ。そして俺はここで、自分の中に、それまで存在さえ知らなかった「野獣」がいるのを知った。人生がうまくいかなくなった時に、力をくれる野獣だ。海から上がる頃には、「俺は絶対に壊れない」と確信していた。

でも、そうじゃなかった。

ヘルウィークでは、誰も無傷じゃすまない。その夜遅く、ヘルウィーク終了まで残り48時間という時に、俺は膝の腫れを取るトラドール〔非ステロイド性抗炎症薬〕の注射を受けに医務室に行った。砂浜に戻ってくると、俺のボートクルーはパドリング演習で海に出た後だった。風が吹き荒れ、波が激しく打ちつけていた。

サイコはSBGのほうを見て言った。「こいつをどうしたもんですかね？」

サイコはこの時初めてためらいを見せ、俺をしごくのに疲れたように見えた。俺は準備万端で、どんな挑戦も受けて立つ気満々だったのに、サイコはもううんざりして、俺に休息を与えようとした。俺があいつに粘り勝ちしたことを知ったのは、この時だ。俺はついにあいつの魂を奪ったんだ！

でも、SBGには別の考えがあった。彼は俺に救命胴衣を渡して、俺の帽子の後ろにケムライト〔折り曲げると化学反応で発光する光源〕を留めた。

「ついてこい」と言って、SBGは砂浜を走り出した。

俺はSBGの後について北へたっぷり1マイル（1・6キロ）走った。波間を上下するボートとその明かりは、霧と波の向こうに消えようとしていた。「いいか、ゴギンズ。泳いでいって、おまえのボートを探すんだ！」

SBGに心の奥底の不安を見透かされ、自信を突き崩されて、俺は言葉に詰まった。「頭がおかしくなったのか？」という目でSBGを見つめた。

もう泳ぎはかなり得意になっていたし、砂浜の近くでやる波責めは怖くなかった。でも、嵐の中の冷たい海を外洋に向かって遠くまで泳ぎ、俺が向かっていることも知らないボートを探せだと？

それは死刑宣告に聞こえた。そんな訓練はしたことがなかった。それでも、人生には思いがけないできごとがカオスのように舞い降りてくることがある。そしてどんな勇者も、自分の能力を明らかに超えるリスクやタスクを引き受けなくてはならない時が、突然やってくるんだ。

＊

この瞬間俺の頭にあったのは、**「俺はどういう人間として語り継がれたいか」**だった。SBGの命令を拒否することもできた。BUD／Sでは、相棒《バディ》なしで泳ぐことは禁じられているからね。SBGが危険きわまりないことを俺にやらせようとしているのは明らかだった。

でもその一方で、俺がこの訓練に来たのは、ただシールズに入隊するためだけじゃない。俺にとってこの訓練は、精鋭中の精鋭たちと競い合って、群れから抜け出すチャンスだ。荒れ狂う波の向こうにボートが見えなくても、ビクビクしている場合じゃない。

俺の心は決まった。

「何をもたもたしているんだ、ゴギンズ？　行け、しくじるんじゃないぞ！」とSBGは言った。

俺は「了解！」と叫ぶと、砕け波に駆け込んだ。でも救命胴衣を着せられ、膝が腫れ上がり、ブーツを履いていたせいで、ほとんど泳げなかった。水中に潜って波をやり過ごすことさえできず、白い砕け波に揉まれるがままになった。

いろんな危険を頭の中でめまぐるしく分析していたせいで、海はいつにも増して冷たく感じられた。海水を何リットルも飲んだ。海が俺の口をこじ開け、体内にドッと流れ込んでくる。水を飲むたび、恐怖が広がった。

俺は知らなかったんだが、陸上では万が一に備えて、ＳＢＧが救援準備をしていた。あんなことを訓練生にやらせるなんて、前代未聞だったらしいね。ＳＢＧは俺に特別な何かを感じた。だからＳＢＧは強力なリーダーとして、俺がどこまでやれるのかを試そうとしたんだ。海にプカプカ浮かぶ俺のライトを岸から見ながら、気が気じゃなかったぜと、最近話してくれた。俺はあの瞬間、ただ生き延びるのに必死だった。


やっとのことで砕け波を越えて、そこからさらに半マイル（８００メートル）ほど泳いだところで、気づくと俺の頭は6艘のボートに押し潰されそうになっていた。ボートは上下に１２０センチほど揺れながら見え隠れしていた。俺がここにいることに誰も気づいていない！　俺の帽子のライトは弱すぎて、暗い海に浮かぶ俺の目にはほとんど何も見えなかった。

波のうねりで上下するボートに俺がなぎ倒されるのも時間の問題だ。俺にできるのは、しゃがれたアシカみたいな声で暗闇に向かって叫ぶことだけだった。

「ボートクルー2！　ボートクルー2！」

ボートクルーに俺の声が届いたのは、奇跡だった。クルーはボートをぐるっと回転させて戻ってきた。フリーク・ブラウンがデカい手で俺をつかみ、大事な戦利品みたいに引っ張り上げた。俺は目を閉じてボートの真ん中に仰向けになり、ヘルウィークが始まってから初めてガタガタ震えた。冷えすぎて震えを隠せなかったんだ。

「何やってんだよ、ゴギンズ」とブラウンは言った、「どうかしてるぜ！　おまえ大丈夫か？」

俺はコクッとうなずいて、われに返った。俺はクルーのリーダーだ、弱みを見せるわけにはいかねえ。全身の筋肉に力を入れたとたん、震えは収まり始めた。

「リーダーはしっかりしなくちゃな」と、俺は傷ついた鳥みたいに海水をゲボゲボ吐きながら言った。落ち着くと、笑いがこみ上げてきた。クルーもだ。俺が自分から好き好んでクレイジーな遠泳をしたんじゃないことは、クルーもわかっていた。

＊

ヘルウィークが残りわずかになった時、コロナドのシルバーストランド複合訓練施設近くの「デモピット」という、フェンスで囲われたエリアで訓練があった。ピットには冷たい泥砂と海水が張られ、その上に2本のロープでできた橋が渡されている。1本は足用、もう1本は手用だ。

訓練生は1人ずつ、教官がロープをめちゃくちゃ揺らして振り落とそうとする中で、この橋を渡るんだ。バランスを保つには強靭な体幹が必要だが、全員が疲れ切ってヘトヘトだった。俺の膝はさらに悪化して、12時間ごとに痛み止めの注射が必要だった。でも名前を呼ばれると、俺はロープに登り、教官たちが揺らしにかかる中、体幹を使って残る力を振り絞ってしがみついた。

ほんの9か月前、俺は体重135キロで、4分の1マイル（400メートル）も走れなかった。違う人生を夢見ていたあの頃、ヘルウィークを乗り越えることが、人生最大の名誉になると信じていた。たとえBUD／Sを卒業できなくても、ヘルウィークを生き延びることに意味があると思っていた。

でも今、俺はただ生き延びていただけじゃなかった。クラスの首席でヘルウィークを終えようとしていた。そしてこの時生まれて初めて、自分が「クソヤバいやつ」だと知ったんだ。

前は失敗するのが怖すぎて挑戦することもできなかった。今なら、どんな挑戦でも受けて立つ。俺は昔から水、とくに冷たい水が苦手だった。でもヘルウィーク最後の瞬間に、この場所に立ちながら、「海と風、泥がもっと冷たければいいのに」と思った！

俺は肉体的に完全に生まれ変わった。BUD／Sで優秀な成績を収めることができたのは、それが大きい。でも、ヘルウィークを乗り切れたのは、精神力のおかげだ。そして俺はその力をまだ活用し始めたばかりだ……。

教官たちがロデオマシンのようにロープを揺らして俺をふるい落とそうとする間、そんなことを考えていた。ロープに食らいつき、クラス231の誰よりも遠くまで橋を進んだが、ついに重力に負けて冷たい泥の中に落ちた。目と口から泥をぬぐい、フリーク・ブラウンに抱え起こされて大笑いした。

しばらくすると、SBGがピットの端に立った。

「ヘルウィーク完了！」と、まだ泥の中で震えている30人に向かって叫んだ。全員が満身創痍《まんしんそうい》だった。「諸君、本当によくやった！」

喜びの叫びを上げる者。目に涙を浮かべ膝から崩れ落ちて神に感謝する者。俺は天を仰ぎ、フリーク・ブラウンを引き寄せてハグし、チームとハイタッチをした。ほかのどのボートクルーにも脱落者がいたが、ボートクルー2は違う！　脱落者ゼロで、すべてのレースで優勝したぜ！

グラインダーに戻るバスの中で、みんなが浮かれていた。到着すると、1人ひとりに特大のピザと2リットルのペットボトルに入ったゲータレード、そして念願の茶色のTシャツが配られた。ピザは天の糧《かて》のようにうまかったが、Tシャツにはもっと大きな意味があった。

BUD／Sに来た新人は、毎日白いTシャツを着る。ヘルウィークを生き延びた者だけが、茶色のTシャツと交換してもらえるんだ。このTシャツは、俺たちが高みに上がった証しだった。失敗だらけの人生を歩いてきた俺には、えらく新鮮な経験だった。

俺もこの瞬間をみんなのように楽しみたかった。でも膝が2日前からどうにもおかしく、その場を離れて診てもらいに行った。

グラインダーから医務室に向かう途中、ふと右を見ると、ヘルメットが100個ほど並んでいた。真鍮の鐘を鳴らして去った仲間たちのものだ。ヘルメットの列は、鐘からフロッグマンの像の前を通って、受付エリアまで続いていた。仲のよかったクラスメイトの名前もあった。やつらの気持ちが痛いほどわかった。パラレスキュー隊が俺抜きで卒業した時も、同じ気持ちだったからな。あの記憶は何年も俺の心に巣くっていた。でも130時間の地獄《ヘル》を経て、とうとう逃れることができたんだ。

その夜は全員がメディカルチェックを受けたけど、全員体が腫れ上がっていて、ケガなのかただの痛みなのか、見分けがつきにくかった。

俺は右膝が3倍に腫れ上がって、松葉杖なしではどこにも行けなかった。フリーク・ブラウンは全身傷だらけだった。ケニーはとくに異常はなく、足もほとんど引きずっていなかったが、体の節々が痛んでいた。ありがたいことに、これからは「ウォークウィーク」と呼ばれる回復期間で、7日間たらふく飲み食いして体を癒やし、残りの過酷な訓練に備えることができる。たいした日数じゃないが、クラス231にとどまった屈強な訓練生には、十分な時間だ。

俺はどうなったかって？　松葉杖は外れたけど、膝は全然治らなかった。でも弱音を吐いている場合じゃない。フェーズ1はまだ終わっていないんだ。ウォークウィークの後は、「ロープ結び」の強化訓練がある。簡単そうに聞こえるだろう？　でも、思ったよりずっと難しい。この訓練をやるのはプールの底だ。おまけに教官たちが、まともに動く足が1本しかない俺を、あの手この手で溺れさせようとしてくるからな。

まるで悪魔がずっと「ヘルウィーク」の舞台を観劇し、幕間《まくあい》の間も待ち続け、とうとうお気に入りの場面がやってきたかのようだった。BUD／S前夜の興奮と不安の入り交じった記憶が生々しくよみがえり、その夜は眠れずに寝返りをくり返した。ストレスにやられた脳に、悪魔の声がこだました。

おまえは苦しみが好きなんだってな、ゴギンズ。自分をクソヤバいやつだと思っているそうじゃないか。せいぜい地獄で楽しみ続けろ！

チャレンジ#4 合格点の「はるか上」に挑もう

君は今、誰かと敵対しているだろうか？ そんな状況を1つ選んでほしい。君の「敵」は誰だろう？ 教師、監督、上司、それとも横柄な客なのか？ 君が誰にどんな扱いを受けていようと、そいつらに君の価値を認めさせ、形勢をひっくり返す方法が1つある。**敵に文句を言わせないほどの「圧倒的結果」を出すんだ。**

たとえば、テストで満点を取る、完全無欠な提案書をつくる、売上目標を突破する、ってことだ。プロジェクトや授業、何であれ、今まで以上に真剣に取り組もう。求められることを完璧にこなして、どんな基準を要求されても、**そのさらに上を行く結果を出そう。**

コーチが君を試合に出してくれない？ なら、練習に命を懸けよう。チームの最強メンバーと競って、実力を見せつけよう。映像を見て相手のクセを研究し、プレーを記憶して、ジムで訓練しよう。コーチを振り向かせろ！

君の敵は教師だって？ なら、勉強に力を入れよう。宿題にもっと時間をかけよう。提出しろと言われてもいないレポートを書こう！ 教室に早く行って、質問し、授業に集中しよう。君の実力とポテンシャルを見せつけろ！

上司とうまくいっていない？　なら、社畜になろう。上司よりも早く出社し遅く退社して、勤勉をアピールしよう。そしてここぞという時に全力を尽くして、上司の期待を突き抜ける結果を出せ！

敵が誰であっても、そいつらにできないことを君がやっているところを見せつけよう。そうやって敵をひれ伏させるんだ。ネガティブな気持ちを力に変えて、死にものぐるいでタスクに挑もう。そうやってやつらの魂を奪うんだ！

終わったら、どうなったかをＳＮＳに投稿してくれよ。　＃canthurtme　＃魂を奪え　のハッシュタグを忘れずにな。

5章 鎧の心

おまえには、俺を傷つけることはできない

「膝がかなり悪いようだね、ゴギンズ」

「やめてくれよ、先生《ドック》。回復期間の「ウォークウィーク」終了まであと2日。俺は経過観察のために医務室に来ていた。医者が俺の迷彩ズボンの裾をまくり上げて、右の膝小僧を軽く押すと、脳天に激痛が走った。でもそれを知られるわけにはいかない。

俺は、「疲れている以外は健康体の、戦う準備ができたシール候補生」の役を演じていたんだ。

だからしかめっ面もできない。膝が相当マズいことになっているのはわかっていたよ。それに、残り5か月の訓練を1本の脚では乗り切れそうにないこともな。

でも2度目のロールバックを食らったら、もう一度ヘルウィークをやることになってしまう。それだけはあり得ない。

「腫れがほとんど引いていないな。どんな感じだい？」

医者も演じていた。海軍特殊戦センターのシール候補生と医療スタッフの間には、「聞かない、話さない」の暗黙の了解があるんだ。俺はケガの状態を打ち明けて医者の仕事を楽にしてやるつもりはなかったし、医者も医者で、大事を取りすぎて俺の夢に幕引きをするつもりはなかった。医者が手をどけると痛みは引いた。咳が出て、また肺がゴボゴボ言ったが、聴診器を当てられている間は咳をこらえた。

ヘルウィークが終わってから、茶色い痰が止まらなかった。最初の2日間は昼も夜もベッドから出られず、ゲータレードのボトルを貯金箱みたいにして痰をためていた。息苦しくてほとんど動けなかった。ヘルウィークではヤバい成績を出したが、それはもうすんだことだ。そして、教官たちも俺のヤバさを認め始めていた。これからは徹底的にマークされ、もっと厳しくしごかれるだろう。

「大丈夫だよ、先生」と俺は言った。「ちょっとこわばってるだけだ」

時間さえあればなんとかなる。痛みに耐える方法は知っていたし、いつもそのやり方で切り抜けてきた。膝が痛いからって、BUD／Sをやめるつもりなんかなかった。そのうち治るだろう。肺と副鼻腔のうっ血を和らげる薬と膝の鎮痛剤をもらって、医務室を出た。

訓練再開の2日後には、呼吸はましになっていた。でも右脚はまだ曲げられなかった。

マズい。

BUD／Sには過酷な訓練がいろいろあるけど、「ロープ結び」なんて、それまで俺の眼中にもなかった。でもBUD／Sはボーイスカウトとは違う。これは水深4・5メートルのプールの底でやる、水中訓練なんだ。プールで死の恐怖を感じることはなくなっていたけれど、体が浮かばない俺にはどんなプールの訓練も、とくに立ち泳ぎが必要なものは、命取りになりかねない。

＊

ヘルウィークの前にも、プールでの訓練や演習はあったよ。教官相手の模擬救助や、フィン（足ヒレ）なし・息継ぎなしの50メートル水中水泳なんかだ。

たとえばこの水中水泳は、まず大きく足を踏み出してプールに飛び込み、水中で前転して勢いを完全に止めてしまう。そしてプールの壁を蹴らずに、レーンの線に沿って25メートルプールの向こう端まで泳ぎ、端に着いたら壁を蹴って泳いで帰ってくるんだ。俺は50メートルを泳ぎ切って、息も絶え絶えに立ち上がった。呼吸が整うまで心臓がバクバクしていた。合格だ。これが、水中で息を止めながら冷静沈着でいることを学ぶ、水中演習の1つ目だった。

そして次にやってきたのが、ロープ結び演習だ。その目的は、結び方のスキルや、肺活量をテストすることじゃない。もちろん水陸作戦にはどっちも必要だが、この演習では、「人間の生きられない環境で、多くのストレス要因に耐えられるかどうか」を試されるんだ。健康状態はともかく、俺はそこそこ自信を持って演習を始めた。でも立ち泳ぎを始めたとたん、マズいことになったと思ったね。

まずプールに8人一列に並んで、手足を泡立て器みたいに回しながら立ち泳ぎをする。2本の脚がまともに動いていてもつらいのに、右脚が動かないから左脚だけでやった。難易度と心拍数が爆上がりして、もうこの時点で俺はエネルギーを吸い取られていた。

そして俺たちの横には、教官が1人ずつ張りついている。サイコ・ピートは俺を名指ししてきた。ヘルウィークで俺にプライドをズタズタにされたサイコは、俺が苦戦しているのを見たとたん、しっぺ返しのチャンスに飛びついたんだ。

右脚を回すたび火花が散るような痛みが走り、サイコが見ているのにそれを隠せなかった。俺が顔をしかめると、サイコはクリスマスの朝にプレゼントを見つけた子どものように、にんまりした。

「本結びをしろ！　そして舫《もや》い結びだ！」とサイコは叫んだ。立ち泳ぎがつらすぎて息が上がっていたが、サイコは容赦なかった。

「クソッ！」俺は空気を吸い込み、体を折り曲げて潜った。

この演習では5種類の結び目をつくる。20センチのロープを持って潜り、プールの底で結ぶんだ。1個つくるたびに浮上して息を吸ってもいいし、息継ぎなしで一度に5個つくってもいい。

「結び目をつくれ」と合図をするのは教官だが、そのペースは訓練生が決める。マスクやゴーグルは使わない。水面に浮上できるのは、教官が結び目を調べて「ＯＫ」の合図をしてからだ。ＮＧが出るとやり直しになるし、ＯＫが出る前に浮上したらそこでアウトになって、ＢＵＤ／Ｓ失格となる。

それに、水面に浮上しても、次の結び目をつくる前に休んで息を整える暇なんかない。ずっと1本脚で立ち泳ぎしているから、心拍数が上がって血中酸素が不足する。要するに、潜水はクソつらく、いつ失神してもおかしくなかったんだ。

俺が結び目をつくる間、サイコは潜水マスク越しにじっと見つめてきたよ。30秒後にＯＫが出て、2人で水面に浮上した。サイコのやつは楽に呼吸していたが、俺は濡れたヘトヘトのイヌみたいに息絶え絶えだった。膝の痛みがひどく、額に玉のような汗が浮かんだ。冷水プールで汗が出るってのは、相当マズい。息が上がってエネルギーが切れ、もうやめたくなったが、そうすればＢＵＤ／Ｓから追放されちまう。それはあり得ない。

「おやまあ、ケガをしてるのかい、ゴギンズ？　傷口に砂が入ったのかな？」とサイコがいやみったらしく言った。「息継ぎなしで残り3個を結ぶのは、無理だろうなあ」

薄ら笑いを浮かべながら挑発してきた。俺はルールを知っていた。やつの挑戦を受け入れる筋合いはない。でも、逃げてサイコにバカにされるわけにはいかねえ。俺はコクッとうなずいて立ち泳ぎを続け、心臓が落ち着くのをちょっと待ってから、酸素たっぷりの息を深く吸い込もうとした。

サイコはそれを許さなかった。俺が口を開くたび、水しぶきを浴びせてストレスをかけてきやがった。これはパニックし始めた訓練生を揺さぶるために、教官が使う作戦なんだ。そのせいで呼吸できなかった。

「今すぐ潜らないと失格だぞ！」

時間切れだ。潜る前にちょっとでも息を吸おうとしたが、代わりにサイコの水しぶきを口一杯飲まされ、プールの底に着いた時にはすでに酸素不足だった。肺はほぼ空っぽで最初から苦しかったが、なんとか数秒で最初の結び目をつくった。心臓が緊急時のモールス信号みたいに早鐘を打っているのに、サイコはのらりくらりと結び目を調べた。心臓が胸を突き破りそうな勢いでバクバクしている。

サイコは結び目を見つめてから、また裏返して目と指で確かめ、ゆっくり親指を上に向けて「ＯＫ」の合図をした。俺は首を振って、ロープをほどき、次の結び目をつくった。今度もサイコはネチネチ調べた。俺の肺は燃えるように熱くなり、横隔膜が空の肺に空気を取り込もうとして激しくけいれんした。膝の痛みはＭＡＸだ。まわりに星がちらつき始めた。

いろんなストレスを一度に与えられたせいで、体がジェンガのようにグラグラして、もう失神寸前だった。でも、失神したら、俺を水面まで引き上げて意識を回復させるのは、サイコの役目になる。俺を憎んでいるこいつに命を託せるのか？　それに、体が燃え尽きて人工呼吸でも蘇生できなかったらどうするんだ？

心をむしばむあの素朴な疑問が頭を駆けめぐった。なぜ俺はここにいるのか？　やめたら楽になれるのに、なぜ自分を苦しめるのか？　なぜクソくだらない結び目演習のために、失神して死ぬ危険を冒すのか？

ここで屈して水面に飛び出したその瞬間、シールとしての俺のキャリアは終わっちまう。それはわかっているのに、「やめたい」としか考えられなくなった。

俺はサイコを見た。やつは両手の親指を上げ、くっだらねえコメディを見ているようなマヌケな笑みを浮かべた。サイコが俺の苦しみで鬱憤を晴らしているのを見て、10代の頃のいじめやあざけりがよみがえった。でもその時、脳にビビッと稲妻が走った。俺はこの瞬間、被害者ぶるのをやめた。そして、**ネガティブな感情にエネルギーを奪われてやめてしまう代わりに、それを力に変えて、形勢をひっくり返すことができたんだ。**

俺の中で時間が止まった。そして、これまでの人生のすべての経験を、間違った角度から見ていたことに気づいた。虐待や逆境は、たしかに俺を骨の髄まで苦しめた。**でもこの瞬間から、俺は「不遇な環境の被害者」ヅラするのをやめて、人生のすべてを「修業の場」ととらえ始めた。**

俺は不利な状況で心を鍛えてきた。だからこそ、サイコ・ピートとの水中対決に立ち向かう覚悟ができたんだ。

＊

インディアナで初めてジムに行った日のことを覚えているよ。手のひらが柔らかくて、懸垂をするとすぐ皮がむけた。バーを握るのに慣れていなかったんだ。でも何千回も懸垂をするうちに、手の皮が厚くなってむけなくなった。

心もこれと同じだ。虐待やいじめ、失敗、挫折などの困難を経験する前は、心は柔らかく無防備だ。人生の、とくにネガティブな経験を積むうちに、心の皮が鎧《よろい》のように厚く鍛えられていく。

でも、その鎧を、鍛えた心を、「どう使うか」は、君次第だ。君がいつまでも「恵まれない境遇の被害者」ぶっているなら、その鎧は「恨み」になって、新しいものごとを寄せつけなくなる。君は警戒心と不信感に溺れて、世間に怒りをぶつける。変化を恐れて殻に閉じこもるから、心はもう鍛えられなくなる。それが10代の俺だった。

でも2度目のヘルウィークで、俺は生まれ変わった。地獄をくぐり抜けながらも、新しい可能性に心を開いて、自分から試練を求めた。何があっても心を開いていられたのは、「命懸けで戦う」って覚悟があったからだ。だから苦痛の嵐に耐え、その苦しみを利用して被害者根性から抜け出すことができた。

長年の恨みつらみは、俺の汗と締まった肉体の下に埋もれた。恐れも消えた。この気づきが、サイコ・ピートにもう一度粘り勝ちする精神力をくれたんだ。

おまえは俺を傷つけられない。

それをサイコにわからせるためにほほえみ返すと、失神しそうな感覚が消えて、全身に力がみなぎった。苦痛は薄れ、1日でも水中にいられそうな気がしたね。サイコは俺の目を見て変化に気づいた。俺はやつをにらみながら、ゆっくり最後の結び目をつくった。

サイコは急げと促してきた。やつの横隔膜が縮んできたんだろう。俺がやっと結び終えると、サイコはさっさとOKサインを出して、呼吸するために慌てて水面に浮かび上がった。

俺がゆっくり浮上すると、やつはゼイゼイしていた。俺は不思議と落ち着いていたね。空軍パラレスキューの水中演習には屈したけれど、今度は重要な水中戦に勝った。大勝利だ。でも、戦いはまだ終わっちゃいなかった。

ロープ結びの演習に合格したら、2分以内にプールサイドに上がって、服を着て教室に戻らないといけない。フェーズ1で「2分」と言えば十分な時間だが、まだヘルウィークから回復していない俺たちは、いつものようにキビキビ動けなかった。それに、ヘルウィークを乗り越えたクラス231は、ちょっとばかし態度が変わっていたんだ。

ヘルウィークは、自分には思っている以上の能力があるってことを知るためにある。ヘルウィークは、「俺たちにはこんなこともできるのか」という発見の連続なんだ。すると、考え方がガラッと変わる。冷たい海に浸かり、1日中腕立て伏せをすることを恐れなくなる。教官たちに何をされても壊れない自信がつくから、教官が勝手に決めた期限を必死に守ろうとしなくなる。腕立て伏せや「濡れて砂まみれ」などの苦しく不快な試練を与えられても、俺たちゴリマッチョは

「るせえ、勝手にほざいてろ！」となる。

教官を恐れず、言うことを聞かなくなるんだ。教官たちはそれが気に入らなかった。ＢＵＤ／Ｓでは俺もいろんなしごきを見てきたが、あの日俺たちが受けたものは、ＢＵＤ／Ｓ史上最悪として語り継がれるだろう。俺たちはプールサイドで立ち上がれなくなるまで徹底的に腕立て伏せをさせられた。それから仰向けになってバタ足だ。蹴るたびに拷問のような痛みが走り、俺は脚を上げていられなくなった。弱みを見せていた。そしてＢＵＤ／Ｓでは弱みを見せたとたん、教官の餌食《えじき》になっちまう！

サイコとＳＢＧがプールサイドに下りてきて、代わる代わる俺をしごいた。やつらが疲れてあきるまで、腕立て伏せにバタ足、「クマ歩き」〔四つん這いで膝を床につけずに歩行する運動〕をやらされた。クマ歩きをするたび、膝関節の骨と腱が動き、浮き上がり、締めつけられ、激痛が走った。いつものようにすばやく動けなかった。体が壊れていたんだ。

素朴な疑問がまた頭をよぎる。なぜだ？　俺は何を証明したいんだ？　「やめる」のがまともな選択に思えた。平凡で気楽な生活の魅惑に負けそうになった。そこへ、サイコが俺の耳に向かってわめき立てた。

「早く動かんか、このろくでなしめが！」

するとまた、あの不思議な感覚が押し寄せたんだ。でもこの時の俺は、サイコをやり込めようとはしなかった。人生最悪の痛みを感じながらも、数分前のプールでの勝利を思い出していた。

俺はネイビーシールズの一員になれる水中技術があることを、とうとう証明した。一度も泳ぎを習ったことのない、体が浮きにくいこの俺が、だ。

でもそれは、俺が血のにじむような努力をしたからこそだ。スイムはずっと俺のアキレス腱だった。クラスではかなり泳げるほうになっていたけれど、水中演習ではストレスを感じた。だから週3日は夜、訓練後にプールに戻ったよ。数時間泳ぐためだけに4・5メートルの土堤をよじ登った。勉強を除けば、俺のBUD／Sでの唯一の難題は水中演習だった。だからそこに集中的に時間をかけた。おかげで、恐れを封じ込め、プレッシャーがかかった状況でも、水中で爆発的パフォーマンスを出せるようになった。

俺はサイコとSBGにしごかれながら、鍛えた心のとんでもない力をかみしめた。その気づきに力をもらって、プールのまわりをすばやくクマ歩きした。

自分でも信じられなかったよ。激痛は消えた。しつこい疑問もだ。俺は自分をギリギリまで追い込み、ケガと痛みへの耐性を突破して、鍛えた心がくれるセカンドウィンドに乗っていた！クマ歩きの後はバタ足に戻ったが、それでも痛みを感じなかったぜ！　30分後にプールを出た時、SBGが聞いてきた。「急にどうしたんだ、ゴギンズ？　どうやって超人になったんだ？」

俺はただ笑みを浮かべてプールを出た。何も言いたくなかった。俺にもその理由はまだわかっていなかった。

敵の力を利用して形勢をひっくり返す、魂を奪う戦術と同じで、鍛えた心を盾にして戦えば、君の考え方が変わる。**君がどんな逆境を生き抜いてきたのか、どうやって君の心を鍛えたのかを思い出せば、ネガティブな堂々めぐりから抜け出して、「やめたい」という気の迷いを振り切り、障害を乗り越える力がみなぎってくる。**

俺があの日プールでやったように、鍛えた心を盾にして、苦しみながらも戦い続ければ、君も限界を押し広げられる。苦痛を「あたりまえのプロセス」として受け入れ、屈せずあきらめずに自分を追い込み続ければ、「交感神経系」を自分でコントロールして、ホルモンの流れを変えることができるんだ。

＊

交感神経系っていうのは、危険に気づいた時に身の安全を守るための、「戦うか逃げるか（闘争・逃走）」反応を引き起こすシステムだ。このシステムは、いつもある程度の興奮状態にある。そして子ども時代の俺のように、ストレスや苦しみ、迷いにさらされると、システムに体を乗っ取られてしまう。

でも、自分でこのシステムをコントロールできれば、とんでもない力をもらえるんだ。君もこれを感じたことがあるだろう？　**朝起きて、走る気にならなくても、20分も走り続ければ力が湧いてくる。**それが交感神経系の働きなんだ。自分の心をコントロールする方法さえ知っていれば、いつでもどこでも、思い通りに交感神経系を呼び出せる。それを、俺は発見した。

君が頭の中でネガティブなひとり言をつぶやき続けていたら、交感神経系の働きを活かせない。**でも、今の君にたどり着くまでの道のりを思い出し、苦痛をこらえて全力を振り絞れば、「逃走」ではなく「闘争」を選ぶことができる。そうすれば、交感神経反応で放出されるアドレナリンをバネにして、さらに力を出し切れるんだ。**

運動だけじゃないよ。職場や学校での逆風だって、鍛えた心で克服できる。そういう状況では、限界を超えて自分を追い込んでも、交感神経反応は起動できないかもしれない。それでも、自分を疑う心を乗り越え、やる気を保つことはできる。

どんなタスクに取り組む時も、自分の力を疑う気持ちは必ず湧いてくる。夢を追いかける時や、目標を立てる時は、「成功できない理由」が次々と頭に浮かんでくる。人間の脳はそう考えるように進化したんだ。

でも、自己不信を真に受けたらダメだ。惑わされるだけならまだしも、完全に信じてしまったら、間違いなく失敗する。

君はいくつもの逆境をくぐり抜け、戦い続けてきた。それを思い出せば、頭の中のひとり言をポジティブに変えられる。自己不信を乗り越えて、一歩一歩を積み重ねることだけに集中して、目の前のタスクをやり遂げられるんだ。

簡単そうに聞こえるかい？　でも簡単じゃないよ。ほとんどの人は、自分を疑う気持ちを頭に浮かべたまま、ほったらかしにする。自分の心にいいように操られて、思考のプロセスをコントロールしようなんて考えもしない。それは際限のない作業だし、いつも思うようにコントロールできるとは限らないからね。

平均的な人は1時間に2000個から3000個もの考えごとをするらしい。1分に直すと30個から50個だ！ とても全部はコントロールできない。それは仕方ない。でも惰性でダラダラ生きていると、自分の心に操られやすくなってしまう。

思考プロセスをコントロールする方法を学ぶには、身体トレーニングが一番なんだ。ワークアウトしている時は集中しているし、ストレスと苦痛に対する体の反応が瞬時に出て、計測できるしね。

たとえば君がマラソンを走る時、頑張って自己ベストを更新するのか、それとも崩れてしまうのか？ それを決めるのは身体能力じゃない。君が心をどれだけ「コントロール」できているかなんだ。各区間で自分を厳しく追い込み、その勢いを利用して速いペースを維持できれば、記録を更新できる可能性が高まるだろう？

もちろん、調子のいい日もあれば悪い日もあるし、タイムやスコアがすべてじゃない。**でも、やめたくなった時に自分を追い込むことが大切なのは、心が鍛えられるからだ。一番やる気がない時に全力を尽くすことが大切なのも、心が鍛えられるからだ。**

だから俺はBUD／Sの体力錬成訓練が当時も今も大好きなんだ。肉体的試練で心を鍛えれば、人生のどんなできごとにも立ち向かう覚悟ができる。

＊

でも、鍛えた心でどんなに頑張っても、骨折は治せない。BUD／S施設までの1マイル（1・6キロ）をとぼとぼ歩くうちに、勝利の喜びはどこかへ消え、ダメージを痛感した。まだ20週間と何十種類もの強化訓練が残っているのに、歩くのがやっとだった。できるなら膝の痛みを無視したかった。でもどうにもならなくなって、足を引きずり医務室に直行した。

医者は、俺の膝を診ると、ただ首を振って、レントゲンを撮るように指示した。診断結果は、膝蓋骨骨折《しつがいこつ》。BUD／Sでは、完治に時間のかかるケガをしたら、家に帰される。俺もそうなった。

がっかりして松葉杖をつきながら兵舎に戻り、荷物を持って引き払おうとしていた時、ヘルウィーク中にやめた仲間を何人か見かけた。

鐘の下にズラリと並ぶ彼らのヘルメットを見た時は、「気の毒にな」と思った。やめた時のうつろな気持ちを、俺も知っていた。でも彼らの顔を実際に見ると、「失敗も人生の一部だ、何があっても進み続けよう」と思えた。

俺はBUD／Sをやめたんじゃない。だからいつか必ず呼び戻される。でもその場合、3度目のヘルウィークをやることになるんだろうか？　2度もロールバックを食らい、3度目に成功する保証もないのに、あれだけの苦痛を戦い抜く情熱がまだ残っているだろうか？　これまでさんざんケガをしているのに、戦い抜く自信を持てるのか？

BUD／S施設を去る時の俺は、かつてないほど自分を理解し、心をコントロールできるようになっていた。でも、未来は相変わらず不確かだった。

＊

閉所恐怖症の俺は、飛行機を避けて、サンディエゴからシカゴまで列車で帰ることにした。おかげでまる3日間考える時間ができた。心は激しく揺れていた。

1日目、シールになりたいのかどうかもわからなくなった。俺はいろんな困難を乗り越えた。ヘルウィークで圧勝し、鍛えた心の力を知り、水への恐怖を克服した。もうこれで十分じゃないのか？　これ以上、何を証明する必要があるっていうんだ？

2日目、ほかにどんな仕事に就けるだろうと考えた。消防士はどうだろう？　やり甲斐のある仕事だし、別の種類のヒーローになれる。

でも3日目に列車がシカゴに入った時、俺は狭いトイレに閉じこもって、鏡の中の自分とじっくり向き合った。おまえ、本気でそう思ってるのか？　シールズをあきらめて、民間の消防士になるだと？　5分ほど自分を見つめてから、俺は首を振った。自分にウソはつけない。声に出して、自分に真実を教えてやる必要があった。

「俺は怖い。あれをまたやるのが怖い。第1週1日目からやり直すのが怖いんだ」

この頃にはもう離婚していたけれど、パムが駅まで迎えに来て、インディアナポリスの母さんちまで送ってくれた。パムはブラジルの実家に戻っていて、俺がサンディエゴにいる間も連絡を取り合っていた。駅のホームで人混みの中に見慣れた姿を見ると、ついつい懐かしくなって、その夜俺たちはよりを戻しちまったんだ。

5月から11月まではインディアナポリスにとどまって、膝の回復とリハビリに努めた。俺は海軍予備兵扱いだったが、ネイビーシール訓練に戻るかどうかまだ迷っていた。海兵隊はどうだろうと考えたり、消防団に入る方法を調べたりもした。でも最後には腹をくってBUD／S施設に電話をかけるために受話器をつかんだ。BUD／Sも俺の最終決断を待っていた。

座って受話器を握りしめながら、BUD／Sの苦しみをまざまざと思い出したよ。訓練のラン以外に、食事をするためだけに毎日6マイル（9・7キロ）走った。泳ぎ、ボートを漕ぎ、クソ重いボートや丸太を頭上に掲げ、土堤を乗り越えた。腹筋、腕立て伏せ、バタ足、障害物コースがフラッシュバックした。昼も夜も砂を転げ回り、全身がすりむけた。あの記憶は心と体に焼きつき、寒さと冷たさは骨にしみ込んでいた。

まともな人間なら投げ出して当然だ。「自分には向いていなかった」と言って、自分を痛めつけるのをやめるだろう。

でも、俺はまともに考えるようにはできていない。

番号をダイヤルしていると、ネガティブな感情が怒り狂う影みたいに湧き上がってきた。俺は苦しむためだけに生まれてきたのか？　なぜ俺の中の魔物は、俺の運命は、神は、悪魔は、俺をほっといてくれないのか？

俺は自分の真価を証明するのに疲れた。心を鍛えるのに疲れた。メンタルはボロボロだ。でも、疲れ果てるのは全力を尽くした証拠だ。それに、挑戦をやめたって、この気持ちや考えは消えやしない。やめたら「生き地獄」になる。とことん戦い抜かなかったという後悔に一生苦しむだけだ。

今回失格になったとしても、恥じることはない。恥ずかしいのは、戦いを放棄することだ！俺が苦しむために生まれたというのなら、苦しみを受けて立とうじゃねえか！

電話に出た訓練監督官が、「第1週1日目からのやり直しになるぞ」と釘を刺した。茶色いTシャツから白シャツに逆戻りだ。悪い知らせはもう1つあった。「言っておくが、BUD／Sの訓練を受けられるのはこれが最後だ。ケガをしたらそこで終わる。二度と戻ってこられないからな」

「了解」と俺は答えた。

クラス235の訓練は4週間後に始まる。膝はまだ完治していなかったが、究極の試練に備えて、万全の態勢を整える必要があった。

＊

受話器を置いた2秒後に、パムが電話で「会いたい」と言ってきた。ちょうどいい。俺はもうすぐ街を出る。うまくいけば、もう二度と戻ってこないだろう。だからちゃんと話をしておきたかった。

パムとは楽しくやっていたけれど、つかの間の関係のつもりだった。一度は結婚した仲だけど、考え方も世界観も違う、わかり合えない人間同士だ。それは変わっていなかった。

それに、俺は根っこではまだ不安なままだった。だから、慣れ親しんだ状況に戻ってしまった。バカな俺は、「今度こそは違う」と信じては、同じ場所に戻ってきてしまう。でも俺たちはうまくいくはずがない。それをはっきり告げる時が来ていた。

切り出したのはパムのほうだった。

「遅れてるの」と言って、パムは茶色い紙袋を手にズカズカ入ってきた。「すっごくね」。興奮と不安が入り交じった様子で、そのままバスルームに消えた。紙袋をガサゴソ開けてパッケージを破る音を、俺はベッドに寝っ転がって天井を見つめながら聞いていた。

しばらくすると、パムがバスルームから出てきた。妊娠検査薬を持って、ニコニコ笑っている。「やっぱりね」と言って、下唇をかんだ。「ねえ、デイビッド、あたしたち子どもができたのよ！」

ゆっくり立ち上がると、パムがしがみついてきた。喜んでいるパムを見て胸が痛んだ。こんなはずじゃなかった。俺はまだ準備ができていない。体がボロボロの、3万ドルのクレジットカード負債にまみれた、予備兵の分際《ぶんざい》だ。住所も車もない。甲斐性もなく、不安だらけだ。そして、俺はこの女を愛していない。

パムを抱きしめながら、目に入った「自分と向き合う鏡」に向かって、心の中でつぶやいた。

ウソをつかない、あの鏡だ。

鏡を見ていられなくなって、目をそらした。

パムは親に妊娠を知らせるために、いそいそと帰っていった。パムをドアまで送ってから、俺はソファに倒れ込んだ。

コロナドでは、俺のぶっ壊れた人生に折り合いをつけて、つらい過去から力をもらったつもりだった。でも今、俺はまた過去のしがらみに引きずり戻されようとしている。もう、俺1人がどうするとか、シールになる夢をかなえるとかいう問題じゃなくなった。家族への責任が肩にのしかかり、そのせいでシールへの挑戦はずっと危険な賭けになってしまった。今度もし失敗したら、ただ精神的、経済的に振り出しに戻るだけじゃない。新しい家族も道連れにしてしまう。

帰ってきた母さんに、すべてをぶちまけた。心のダムが決壊して、恐れと悲しみ、苦しみが抑えきれずにあふれ出した。俺は頭を抱えてすすり泣いた。

「母さん、俺の一生はずっと悪夢だった。どんどんひどくなる悪夢だ。頑張れば頑張るほど、つらくなる」

「そうかもしれないわね、デイビッド」と母さんは言った。母さんは地獄を知っていた。だから俺を甘やかそうとはしなかった。一度も甘やかされたことなんかないよ。「でもあなたなら、乗り越える方法を見つけられるでしょ」

「そうしなきゃな」と涙を拭きながら言った。「そうするしかない」

母さんは俺を残して出ていった。その夜はずっとソファに座っていた。すべてを奪い取られた気分だった。でも俺はまだ生きていた。なんとかして前進し続ける方法を見つける必要があった。自己不信を振り払い、「しけたネイビーシール失格者」になるために生まれてきたんじゃない、と信じられる強さがほしかった。

ヘルウィークを乗り越えた時の無敵感は、たった1週間で消えていた。俺は何も変わっちゃいなかった。何も成し遂げていなかった。ダメな人生を立て直すには、もっと強い人間にならないといけない！

ソファの上で、その方法を見つけた。

俺はBUD／Sで自分に向き合うことを学んだ。戦いのさなかに敵の「魂を奪う」方法を身につけた。たくさんの障害を乗り越えた。その中で心を鍛え、どんな挑戦にもひるまず立ち向かえるようになった。こうしたすべてを通して、俺を苦しめていた過去のつらい経験を、「魔物たち」を、克服したつもりでいた。

でも、そうじゃなかった。目を背けていただけだったんだ。

試練に耐え、戦いに何度か勝利したからといって、父親に虐待され、地元でニガー呼ばわりされた記憶は消えやしない。そうした記憶が、無意識の奥深くにくさびのように打ち込まれ、俺という人間の土台を壊していたんだ。

人間の土台になるのは「人格」だ。つまり、その人だけの考え方や感情、行動のパターンをひっくるめた個性だ。**壊れた土台の上に、少しばかりの成功と多くの失敗を積み重ねても、土台は**

安定しない。弾丸を通さないほどの強い心になるには、恐れと不安の大もとに向き合わなくてはいけない。

ほとんどの人は、手痛い失敗や後ろ暗い過去を「なかったこと」にして封印する。でも、困難に出くわすと封印がはがれ、そうした過去が顔を出す。不安をあおって、人格形成や判断を揺るがしてくるんだ。

俺の恐れは水だけじゃなかったし、クラス235に戻るのが不安だったのは、ただフェーズ1が苦しいからだけじゃなかった。恐れと不安は、俺が抱える過去の傷口から浸み出していた。その傷をなかったことにして否定するのは、俺自身を否定するのと同じだった。俺は自分を否定することで、俺という人間の土台を揺るがしていた。俺の最強の敵は俺自身だったんだ！　俺の敵は世間でも、神でも、俺をつけ狙う悪魔でもなく、俺だった！

俺は過去を否定することで、俺自身を否定していた。俺の土台の、人格の根底にあったのは、「自己否定」だった。俺の恐れはすべて、自分がデイビッド・ゴギンズだということへの根深い不安から来ていた。人にどう思われるかを気にしなくなってからも、まだ「自分」を受け入れられずにいたんだ。

＊

君がどんなに健全な心身の持ち主でも、人生の挫折を20個は挙げられるだろう？　あの時フェアな扱いを受けなかった、とか、楽な道を選んでしまった、とかね。

でも、そういう挫折に向き合い、傷口にかさぶたをつくって、強い人間になろうとする人も、少数だがいる。もし君がそういう人間なら、過去を振り返り、挫折やその悪影響に正面から向き合える。**そして「自分はこういう人間なんだ」と納得して、そうした弱点をひっくるめた自分という人間を受け入れられる。**自分の弱みを認め、それらを受け入れて初めて、過去から逃げずに踏みとどまれる。過去の挫折を起爆剤にして、もっとよい人間に、もっと強い人間になれるんだ。

あの晩、母さんのソファの上で夜空に浮かぶ月を眺めながら、俺は心の魔物たちに向き合った。自分自身に向き合った。

もう親父から逃げることはできない。あいつが俺の一部だってことを、あのインチキでずるがしこい人格が俺にいやでも影響を与えていることを認めた。それまで俺は育ちを語らず、「親父は死んだ」と言っていた。シールズでもウソをついていた。訓練でしごかれている時は、虐待されていた、なんて女々しいことは言いたくないだろう？　だからそんなことはなかったふりをしていた。忘れて先へ進もうとしていた。

でも、もうそんなことはしない。

俺は人生を仕切り直すために、過去に本気で向き合った。過去を目の細かいクシでとかすようにくわしく調べ上げて、問題の出所《でどころ》を突き止めた。そうやって、今も続く苦痛と屈辱を力に変えていった。

「トルニス・ゴギンズは俺の一部だ」と受け入れたことで、自分の育ちを起爆剤にできるようになった。俺を殺していたかもしれない、子ども時代の虐待の１つひとつが、俺を地獄のようにタフに、サムライの刀のように鋭くしてくれたんだと知った。

たしかに俺は人生ガチャにハズれた。でもその夜、俺の境遇は「重さ23キロの背嚢《はいのう》を担ぎながら１００マイル（１６０キロ）レースを走るようなもの」だと考え始めた。それでも体重60キロで楽々走る連中と渡り合えるだろうか？　この重荷をいつかかなぐり捨てることができたら、どんなに速く走れるだろう？　当時はまだウルトラレース〔従来のマラソンやトライアスロンを超える距離を走る超・長距離レース〕のことなんか知りもしなかった。

俺にとってのレースは、人生そのものだった。そして人生をじっくり振り返ったことで、これからのつらいできごとに立ち向かう覚悟ができた。これまで俺は業火《ごうか》のような苦しみに何度も焼かれ、痛めつけられ、打ちのめされた。ＢＵＤ／Ｓに戻って、1年で3度目のヘルウィークを経験すれば、苦痛の博士号だって手に入れられるだろう。

俺は最高に研ぎ澄まされた刀になるぜ！

*

俺はこの使命を持ってクラス２３５に加わった。

フェーズ１の間はなるべくおとなしくしていた。初日のクラスの人数は１５６人。率先してリーダーシップは発揮したが、今回のヘルウィークではチームメイトの面倒を見る余裕はなかった。膝にはまだ痛みが残っていたから、ＢＵＤ／Ｓを乗り切ることに全力を注ぐ必要があったんだ。俺はこの6か月間に自分のすべてを懸けていたし、ヘルウィークを乗り切ることの大変さもはっきり自覚していた。

ショーン・ドブスの話をしよう。

ドブスはフロリダ州ジャクソンビルの貧しい家庭で育ち、俺と似たような境遇と戦ってきた。やつは最初からやけにケンカ腰だった。一目見たとたん、天性のトップアスリートだとわかったね。どんなランでも先頭を走り、障害物コースを数回練習しただけで8分30秒のあり得ないタイムでクリアした。そして、ドブスは自分の能力を鼻にかけていた。でも「能ある鷹は爪を隠す」って、言うだろう？　つまり、爪を隠さないやつは能なし、ってことなんだ。

ヘルウィーク前夜に、ドブスは談話室でクラス235の仲間をめちゃくちゃけなしていた。グラインダーにはこの時点で55個のヘルメットが並んでいたけど、ドブスは自分が数少ない卒業生の1人になると信じて疑わなかった。ヘルウィークを突破できるのは誰で、脱落するのは誰だと、偉そうに決めつけていたね。

ドブスはクラスメイトをモノサシにして自分を評価するという、ありがちな間違いを犯していることに、気づきもしなかった。クラスメイトに強化訓練や体力訓練で勝つと、ドヤ顔をした。そうやってさらに自信を深めて活躍した。

これはBUD／Sではよくあることなんだ。シールズに引きつけられる精鋭たちは強烈な競争本能を持っているから、ある程度は仕方がない。でも、ヘルウィークを生き延びるには「強力なボートクルー」が必要だってことに、あいつは気づかなかった。クラスメイトを倒すんじゃなく、「頼る」必要があるんだ。

あの夜、ドブスの憎まれ口を聞きながら、俺は「こいつはこれから何が起こるのか、睡眠不足と寒さがどんなに堪《こた》えるかを、まるでわかっちゃいない」と思ったね。そしてやつはそれを思い知らされた。ヘルウィーク開始直後はブイブイ言わせてたが、強化練習やタイムランでクラスメイトに勝とうとする負けん気が、砂浜では裏目に出たんだ。

身長163センチ体重85キロのドブスは、消火栓みたいながっちりした体格だったが、身長が低いせいで、教官たちに「スマーフ」〔ベルギーのマンガに登場する小さな青い妖精〕と呼ばれていた背の低い連中とボートクルーを組まされた。実際、サイコ・ピートは彼らをバカにして、ボートの船首に長老《パパ》スマーフの絵を描けと命じた。教官はそういうやつらなんだ。どんな方法を取ってでも、俺たちの心をへし折ろうとしてくる。そしてドブスはまんまと罠にかかった。

あいつは自分より小さくて弱いと思っていた連中と一緒にされたことが気にくわず、チームメイトに八つ当たりした。そして次の日、俺たちの見ている前でチームメイトをしごきまくった。ボートや丸太の先頭を担いで、異様に速いペースで走った。クルーの様子を確かめもせず、彼らの余力を残そうともせずに、最初から全力疾走した。

最近ドブスと話した時、今でもBUD／Sでのできごとを先週のことのようにはっきり覚えている、と言っていたよ。

「俺は自分のチームを痛めつけていた」とドブスは言った。「わざとやる気を挫こうとしたね。あいつらを脱落させるのが自分の仕事、みたいに思ってさ」

月曜の朝には、かなりの効果が出ていた。チームから2人が去っていたんだ。そうすると、残った4人の小柄な男たちでボートと丸太を担ぐ羽目になる。ドブスはあの砂浜で心の中の魔物にやられて、自分の土台が崩れたと話してくれた。

「俺は自分に自信が持てない、不安で自分勝手な人間だったよ」と彼は言った。**「エゴと傲慢と不安のせいで、自分で自分を生きづらくしていたんだ」**

つまりドブスは、それ以前もそれ以降も経験したことがないほどの葛藤に苦しんでいた。


その日の午後は遠泳だった。ドブスは海から上がった時、足が痛そうにしていた。歩くのがやっとで、ギリギリまで精神が追い詰められているように見えた。俺と目が合った時、あいつがあの素朴な疑問にとらわれ、答えられずにいるのがわかった。パラレスキュー訓練の時の俺と同じで、逃げ道を探していたんだ。

それ以降、ドブスはクラスで落ちこぼれるようになり、そのことにショックを受けていた。

「虫ケラ以下だと思っていたやつらに負かされたんだ」とドブス。そしてクルーが2人にまで減ったせいで、背の高い連中のチームに入れられた。ドブスは頭上で担ぐボートに手が届かず、自分の身長や過去についての不安に押し潰された。

「ここは俺の居場所じゃない、って思い始めたね」とドブスは言った。「俺は遺伝的に劣ってるんだと。スーパーパワーを突然なくしちまったみたいだった。あんな精神状態になったのは初めてで、どうしたらいいのか途方に暮れたよ」

＊

この時のドブスの状況をちょっと考えてみよう。ＢＵＤ／Ｓの最初の数週間は快調に飛ばしていた。あいつはゼロから這い上がって、アスリートとして驚異的な成績を叩き出した。でも、その間いろんな経験をしたのに、何も学ばなかった。心は鍛えたが、そもそもの土台にヒビが入っていた。だから逆風が吹いたとたん、自分の心をコントロールできなくなって、自信をすっかりなくしてしまった。

月曜の夜、ドブスは足の痛みを訴えて医務室に行った。疲労骨折したと思い込んでいたんだ。なのに、ブーツを脱いだ足は腫れていなかったし、アザひとつなかった。健康そのものだった。なぜ俺がそれを知ってるかって？　俺はたまたま医務室でドブスの隣に座ってたんだ。やつがあんぐり口を開けるのを見て、もう脱落は近いと思ったね。あれは魂を明け渡した人間の顔だった。パラレスキュー隊をやめた時の俺と同じ目をしてた。あいつがやめることを、あいつ自身より前に俺が察した瞬間、俺たちは魂の奥底でわかり合ったんだ。

ドブスは鎮痛剤のモトリンを処方され、ＢＵＤ／Ｓに送り返された。砂浜でブーツのひもを締めるドブスを見ながら、「こいつが完全に壊れるのはいつだろう？」と思ったのを覚えてるよ。

その時、ＳＢＧがトラックを砂浜に乗りつけて叫んだ。「今夜はおまえらの人生で一番寒い夜にしてやるぜ！」

俺がクルーと一緒にボートを担いで、悪名高いスチール製の冷たい桟橋に向かっていた時、後ろを振り返ると、ドブスがＳＢＧの温かいトラックの後部座席に座っていた。あいつは屈したんだ。あと何分かしたら、鐘を３つ鳴らして、ヘルメットを置くことになるだろう。

ドブスの名誉のために言っておくと、あれはヘルウィークでも最悪の日だった。雨が一昼夜降り続き、体が温まる暇も、乾く暇もなかった。おまけに教官の誰かが、「王様のような夕飯をやめる」というクソ案をひらめいたせいで、ほぼ毎食冷えた携行食《MRE》を食わされた。そうやってさらに試練を与えることで、本物の戦場の状況に似せようとしたんだ。

そのせいで気の休まる時間がゼロになり、燃やせるカロリーがないせいで、苦痛と疲労に耐え抜くことも、体を温めることも難しくなった。


そう、あれは本当に惨めだった。でも俺は楽しんでいたね。人間たちが魂を打ち砕かれてもまた立ち上がり、行く手を阻むすべての障害を乗り越えるのを見て、野蛮な満足感を覚えた。

ヘルウィークを経験するのが３度目の俺には、「人間の体の限界」ってものがわかっていた。自分の限界がどこにあるかを知り、その知識を活用していた。でも脚の具合は悪く、ＢＵＤ／Ｓ初日から膝がバキバキ鳴っていた。あと２日くらいはガマンできそうだったが、全力で戦うためにはケガのことを頭から追い出す必要があった。

俺は暗い場所に行って、痛みと苦しみに１人で向き合った。クラスメイトや教官のことなんかどうでもよかった。しばらく完全に引きこもった。この試練を乗り切るためなら「死」も覚悟した。

＊

死を覚悟したのは俺だけじゃなかった。水曜の夜遅く、ヘルウィーク終了まで残り36時間という時に、クラス２３５を悲劇が襲った。

俺たちはプールで「ムカデ泳ぎ」の強化訓練をやっていた。ボートクルーが縦一列に並んで、前のクルーの背中に乗っかり、胴に脚を巻きつけて、数珠つなぎになる。その状態で泳ぐためには、全員が手の動きを合わせなくてはいけない。

プールで全員が力を振り絞った。クラスに残っていたのはたった26人で、その中にジョン・スコップがいた。スコップは１８８センチ１０２キロの立派な体をしていたけれど、湿疹で体調を崩して、その週はずっとメディカルチェックのために医務室を出たり入ったりしていたんだ。

俺たち25人が、腫れ上がりすりむけた血まみれの体で、プールサイドに立って気をつけの姿勢を取っている間、スコップはまだプール脇の階段に座ってガタガタ震えていた。凍えているように見えたが、全開のラジエーターのように全身が発熱していて、３メートル先にいた俺でさえ熱を感じたほどだ。

俺は1度目のヘルウィークで両側肺炎をやっただろう？　だから肺炎になるとどういう風に見えるのか、どういう感じがするのかを知っている。スコップは肺胞に水がたまっていたから、酸素をうまく取り込めなくなって、余計に体調が悪くなっていたんだ。肺炎が重症化すると、肺水腫っていう、命取りの病気になることがある。スコップはそうなりかけていた。

案の定、スコップはムカデ泳ぎの演習中にぐったりして、鉛の人形のようにプールの底へと一直線に沈んでいった。教官2人が救助に飛び込み、それからは上を下への大騒ぎになった。全員プールから出るように指示され、医療スタッフがスコップの蘇生《そせい》を試みる間、プールに背を向けて整列していた。

俺たちには一部始終が聞こえていて、助かる確率がどんどん下がっていくのがわかった。5分たっても呼吸は戻らず、みんなでロッカー室に引き揚げた。スコップは病院に搬送され、訓練生は教室まで走って戻るよう命じられた。

俺たちはまだ知らなかったが、ヘルウィークはもう終わっていた。

しばらくしてSBGが教室に入ってきて、平然と悲報を告げた。

「ミスター・スコップは死んだ」と言って、教室を見回した。その言葉に、睡眠も休息もなく1週間近くを過ごして、すでにギリギリの状態にあった俺たちは、腹にパンチを食らったようにぶっ飛ばされたね。

だが、SBGはそんなことはお構いなしだった。「これがおまえらの住む世界だ。この任務で死者が出るのは、これが最初ではないし、最後でもない」。そしてスコップのルームメイトをにらんで言った。「ミスター・ムーア、あいつの持ち物を盗むんじゃないぞ」。そう言い置いて、いつもと同じように教室を出ていった。

俺の心は悲しみと憤《いきどお》り、そして安堵の間で引き裂かれた。スコップが死んだのは残念だったし、腹立たしかった。でも俺たち全員が、ヘルウィークを生き延びられたことにホッとした。俺はＳＢＧがこの事態に騒がず平然と対処したことにも安心した。「シールズ全員がＳＢＧみたいだったらいいのに」と思った。いろんな感情が入り交じって、胸が張り裂けそうだった。

*

軍人が訓練通り任務を遂行するためには、ある程度の「非情さ」が必要だってことを、ほとんどの民間人はわかっちゃいない。残酷な世界で生きるためには、冷徹な現実を受け入れなくてはいけないんだ。それがいいことだとは言わないし、自慢できることでもない。でも特殊作戦は非情な世界で、そこで生きていくには鍛えた心が欠かせない。

ヘルウィークは予定より36時間も早く終了した。グラインダーでピザと茶色いＴシャツをもらう儀式は中止になったが、１５６人中25人がやり遂げた。俺はまたしてもヘルウィークを乗り越えた数少ない１人になり、またしてもピルズベリーのドゥボーイ〔パン生地会社のイメージキャラクター〕のように体中が風船みたいに腫れ上がり、まだ21週間も訓練が残っているのに松葉杖をついていた。

前に骨折した膝蓋骨は無事だったけど、両脛《すね》に細かいヒビが入りまくっていたんだ。おまけに教官たちはヘルウィークが早く終わったことが気にくわず、回復期間の「ウォークウィーク」を、いつもの７日間ではなく、たった48時間で切り上げてしまった。

俺が卒業できる見込みはどこからどう見ても低かった。体はボロボロだった。足首を動かすたびに脛が動いて、激痛が走った。これは重大問題だ。BUD／Sでは1週間に60マイル（100キロ）以上走る。その距離を、砕けた両脛で走ったらどうなると思う？

クラス235の訓練生のほとんどが、海軍特殊戦センターのある、コロナド基地内に住んでいた。俺は基地から20マイル（32キロ）離れたチュラビスタに、月700ドルのカビだらけのワンルームマンションを借りて、身重の妻と彼女の連れ子と暮らしていた。

妊娠がわかってから、パムともう一度結婚して、ホンダパスポートの新車を買い——借金は6万ドル近くに膨らんだぜ——3人で家族をやり直すために、インディアナからサンディエゴに引っ越したんだ。1年ですでに2度もヘルウィークを乗り越え、卒業式の頃にパムの出産を控えていたのに、俺の中に幸せはなかった。幸せなはずがないだろう？

かろうじて借りられる安マンションに住み、体はまだガタガタだった。今度卒業しなかったら家賃も払えなくなり、また振り出しに戻って別の仕事を探すことになる。それだけはあり得ない。

フェーズ1の残りの試練に戻る前夜、俺は頭を剃って、鏡の中の自分を見つめた。ほぼ2年間、極限までの痛みに耐え続け、さらに痛みを味わうためにBUD／Sに戻ってきた。これまでの俺は、たまに成功しても、結局は失敗の山に生き埋めになった。あの夜、「まだ頑張れる」と思えたのは、それまでのすべての経験で心が鍛えられた自信があったからだ。でも、人間はどれだけの痛みに耐えられるんだろう？　俺には砕けた脚で走るだけの力がまだ残っているのか？

翌朝3時半に起きて、車で基地に向かった。足を引きずりながら、ギアを置いてあるロッカー室に入り、ベンチにどっかり座ってバックパックを下ろした。中も外も真っ暗で、部屋には俺1人。波が砕ける音を遠くに聞きながら、ダイビングバッグをゴソゴソ探っていると、道具に埋もれた2巻きの粘着《ダクト》テープが手に触れた。俺はやれやれと首を振ってニヤッと笑い、テープを取り出した。とんでもない計画を思いついたんだ。

右足に厚手の黒い靴下をこわごわ履いた。脛に触れると激痛が走り、足関節をちょっとひねっただけで痛みはMAXになった。靴下を履いたかかとにテープを1周巻いてから、次に足首をぐるっと巻き、またかかとに戻る、をくり返して、足元全体をグルグル巻きにした。これが1つ目の層だ。その上にもう1枚靴下を履いて、足と足首を同じようにテープで巻いた。こうして2層の靴下と2層のテープで足が保護された。その上からブーツを履いてひもを締めると、足首と脛が守られ、がっちり固定された。

俺は満足して、左足も同じように巻き上げ、1時間もすると両足に柔らかいギプスを巻いたようになった。歩くとまだ痛かったが、足首が動いた時の痛みには耐えやすくなった。少なくとも、その時はそう思えたんだ。本当かどうかは、走り始めたらわかる。

その日の最初の走り込みは炎の試練となった。俺は股関節屈筋に頼って走ろうとした。普通なら、足が自然に動いて、走るペースが決まる。でもこの時は「頭で」動きを考えなくてはいけなかった。1つひとつの動きを切り離し、股関節から下の脚で勢いと力を生み出すためには、一心不乱に集中する必要があった。

最初の30分は人生最大の痛みを味わったね。テープは肌に食い込むし、地面に着地する衝撃でヒビ割れた脛に激痛が走った。

そして、これは5か月も続く試練の、最初の走り込みでしかなかった。来る日も来る日も、これほどの苦しみに耐えられるんだろうか？　BUD／Sをやめるという考えが、また頭をよぎった。

どうせ失敗してゼロからのやり直しになるんだ。この演習をやることに何の意味がある？　おまえ、往生際が悪いぞ、アホなのか？

でも、どんな考えも、結局はいつもと同じ素朴な疑問に行き着いた。なぜだ？

「どうしても失敗したいなら、今この場でやめろよ、このクソ野郎！」と、自分に向かって言った。俺の心身をぶっ壊そうとする苦痛に負けじと、心の中で絶叫した。「苦痛を乗り切れ。じゃねえと、ただおまえが失敗するだけじゃない。家族の失敗になるんだぞ！」

それから、これをやり遂げたら「どんな気持ちになるか」を想像した。もし痛みに耐えて、このミッションをやり遂げたらどうなるだろう？　それを考えるだけで、もう半マイル（800メートル）走れた。そして痛みが嵐のように体を駆けめぐった。

「健康体でもBUD／Sを突破するのは大変なのに、おまえは砕けた脚でそれをやろうとしている！　そんなことを考えるやつがほかにいるか？」と自問した。「脚が1本ならまだしも、2本も砕けているのに、1分走れるやつがほかにいるか？　そんなことができるのはゴギンズ、おまえだけだ！　もう20分も走ってるぞ、ゴギンズ！　たいしたもんだ！　**これから走る1歩1歩が、おまえをタフにする！**」

最後のひと言が、パスワードのように呪縛を解き放った。鍛えた心が前に進む力をくれた。

そして走り始めて40分たった時、ものすごいことが起こった。**痛みが潮のように引いたんだ！**　テープが緩んで肌に食い込まなくなり、筋肉と骨が温まって衝撃を少し吸収できるようになった。その後痛みは強くなったり弱くなったりをくり返したが、それでも前よりは耐えやすかった。痛みがひどくなっても、「これは俺がますますタフになっていることの証拠だ」と自分に言い聞かせた。心が鍛えられている証拠だ、と。

＊

この儀式を毎日くり返した。朝早く行って、テープで足を巻き、30分の激痛に耐え、自分を励まして生き延びた。これは、「願えばかなう」とかいうたわごとじゃないぜ。俺は毎日、死ぬほどの苦痛を覚悟して訓練に足を運んだ。そんな自分が本当に誇らしかったね。

そして教官たちもたっぷり見返りをくれたよ。水中訓練では俺の手足を縛ってプールに投げ込み、「4往復泳げ」とほざきやがった。これは「溺死防止」と呼ばれる強化訓練の1つなんだ。俺は「計画的溺死」って呼んでいたけどな！

両手足を後ろで縛られているとドルフィンキックしかできない。マイケル・フェルプスの遺伝子を持っているような泳ぎの名手とは違って、俺のドルフィンキックは電動木馬みたいでほとんど進まないんだ。息を切らし、水面近くにとどまるためにジタバタしながら、カメみたいに水面に首を伸ばして呼吸しようとした。なのに沈んでしまい、水底を強く蹴って浮き上がろうとしても、勢いが得られない。

俺は練習をくり返した。何週間もプールに通った。浮力を得るために、水中爆破工作部隊（UDT）の短パンの下に、ウェットスーツ素材の短パンを穿いたこともある。UDTのピタピタの短パンの下に穿くとオムツみたいに見えたし、浮力も得られなかったけどな。でも溺れる感覚に慣れたおかげで、試練に耐え、演習に合格できたんだ。

フェーズ2の潜水訓練にも過酷な水中演習があって、やっぱり立ち泳ぎが必要だった。「立ち泳ぎ」なんて聞くと、簡単そうだろう？　でもこの訓練は、満タンにした2連の80リットル酸素タンクを背負って、7・3キロの重量ベルトをつけたままやるんだ。足にはフィンをつけるけれど、フィンで蹴ると足首と脛の痛みと負荷が何倍にも増幅する。水中演習中はテーピングが効かないから、痛みに耐えるしかなかった。

立ち泳ぎの後は、フル装備のまま仰向けで沈まずに50メートル泳ぎ、ターンでうつ伏せになって、水面に浮きながら泳いで戻ってくる！　浮き具も使えない。ずっと顔を上げているせいで、首と肩、腰、背中が激しく痛んだ。

あの日プールから聞こえてきたノイズを、俺は一生忘れないよ。水面に浮かび、呼吸しようとしてあがく俺たちの、恐怖と焦燥、奮闘の音だ。水を飲む音や、うめき、あえぎ。断末魔の叫びや甲高い悲鳴。水底に沈んでしまい、重量ベルトとタンクを捨てて水面に浮上した訓練生もいた。

この演習に1発合格したのは1人だった。どんな演習でも、与えられるチャンスは3度だけ。俺は3度目のトライで、疲れ切った股関節屈筋に鞭打って、長い、流れるようなシザーキック〔はさみのように足を交差させる動き〕をくり出し、ギリギリで合格した。

*

BUD/Sの最終段階「フェーズ3」は、コロナドから100キロほど離れたサン・クレメンテ島での地上戦訓練だ。この頃までには脚が治り、卒業できる確信があった。

最終段階だからといって、楽なわけじゃないよ。シルバーストランド複合訓練施設にあるBUD/S施設には、いつも大勢の野次馬が詰めかける。いろんな階級の士官が、教官の肩越しに訓練を見ている。でもこの島には俺たちと教官しかいないから、しごきは容赦なくなる。だから俺はこの島が大好きだったんだ!

ある日の午後、2、3人のチームに分かれて、植生に紛れる潜伏場所をつくる演習があった。もうBUD/Sの終わり近くで、全員が鍛え抜かれて怖いものなしだったが、その反面、気が抜けて細部まで注意が回らなくなっていた。教官たちはそのことにキレて、俺たちを谷に集めて強烈なしごきを与えようとした。

腕立て伏せと腹筋、バタ足、8カウントボディビルダー（高度な全身運動）をやることになった。わくわくしたぜ！　でもその前に、ひざまずいて、首まで埋まる穴を素手で掘れと言う。俺がうれしそうに穴を掘っていると、教官は俺をいじめるための斬新な方法を思いついた。

「おいゴギンズ、立て。おまえはこの演習を楽しみすぎている」。俺は笑って掘り続けたが、教官は本気だった。「立てと言ったんだ、ゴギンズ。はしゃぎすぎだ」

俺は立ち上がって脇に寄り、クラスメイトが苦しめられるのを30分ただ見ていた。その後もしごきから外され続けた。クラスが腕立て伏せ、腹筋、「濡れて砂まみれ」を命じられても、俺だけ蚊帳《かや》の外だった。

この仕打ちは、俺がBUD／Sの教官全員の自信を失わせたという証しだった。そう考えると誇らしかったけれど、しごきを受けられないのは残念だった。BUD／Sで心を鍛える最後のチャンスだったのに、教官たちにとって俺はもう用ずみだった。


グラインダーがネイビーシール訓練の主な舞台だということを考えれば、BUD／Sの卒業式がここで行われるのも不思議じゃない。この日のために、家族が飛行機でやってくる。父親や兄弟が誇らしげに胸を張り、母親や妻、恋人がめかし込んだゴージャスな姿を見せつける。アスファルト敷きの錬成場に、この日だけは苦しみや惨めさの代わりに笑顔があふれていた。

BUD/S の卒業式で母さんと。

海風になびく巨大なアメリカ国旗の下に、クラス２３５の面々が整列した。そしてその右には、１３０人の仲間が米軍一過酷な訓練から脱落する時に鳴らした、あの真鍮の鐘があった。訓練生１人ひとりが紹介され、卒業が認定された。

俺の名が呼ばれた時、母さんの目に喜びの涙が光っていたよ。でも不思議なことに、俺はほとんど何も感じなかった。寂しさだけがあった。

チームメイトはまずグラインダーで、それからコロナド市内のネイビーシールズ御用達《ごようたし》のパブ、ＭｃＰ，ｓ《ミックピース》で、家族と写真を撮って誇らしげに顔を輝かせていた。パブには音楽が鳴り響き、みんなが酔っ払って、戦争に勝利でもしたかのようにバカ騒ぎをしていた。正直、俺はそれが気にくわなかった。ＢＵＤ／Ｓが終わってしまうのが、ただただ残念だったんだ。

初めてシールズをめざした時、俺は自分を完全に打ちのめすか、強靭にしてくれる場を求めていた。BUD／Sがそれを与えてくれた。BUD／Sを通して、人間の心のとてつもない力を知り、その力を使って、経験したことがないほどの痛みを受け入れ、砕けた脚で走るような「不可能なタスク」をやり遂げる方法を学んだ。

BUD／Sを卒業した今、これからはそうした不可能なタスクを探すのは、俺の仕事になる。ネイビーシールズ史上36人目のアフリカ系アメリカ人としてBUD／Sを卒業したのはどデカい成果だった。でも、不可能を成し遂げる俺の旅は、まだ始まったばかりだ！

チャレンジ#5 「成功」をイメージして奮い立とう

今度は「視覚化」のチャレンジだ！ 「目標を達成した君の姿」を、心の中でありありと描くんだ。

前も言ったように、普通の人は1時間に2000個から3000個もの考えごとをする。自分の力では変えられないことでくよくよ悩むのはやめて、「変えられること」だけにフォーカスしよう。

まず、君の目標達成を邪魔している障害を1つ選ぼう。または、新しい目標を立ててもいいね。そして、君が障害を乗り越えたり、目標をやり遂げたりする姿をイメージするんだ。君が何か困難な活動を始める時は、必ずその前に、それを「達成した君の姿」を、まるで現実に起こったかのように想像しよう。そしてその時君がどんな「気持ち」になるかを必ず思い描こう。それを来る日も来る日も視覚化し続けよう。その気持ちを原動力に、訓練や競争、仕事に向けて、自分を奮い立たせるんだ。

でも、この時大切なのは、表彰式のような華々しい瞬間を想像することだけじゃない。**道中に「ほかにどんな問題や障害が起こるか」、それらに「どうやって立ち向かうか」もしっかりイメー**

ジしておこう。そうすれば戦う準備ができるだろう？　俺は最近、レースに出ると決めたら、自分がやり遂げた姿をイメージするだけじゃなく、まずコース全体を車で走ってみて、起こりそうな問題を頭に描くようにしているよ。そうしておけば、レース中に余計な心配をして頭を悩ませずにすむ。すべての事態を想定できなくても、前もってできるだけ戦略的に視覚化しておけば、心の準備がバッチリできるんだ。

そのためには、次の素朴な疑問に答えられるようにしておくことも必要だ。

なぜ君はそれをやるのか？　君を駆り立てているのはどんな思いなのか？　君の起爆剤になる心の「闇」はどこから来ているのか？　何が君の心を鍛えてきたのか？

苦痛と自己不信の壁にぶち当たった時のために、これらの疑問にすぐに答えられるようにしておこう。限界突破するためには、心の闇を受け入れ、そこから力をもらって、鍛えた心を武器にしなくてはいけない。

気をつけてほしいのは、視覚化は努力の代わりにはならない、ってこと。ただの夢物語を視覚化しても、実現できるはずがないだろう？

俺がこの本で説明する、視覚化や、素朴な疑問に答えて心理戦に勝つ戦略は、努力をするからこそ効果があるんだ。視覚化は大事だけれど、メンタルの戦術だけじゃ困難は乗り切れない。そして毎日苦しい努力を続けるには、「強い自律心」が欠かせない。

でもその努力をすれば、苦しみの果てに、今とまったく違う人生が待っている。

このチャレンジは、肉体的試練以外にも使えるよ。それに、「勝利」といっても、競争で1位になることだけじゃない。君が今まで乗り越えられなかった、障害や恐れに挑戦しよう。

どんな挑戦であれ、君がどうやって心を鍛えたのか、何を成し遂げたのかを、SNSで世界に発信してくれよ。ハッシュタグは# canthurtme　#鎧の心　でよろしく。

6章

トロフィーのためじゃない

なぜだ？　なぜまだ自分をこんなに痛めつけるんだ!?　俺がクソヤバいやつだからだ!!

レースは予想外に順調だった。雲が日差しを弱め、俺のペースはサンディエゴ・マリーナに停泊中のヨットに打ち寄せる穏やかな波のように安定していた。脚が重く感じたけれど、それは想定内だった。9周目（9マイル〔14キロ〕目）を終えようとカーブを曲がった頃には、脚がほぐれていた。24時間レースが始まってから、1時間ちょっとたっていた。

その時、「サンディエゴ・ワンデイ・ウルトラマラソン」の大会責任者、ジョン・メッツが、スタート／フィニッシュラインに立ってこっちを見ているのに気がついた。メッツはホワイトボードを掲げて、ランナー1人ひとりにタイムと全体順位を知らせていたんだ。俺はこの時5位だったけど、メッツは見るからに驚いていたよ。俺はメッツを安心させるために、「当然」のような顔をして軽くうなずいた。

まあ、メッツには何もかもお見通しだったんだけどな。

＊

メッツは退役軍人だ。丁寧で物腰が柔らかく、何事にも動じないタイプだが、ウルトラマラソンのベテランでもある。50マイル（80キロ）レースを3回完走、100マイル（160キロ）レースを7回優勝または走破し、50歳で24時間144マイル（232キロ）の自己ベストを出したという、ヤバい経歴の持ち主だ！　そんな彼が、心配そうに俺を見ていたのが、ちょっと気になった。

胸に巻いた心拍計と同期させた腕時計を確認した。心拍数は俺の「マジックナンバー」、145近辺だ。

数日前に海軍特殊戦センターで、俺のBUD／Sの教官だったSBGに出くわした。ほとんどのシールは、任務の合間に持ち回りでBUD／Sの教官を務める。当時俺はSBGと一緒に教えていたんだ。

「サンディエゴ・ワンデイに出るよ」と打ち明けると、ペース管理のために心拍計を装着しろと勧められた。SBGは、パフォーマンスと回復にかけてはオタク級の知識の持ち主だ。彼はなにやら数式を紙に走り書きしてから、「心拍数を140から145の間に保てばバッチリだぜ」と教えてくれた。そして次の日にレースのお守りにと言って、心拍計をくれたんだ。

サンディエゴのホスピタリティ・ポイント公園が、俺のようなネイビーシールをクルミのようにかち割り、かみ砕き、はき出すような熾烈なコースだと思うなら、大間違いだ。ここは何の変哲もない平らな地形で、ミッションョン湾に広がる美しいサンディエゴマリーナを見るために、観光客が年中訪れるような場所なんだ。

コースのほとんどがなめらかなアスファルトの道路で、郊外住宅の私道ほどの、たった2メートルちょっとの坂道を除けば完全に平坦だ。よく手入れされた芝生や椰子の木、陰をつくる木々に囲まれていて、障害者や療養患者がリハビリのために歩行器で歩くほど快適な道だ。でも、ジョン・メッツが簡単な1マイル（1・6キロ）の周回コースをここにつくったその日から、ここは俺をズタズタに破壊する場になった。

破綻が迫っていることに気づくべきだった。レース開始の2005年11月12日午前10時の時点で、俺はもう6か月も1マイル（1・6キロ）以上走っていなかった。ジムでずっと鍛えていたから、体は締まってたけどね。

この年の初めに、俺はシール・チーム5への2度目の配属でイラクに派遣され、そこで本格的なパワーリフティングを再開した。でも有酸素運動は、週1回20分のエリプティカルマシンだけだった。要するに、俺の心肺持久力はお笑い草だった。なのに無謀にも、この「24時間100マイル（160キロ）」レースに出場することにしたんだ。

バカげていることは俺も認めるよ。でも、完走できると思っていた。24時間で100マイルってことは、「1マイル15分弱」（1キロ9・3分）のペースで走ればいいんだろ？　なんなら、歩いてもそれくらいのペースは出せる、ってね。ただ、俺は歩かなかった。スタートの号砲が鳴ったとたん、飛び出して先頭に立った。失敗間違いなしの戦略だ。

おまけに休養も取れていなかった。レース前夜に基地から帰る途中、いつものようにシール・チーム5のジムを覗くと、ウォーミングアップしていたSBGが声をかけてきた。

「ゴギンズ」と彼は言った。「いっちょリフティングしようぜ！」。俺は笑って取り合わなかった。でもSBGは俺の顔をじっと見て、「よう、ゴギンズ」と迫ってきた。

「おまえ、バイキングが村を襲撃する前に、鹿革のテントなんぞを森に張って、キャンプファイヤー囲んで、『ハーブティーを飲んで早寝しましょ！』なんて言うと思うか？　ええ？　そうじゃないだろう？　『チクショウ！　キノコのウオッカで酔いつぶれるか』とか言って、翌朝二日酔いのサイアクな気分で、めちゃくちゃに村を荒らすんだ、そうだろう？」

SBGは気が向くと冗談を言って笑わせてくる。そして俺の決心はぐらつき始めた。SBGは俺にとっては永遠のBUD／S教官で、今もタフに鍛えてシールズ精神を実践する、数少ない教官の1人なんだ。

SBGには、いつもいいところを見せたかった。初めての100マイルレースの前夜にバーベルを上げたら、このヤバい教官に一目置いてもらえるだろう。それに、SBGの言うことにも一理あった。俺は「戦闘モード」になる必要があったんだ。ウェイトリフティングは、「どんなに苦しく惨めでもやってやるぜ！」という、俺なりの宣言になる。でも正直、100マイルレースの直前にバーベルを上げるアホがどこにいる？

俺はやれやれと首を振って、カバンを床に投げ、バーベルを上げ始めた。スピーカーから爆音で流れるヘビメタに合わせて、俺たち筋肉バカは一緒に頑張った。脚に重点を置いて、長いスクワットに143キロのデッドリフトウェイト、合間に100キロのベンチプレス。本気のパワーリフティングを終え、2人でベンチに座って、大腿四頭筋とハムストリング（裏腿の筋肉）がピクピクするのを眺めていた。めちゃくちゃ笑った……が、笑えなくなる時がやってきた。

*

今でこそ、ウルトラマラソンはかなりメジャーになっているけれど、2005年当時は、とくに「サンディエゴ・ワンデイ」なんてほとんど知られていなかった。それは俺にとってもまったく未体験の世界だった。

ウルトラマラソンと聞いてふつう思い浮かべるのは、人里離れた荒野のトレイル（踏み分け道）のランで、サーキットレースを想像する人はほとんどいないだろう〔サンディエゴ・ワンデイは、1マイルのサーキットを100周する〕。とはいえ、このレースには真剣なランナーも来ていた。

イナガキさんと俺、サンディエゴ・ワンデイにて。

サンディエゴ・ワンデイは、正式名称を「アメリカン・ナショナル・24時間チャンピオンシップ」といって、トロフィーや賞を狙うアスリートが全米から集結する。優勝賞金は、コホン、たったの2000ドルだ。

企業が協賛するような華々しいイベントじゃないけれど、ウルトラマラソンのアメリカ代表チームと日本代表のチーム戦が行われていたね。男女4人ずつのチームで、各メンバーが24時間走って合計距離を競う。個人参加でも、イナガキさん（稲垣寿美恵さん）という日本人のトップアスリートがいて、最初の頃はペースを合わせて一緒に走った。

その朝、SBGは奥さんと2歳の息子を連れて応援に来てくれ、俺の妻のケイトと一緒に沿道に立っていた。ケイトとは数か月前、パムとの離婚が成立した2年後に結婚した。

あいつらは俺を見ると笑い転げた。昨夜《ゆうべ》のワークアウトでヘトヘトなSBGと、100マイル走ろうとしている俺を見比べたからじゃないよ。俺があまりに「浮いてた」からだ。最近SBGと話した時も、あれを思い出すと今も笑える、と言ってたね。

「ほら、ウルトラマラソンのランナーは、みんなちょっと浮き世離れしているだろ？」とSBGは言う。

「あの朝、グラノーラが主食の、どっかの教授みたいなやつらの中で、1人だけ、アメフトのラインバッカー並みにゴツい、上半身裸の黒人がトラックを走り回ってた。幼稚園で習った、あの歌が頭をよぎったよ。『1つだけちがうのど〜れだ』ってな。やせっぽちのガリ勉野郎がひしめく競技場をおまえが走っているのを見た瞬間、頭に流れたのがこの歌だ。そりゃ、あいつらの中にはタフなやつもいたさ。それは間違いない。でも連中が、栄養がどうした何がどうしたと、こざかしいうんちくを垂れてる中で、おまえは靴だけ履いて『行くぜ！』、なんてな」

SBGの言う通りだ。俺にはレースの計画さえほとんどなかった。前夜にケイトとスーパーに行って、休憩中に座る小さい折りたたみイスと、1日分の燃料を買い込んだだけだ。それも、リッツクラッカー1箱に、マイオプレックス〔粉末を溶かして飲む完全食〕4個入りを2パックだけ。水はあまり飲まなかった。電解質レベルやカリウム濃度さえ気にしていなかったし、生の果物も食べなかった。SBGが土産にくれたチョコドーナツ1パックを、レース直前に数秒で飲み込んだ。

要するに、すべてが行き当たりばったりだったんだ。それでも15マイル（24キロ）地点を5位で通過し、まだイナガキさんとペースを合わせていた。一方メッツはますます俺のことを心配し、駆け寄ってきて横を走り出した。

「デイビッド、ペースを緩めたほうがいい」と彼は言った。「ペース配分を考えるんだ」

俺は肩をすくめた。「大丈夫さ、まかせろ」

その時は本気で大丈夫だと思っていた。でも、それは強がりでもあったね。あの時点でレースの戦略を新しく立てるなんて、大変すぎてできなかった。たとえ計画を立てようとしても、空の端から端まで走るようだと感じて、「無理だ」と思ってしまっただろう。あの時の俺の「敵」は、戦略だった。要するに、ウルトラレースに関する限り、俺はまだひよっこ同然だったんだ。メッツは無理強いはしなかったが、俺に目を光らせ続けた。

25マイル（40キロ）地点を4時間で通過した時もまだ5位で、日本の新しい友人イナガキさんと並走していた。SBGはとっくに帰ってしまい、俺のサポートクルーはケイト1人になった。1マイル（1・6キロ）走るたび、折りたたみイスに座っているケイトのところに行って、マイオプレックスを飲み、笑顔に励まされた。

俺が前にマラソンを走ったのは1回だけ、グアムに駐留していた時だ。それも正式なマラソンじゃなく、適当にコースを決めてシールの同僚と走っただけ。あの頃は心肺持久力が高かった。でも今、トレーニングゼロで人生2度目の26・2マイル（42キロのマラソン距離）を走り、未知のゾーンに足を踏み入れていたっていうのに、残り20時間でまだ**フルマラソンほぼ3回分の距離**

を走らないといけない。

それは俺の理解を超える距離で、中間目標さえ立てられなかった。なんせ空の端から端まで走っていたんだからな。なんだか嫌な予感がしてきたのは、この時だった。


メッツは引き続き手を貸そうとしてくれた。1マイルごとに伴走して様子を確認してくれたが、俺はいつものように「万事順調、問題ない」と答え続けた。でも彼の心配は正しかった。ジョン・メッツはただ者《もの》じゃないからな。

そう、痛みがひどくなり始めていたんだ。大腿四頭筋がけいれんし、両足は靴擦れで血だらけだった。そして俺の前頭葉を、またあの素朴な疑問が駆けめぐった。

なぜだ？　なぜ俺はトレーニングもせずに100マイル（160キロ）も走るんだ？　なぜ自分をこんなに痛めつけるんだ？

当然の疑問だ。なにしろレースの3日前まで、サンディエゴ・ワンデイなんて聞いたこともなかったんだから。

でも、今回の俺は違う目的を持っていた。魔物に立ち向かったり、何かを証明したりするために、ホスピタリティ・ポイントに来たんじゃない。自分のためだけじゃなく、過去と未来の戦死軍人とその遺族のために戦うんだ。

少なくとも27マイル（43キロ）地点では、そう自分に言い聞かせていた。

＊

俺がアフガニスタンの「レッド・ウィング作戦」失敗の一報を受けたのは、この年（2005年）の6月、アリゾナ州ユマの陸軍自由降下パラシュート学校の最終日のことだ。

レッド・ウィング作戦っていうのは、ネイビーシールズがアフガニスタン紛争で実施した軍事作戦なんだ。米軍はアフガニスタン東部の山岳地帯、サウテロ山で活発化していたタリバン勢力の情報を収集するために、4人のシールズ偵察チームを送り込んだ。彼らから得た情報をもとに、武装勢力を排除するための大規模攻撃を仕掛ける計画だった。俺は偵察チームの4人全員と知り合いだった。

ダニー・ディーツは、BUD／Sのクラス231の仲間だった。俺と同じで、ケガをしてロールバックしてきた。チームの指揮官マイケル・マーフィーは、俺とクラス235で一緒で、その後ロールバックされた。マシュー・アクセルソンは、俺が卒業後に担当した「フーヤークラス」にいた（この後説明する）。そしてマーカス・ラトレルは、俺が1度目のBUD／Sで初めて会った先輩の1人だ。

BUD／Sが始まる前に、新入生のクラスはパーティーを開いて、まだ訓練中の上のクラスの在籍者を招待する。ヘルウィークをくぐり抜けた先輩たちから、たんまりコツを仕入れよう、って腹だ。卒業か脱落かを分ける重要な演習では、どんな小さな情報も役に立つからね。

193センチ102キロのマーカスは、群れの中で頭一つ抜けていた。当時は俺も体重が95キロに戻って大柄なほうだったから、自然と話すようになった。俺たちはある意味、ちぐはぐコンビだった。テキサスの放牧地出身の頼れるタフガイのマーカスと、インディアナのトウモロコシ畑出身のマゾヒストの俺。ランが泣き所のマーカスは、俺がいいランナーだと知っていた。

「ゴギンズ、俺は走りが苦手なんだ」と言ってきた。「どうしたらうまく走れるかな?」

マーカスがヤバいやつだって噂は聞いていたけど、実際に知り合ってみると、とても謙虚で率直だった。マーカスはこの数日後にBUD/Sを卒業して、俺たちが彼らの「フーヤークラス」、つまり彼らが初めて命令できる集団になった。マーカスたちはシールズの伝統に則って、「濡れて砂まみれになれ」と俺たちに命じた。シールズの通過儀礼を、マーカスの命令でやれるのは光栄だったね。その後しばらく彼とは会わなかった。

クラス235として卒業間近のある日、俺はマーカスとバッタリ出くわした、と思ったら、マーカスの双子の兄貴のモーガン・ラトレルだった! そして、モーガンとマシュー・アクセルソンのクラス237は、俺たちクラス235が卒業後に受け持ったフーヤークラスだった。俺たちは教官にしごかれた鬱憤を晴らすために、「濡れて砂まみれ」を命じることもできた。でも代わりに俺たちが、白い軍服を着たまま波に打たれたんだ! 俺の発案だけどね。

ネイビーシールズは、戦場に派遣されるか、ほかのシールズを訓練するか、スキルを学ぶために学校に通うかの、どれかの任務に就く。

シールズは何でもできなくてはいけないから、いろんな軍事学校に通う。俺たちの時代のＢＵＤ／Ｓには自由降下訓練がなく、自動開傘索《かいさんさく》方式〔数秒間の自由降下後、パラシュートが自動的に開く方式。自由降下よりも低高度で行われる〕で訓練していた。当時、陸軍自由降下パラシュート学校に参加できるのは、選抜された者だけだった。

俺は2つ目の小隊任務の後で、「グリーンチーム」に選ばれた。グリーンチームっていうのは、シールズの中でもさらに精鋭とされる、「海軍特殊作戦開発グループ（ＤＥＶＧＲＵ《デブグル》）」の隊員を選抜するための訓練プログラムだ。このプログラムに参加する条件として、自由降下訓練を受ける必要があったんだ。それに、高所恐怖症を荒療治《あらりょうじ》で克服したかったしね。

訓練はノースカロライナ州ブラッグ陸軍基地で始まった。そして俺はこの学校で、２００５年にモーガン・ラトレルと再会したんだ。高さ4・5メートルの垂直風洞から噴き出す圧縮空気の上で浮かびながら、体の位置を変え、左右に動き、前後に進む方法を学んだ。手のひらをちょっと動かしただけで体が動くから、気をつけないと体がスピンしてコントロールを失ってしまう。自由降下訓練の第1週で細かい技術をマスターしてから、ブラッグ陸軍基地を離れて、今度はアリゾナ州ユマのサボテン畑の飛行場で、本物の降下訓練を行った。

モーガンと俺は、気温53度の灼熱の砂漠で4週間の訓練を受けた。高度３８００メートルから５８００メートルの上空を飛ぶＣ１３０輸送機から、何十回も降下したね。高高度からの終端速度〔重力と空気抵抗が釣り合って一定になった時の速度〕での降下は、アドレナリンの分泌と恐怖心が最高に高まる経験なんだ。

そして降下するたび、スコット・ギャレンを思い出さずにいられなかった。ほら、俺が高校時代に出会ってこの道に進むきっかけをくれた、高高度降下の失敗から生還したパラレスキュー隊員だよ。あの砂漠で、俺はギャレンを身近に感じ、反面教師として彼の奇跡を心に刻んだ。どんな降下でも重大な事態が起こり得ることを、ギャレンは身をもって教えてくれた。

初めて高高度の輸送機から降下した時は、あまりの恐怖に高度計から目が離せなかった。恐怖に心が圧倒されて、降下を味わうどころじゃなかったよ。パラシュートがちゃんと開くかどうかが心配すぎて、自由降下の強烈なスリルも、地平線に見える美しい山々も、だだっ広い空の醍醐味も味わえなかった。

でも降下に慣れるうちに恐怖への耐性が高まったね。恐怖心がなくなったわけじゃないけれど、そのうち不安にも慣れて、降下中に複数のタスクをこなしながら、その瞬間を楽しめるようになった。ほんの7年前にファストフード店のゴキブリ退治をしていた俺が、今や空を飛んでたんだぜ！

ユマでの最後の演習は、フル装備での真夜中の降下だ。23キロの背嚢〔軍用のリュックサック〕を背負い、ライフルと自由降下用の酸素マスク、暗闇用のケムライトを装着した。C130輸送機の後部ハッチが開いた時、外は真っ暗闇だった。

何も見えない中、チームの8人で月のない空に次々と飛び出した。8人で矢印型のフォーメーションを組んで降下する。本物の風のトンネルを通って、矢印の位置に着こうとした時、目に見えたのは真っ暗な空に彗星のように流れるライトだけだった。風に引き裂かれそうになり、ゴーグルが曇った。まる1分降下してから、高度1200メートルでパラシュートを開くと、竜巻のような轟音が不気味な静けさに変わり、自分の心臓の鼓動が聞こえるほどだった。

さいわい全員が無事着地して、自由降下訓練を修了した！　でも俺たちは知らなかったが、その頃アフガニスタンの山岳地帯では、マーカスと彼のチームが決死の戦いに挑んでいた。そしてそれは、シールズ史上最悪の惨事になったんだ。

＊

ユマで俺が気に入っていたのは、ケイタイの電波がほとんど入らないことだ。俺はメールや電話が苦手だから、4週間邪魔されずにいられたのはありがたかったね。

訓練生は軍事学校を卒業する時、クラスが使った全エリアを最後に掃除して、そこにいた痕跡を消し去るのが決まりだ。俺の担当はトイレで、そこはユマで唯一ケイタイがつながる場所だった。トイレに入ったとたん、ケイタイの通知音がけたたましく鳴り始めた。レッド・ウィング作戦失敗のメッセージが次々と届き、それを読んで胸がつぶれた。

急いで外に出て、まだ知らせを聞いていないモーガンを捜した。マーカスたち4人全員が行方不明で、死亡したと見られていた。

モーガンはうなずいて、ちょっと考えてからポツリと言った。「弟は死んじゃいない」

モーガンは、マーカスより7分早く生まれた一卵性双生児の兄だ。2人は子ども時代は片時も離れずに過ごし、初めて1日以上離れたのは、マーカスが海軍に入隊した時だった。モーガンは、入隊前に大学で学士号を取ることにしたんだ。

マーカスがヘルウィークを経験している間、モーガンはそのつらさを少しでも分かち合うために、一睡もしなかった。でも、ヘルウィークを「疑似体験」するなんてできない。あれは実際にやってみないと絶対に理解できないことだ。そしてあれをやり遂げると、人間が変わっちまう。実際、双子の2人の心が離れていたのは、マーカスがヘルウィークを終えてから、モーガン自身がシールになるまでの間だけだった。

これを聞いただけで、ヘルウィークの130時間がどんなに強烈で、どんなに心に堪《こた》えるかがわかるだろう？　モーガンがヘルウィークを実際に乗り越えたことで、2人の関係は元に戻った。モーガンとマーカスは三叉矛のタトゥーを半分ずつ背中に入れていて、2人が並んで初めて三叉矛が完成するんだ。

モーガンは何が起こっているかを確かめるために、直ちに車でサンディエゴに向かった。彼はまだ作戦のことを直接何も知らされていなかった。でも文明社会に戻って通信圏内に入ったとたん、ケイタイにメッセージがなだれ込んできた。モーガンはレンタカーを時速190キロでぶっ飛ばして、コロナド基地に急行した。

モーガンは弟のチームの全員をよく知っていた。とくにマシュー・アクセルソンは、クラスメイトとしてBUD／Sを一緒に生き抜いた仲だ。事実が次々と明らかになるにつれ、「マーカスが生きて見つかる可能性はない」と、ほとんどの人が思った。俺もそう思っていたけれど、双子の「虫の知らせ」っていうだろう？
「弟があそこでまだ生きてるのは知っていたよ」と、俺が連絡を取った2018年4月にモーガンは言っていた。「俺はずっとそう言い続けてた」

昔話をするためにモーガンに電話をかけた時、彼の人生で一番つらかったという、あの1週間のことを聞いた。

モーガンはサンディエゴから飛行機に乗って、テキサス州ハンツビルの実家の牧場に帰った。家族のもとには軍から最新情報が1日に2回届けられた。シールズの仲間が何十人も顔を見せ、励ましてくれたそうだ。5日間というもの、家族は泣きながら眠った。

マーカスが生きていて敵地に1人取り残されていると思うと、胸をえぐられるようだったという。国防総省《ペンタゴン》の役人が家に来た時、モーガンはきっぱり言った。「マーカスはケガをして死にかけているかもしれない、でも生きてるんだ。あんたたちが捜しに行かないなら、俺が行く！」

レッド・ウィング作戦が大惨事に終わったのは、山岳地帯のタリバン勢力が予想以上に多かったからだ。マーカスたちのチームはタリバンに見つかり、4人対30〜200人（タリバン勢力の規模は報道によって違う）の戦いになった。4人はRPC（ロケット推進手榴弾）や機関銃で徹底抗戦した。シールが4人いれば、ものすごい戦力になる。シール1人で正規軍部隊5個分の戦闘能力を持つと言われ、彼らはこの戦いでも存在感を示した。

戦いの舞台となったのは標高2700メートルの険しい稜線沿いだ。ここは電波が悪く、基地との連絡が途絶えてしまった。やっと通信がつながり、特別作戦司令部に状況が伝えられると、海軍のシールズと海兵隊員、陸軍第160特殊作戦航空連隊員から成る即応部隊が編制された。だが輸送能力が不足していたせいで、到着は何時間も遅れた。シールチームの弱点は、独自の輸送手段を持たないことなんだ。アフガニスタンでは陸軍の輸送手段に頼るしかなく、そのせいで救出が遅れてしまった。

即応部隊はようやく大型輸送ヘリコプター「CH－47チヌーク」2機と、護衛のヘリ4機（「UH－60ブラックホーク」2機と「AH－64アパッチ」2機）に分乗して、サウテロ山に向けて出発した。

先導隊の2機のチヌークは、稜線に近づいたところで小火器の攻撃にさらされた。猛攻を受けながらも、チヌークの第1機は上空で停止《ホバリング》して、8人のシールズを山頂に下ろそうとした。だが手間取るうちに敵の格好の標的になり、RPCで攻撃されてしまう。チヌークはきりもみ状態になり、山に激突して爆発炎上し、8人のシールズを含む16人の搭乗者全員が死亡した。

残りのヘリは彼らを収容できずにやむを得ず脱出した。そして地上部隊を乗せて戻ってきた時点で、マーカスの3人のチームメイトを含む、残された全員の死亡が正式に確認された——ただしマーカスは別だ。

マーカスは敵に何度も撃たれ、その後5日間も行方がわからなくなった。たまたま出会ったアフガンの村人にかくまわれて、看病を受けていたんだ。ようやく6日後の2005年7月3日、米軍部隊に救出されて生還した。マーカスは、ネイビーシールズ11人を含む、19人もの特殊部隊員の命を奪った作戦の、たった1人の生還者になった。

マーカスが書いた『アフガン、たった1人の生還』はベストセラーになり、それをもとにマーク・ウォールバーグ主演で映画『ローン・サバイバー』がつくられた。

でも本や映画が出たのは作戦から何年も後のことで、2005年当時はそこまで知られていなかった。シールズ史上最多の戦死者を出したこの作戦の直後に、俺は戦死した仲間の遺族を助ける方法がないだろうかと考えた。悲劇が起こっても、後に遺された家族は生きていかなくてはならず、そのためにはお金がいる。生活をまかない、いずれは子どもを大学にやる必要がある。俺はできる限り力になりたかった。

＊

事件が起こる数週間前のある晩、俺はグーグルで「世界一過酷なレース」を検索して、「バッドウォーター135」というレースを知った。それまで「ウルトラマラソン」なんて聞いたこともなかった。

バッドウォーターは、ウルトラマラソンの中でもとくに過酷な、135マイル（217キロ）ものレースなんだ。海抜マイナス86メートルのデスバレー国立公園からスタートして、フィニッシュはアメリカ本土最高峰のホイットニー山への登山口（標高2552メートル）だ。おまけにレースが開催されるのは、デスバレーが北米大陸で一番暑い場所になる7月末ときている。

このレースの写真を画面で見て、俺は恐怖とスリルを覚えたね。コースの地形はとんでもなく過酷に見えたし、ランナーの苦しそうな顔を見てヘルウィークを思い出した。それまではマラソンが耐久レースの最高峰だと思っていたのに、それを何段階も上回るレースがあるとはな！　情報をファイルして、いつかくわしく調べようと思っていた。

レッド・ウィング作戦が起こったのは、そのちょっと後だ。「バッドウォーター１３５を走れば、『特殊作戦兵士基金』への寄付金を集められるんじゃないか？」と俺は気がついた。この基金は、イラン・アメリカ大使館人質事件の翌年１９８０年に設立された。この時の人質救出作戦でヘリコプターが墜落し、８人の特殊作戦兵が死亡した。基金は残された17人の遺児の１人ひとりに、大学進学の資金を提供すると約束したんだ。

活動は今も続いている。レッド・ウィング作戦のような悲劇が起こると、遺族のところに基金の勤勉なスタッフから30日以内に連絡が行く。

「私たちはお節介焼きのおばさんみたいなものね」と、基金の事務局長エディー・ローゼンタールは言う。「遺児にとって身近な存在であろうとしているんです」

基金は子どもたちの幼稚園の学費や、小学校の家庭教師代まで負担する。大学のキャンパス見学を手配し、生徒同士の支援グループを組織する。大学の願書作成を手伝い、教科書やノートパソコン、プリンターを購入し、生徒が入学を決めたどんな大学の学費も払い、部屋代や食費ももちろん提供する。専門学校にも生徒を送っている。

どの道を選ぶかは本人次第だ。これを書いている今、基金が支援する子どもたちは１２８０人に上る。

俺はこのすばらしい組織を支援したい一心で、2005年11月半ばのある朝7時に、バッドウォーター135のレース責任者、クリス・コストマンに電話をかけた。名を名乗ろうとしたら、怒鳴られた。「今何時だと思ってるんだ⁉」

俺は受話器を耳から離して、不思議そうに見つめた。あの頃の俺にとって平日の朝7時と言えば、ジムで2時間汗を流してから、1日の仕事を始める時間だった。なのにこのおっさんはまだ寝ぼけてやがる。「了解」と俺は言った。「9時にかけ直すよ」

2度目の電話も迷惑そうにされたけど、少なくとも俺が誰なのかはわかってもらえた。俺はSBGにバッドウォーターへの参加について相談して、すでにコストマン宛てに推薦状をメールで送ってもらっていたからね。SBGはトライアスロン経験者で、世界一過酷なアドベンチャーレース「エコチャレンジ」でもチームの主将を務め、さらにはBUD/S教官として何人ものオリンピック候補選手を教えている。

その彼が、推薦状に俺のことを「これまで見てきた中で最強のメンタルを持つ、最高の耐久アスリート」だと書いてくれた。ゼロから叩き上げた俺をそこまで高く買ってくれたことに、今もまだ感激している。

でもクリス・コストマンにとって、そんなことは何の意味も持たなかった。彼は「無感動」を絵に描いたような男だ。なぜって、彼自身がヤバすぎる実績の持ち主だからだ。20歳でアメリカ横断自転車レースに出場し、バッドウォーターのレース責任者になるまでに、冬のアラスカの100マイル（160キロ）レースを3回と、マラソン3回分の78マイル（126キロ）のランで終わる「トリプル」アイアンマン・トライアスロンを完走している。そしてその中で、何十人もの一流アスリートがウルトラレースの鉄槌《てっつい》に粉砕されるのを見てきた。

＊

週末ランナーはたいてい、何か月かトレーニングしてから、マラソンに登録して出場するだろう？　でも、マラソンを走るのとウルトラマラソンを走るのは、まったく別の体験なんだ。

しかも、バッドウォーター135はウルトラマラソン界の絶対的最高峰だ。アメリカで2005年に開催された100マイル以上のレースは22ほど。でもバッドウォーターほどの「累積標高差」と「酷暑」が組み合わさったレースは、1つもない。

コストマンはこのレースを開催するためだけに、国立森林局と国立公園局、カリフォルニア・ハイウェイ・パトロールを含む5つの政府機関をかけずり回って、許可と支援を取りつけた。そして、この世界一過酷な真夏のレースにポンコツ野郎を走らせて死なせでもしたら、一夜にしてレースが消滅してしまうことを、もちろんコストマンは知っていた。

つまり、俺がバッドウォーターに参加するには、有無を言わせない圧倒的な実績を積んで、自力で参加を勝ち取る必要があったんだ。そうすれば、俺がコースのどこかでのたれ死ぬことはないだろうと、コストマンもある程度安心していられるからな。

SBGはコストマンへのメールに、俺はシールとして多忙な日々を送っているから、「1つ以上の100マイルレースまたは24時間レースの完走」という、バッドウォーターの出場要件を免除してほしいと書いていた。そして、もし俺が参加を許可されれば、「必ず10位以内で完走する」と太鼓判を押してくれたんだ。

でもコストマンは俺のことなんか屁とも思わなかった。それまでも、要件を免除してほしいと頼み込む、マラソン優勝者や相撲の横綱（ウソじゃないぜ！）などの一流アスリートを、何十人も断ってきたからな。

「私のポリシーは、誰にでも公平であることだ」と、俺が2度目に電話した時、コストマンは言った。「私たちのレースには参加要件があって、それは曲げられない。それはそうと、今週末サンディエゴで24時間レースがあるぞ」と、いやみったらしく続けた。「まずは100マイル走るんだな。それができたら、また考えようじゃないか」

クリス・コストマンは俺の本気に火をつけた。彼が疑っていた通り、俺は全然準備ができていなかった。もちろん、バッドウォーターを走りたい気持ちは本物だったし、トレーニングは始めるつもりだったよ。でも、参加するチャンスを得るためだけに、いきなり「100マイル走れ」と、やつは無茶ぶりしてきたんだ。

ネイビーシールズについて大口を叩いた手前、走らなかったらどう思われるだろう？　水曜の朝っぱらに電話をかけてくる、ただの大ぼら吹きじゃねえか。

これが、俺がレースの3日前にサンディエゴ・ワンデイ出場を決めたいきさつだ。

＊

50マイル（80キロ）地点を過ぎると、もうイナガキさんについていけなくなった。イナガキさんはウサギみたいに飛び跳ねて行ってしまい、俺は放心状態で走り続けた。苦痛が波になって押し寄せた。腿は鉛みたいに重くなり、重くなるほどに足がもつれた。脚を動かし続けるために腰をよじり、足を1ミリ持ち上げるために重力と戦った。

そう、問題はまた「足」なんだ。足の骨が秒単位で脆《もろ》くなっていき、つま先は10時間以上も靴に当たり続けていた。それでも俺は走った。速くもなく、カッコよくもなく。それでも進み続けた。

次にダメになったのは脛だ。足首の関節をちょっと回しただけで、脛骨の骨髄に猛毒が流れるような激痛に襲われた。クラス235で粘着テープを足に巻いた記憶がよみがえったけれど、この時はテープを持っていなかった。だいいち、数秒でも立ち止まったら二度と走り出せなくなりそうだった。

もう数マイル走ったところで肺がキュッと縮み、茶色い痰がゴボゴボ出た。悪寒と息切れがした。霧がかかったハロゲン灯に虹色の光の輪ができていて、まるで異世界のようだった。それとも、俺だけが異世界に入って、記憶に刻み込まれた苦痛にまた苦しめられているのか？

肺をえぐるような咳が出るたび、初めてのBUD／Sがフラッシュバックした。俺は肺から血を流しながら、丸太を担いでよろよろ進んでいた。あの試練が一からくり返されるのを目で見て、肌で感じた。

俺は眠っているんだろうか？　夢を見ているのか？　目を大きく見開いて耳を引っ張り、顔をひっぱたいて目を覚まそうとした。血が出たような気がして唇とあごを触ると、濁った唾液と汗と痰で濡れていた。

ＳＢＧの言う、「オタクの強者《つわもの》たち」が俺のまわりを走り、「オンリーワン」の黒人の俺を指差してあざけった。いや、これも幻想か？　目をこすってまわりを見ると、俺を抜いていくランナーたちは自分の痛みだけに集中し、俺なんかに目もくれなかった。

現実の感覚がどんどん薄れていく。極限の肉体的苦痛と、魂の奥底からくみ上げられた暗いネガティブな感情で、心が崩れかけていた。要するに、俺は想像を絶する苦痛にさらされていたんだ。物理や生理学の法則が「自分だけにはあてはまらない」と信じる、大バカモノだけが襲われる苦痛だ。ヘルウィークを2度乗り越えただけで、自分の限界を簡単に押し広げられると信じる、脳内お花畑野郎だけが苛まれる苦痛だ。

そう、たしかに俺はここまでの経験はしたことはなかった。「トレーニングゼロで100マイル走る」なんて、やったことはなかった。人類史上、こんなアホなことに挑戦したやつがいるのか？　ていうか、そもそも可能なのか？　脳内の電光掲示板に、あの素朴な疑問が流れていった。俺の肌と魂から、マンガの吹き出しみたいに次々と疑問が浮かんだ。

なぜだ？　なぜだ？　なぜおまえはまだ自分にこんな仕打ちをしているんだ⁉

69マイル（111キロ）を過ぎ、坂道に来た。住宅の私道ほどの、たった2メートルちょっとの坂道だ。ベテランのトレイルランナーなら笑ってすませるこの坂に、膝が崩れ、ギアをニュートラルに入れた軽トラみたいによろよろ後ずさりした。

ふらっとして転びそうになり、地面に指先をついた。このわずかな距離を進むのに10秒もかかった。1秒1秒がゴムひもみたいに伸びて、つま先から眼球の奥までの隅々にバチーンと痛みの衝撃波を送ってきた。激しく咳き込み、胃がひっくり返った。転倒するのも、もう時間の問題だ。転倒こそ、俺にふさわしい結末だ。

70マイル（113キロ）走ったところで、もう1歩も進めなくなった。ケイトはスタート／フィニッシュラインに近い芝生にイスを置いていた。よろめきながら近づくと、3重に見えるケイトが6本の手を伸ばしてイスに座らせてくれた。カリウムと塩分が不足しているせいで、めまいと脱水症状に襲われた。

ケイトは看護師だ。俺も救急救命士の訓練を受けていたから、頭の中のチェックリストを点検した。血圧はたぶん、危険なまでに低そうだ。ケイトが靴を脱がしてくれた。俺の足の痛みは、BUD／Sでショーン・ドブスが経験したような妄想じゃなかった。足の爪がはがれマメがつぶれ、白い靴下が血にまみれていた。

ジョン・メッツのところに行って、鎮痛剤やその他何でも役に立ちそうなものをもらってきてくれと、ケイトに頼んだ。ケイトがいなくなるとさらに具合が悪くなった。お腹がギュルギュル鳴り、血尿が足を伝い、下痢がイスを汚した。そしてサイアクなことに、それを隠す必要があった。ケイトに知られたら、頼むからもうレースをやめてと言われるからな。

トレーニングゼロで70マイル（113キロ）を12時間で走ったご褒美《ほうび》が、このザマかよ。脇の芝生にマイオプレックスが4パック残っていた。あんなドロドロのドリンクで水分補給しようなんて考えるのは、俺みたいな脳筋野郎だけだ。その横にはリッツクラッカー半箱。残りの半箱は、腹の中でオレンジ色のヘドロになってかき回されていた。

頭を抱えて20分ほど座っていただろうか。ランナーたちが何も言わずに足を引きずり、よろめきながら通り過ぎていき、性急で軽率な俺の夢をかなえる時間はどんどん減っていった。

ケイトが戻ってきて、俺が靴を履き直すのを、ひざまずいて手伝ってくれた。俺がズタズタに壊れていることを知らないケイトは、まだあきらめちゃいなかった。そのことに俺は励まされた。それに、ケイトが持ってきたものを見てホッとしたね。やっとマイオプレックスとクラッカーの地獄から逃れられるぜ！　俺は鎮痛剤とクッキー、ピーナツバターとジャムのサンドイッチを、ゲータレードで流し込んだ。そして、ケイトの手を借りて立ち上がった。

世界はブレて見えた。ケイトが2人、3人に分離したが、支えてもらう間に視界が安定した。俺はしっかり足を踏み出した。耐えがたい痛みが走った。その時は知らなかったが、両脚が疲労骨折で、ヒビが入りまくっていたんだ。

＊

ウルトラレースでは、傲慢《ごうまん》のツケは高くつく。そのツケを払う時が来た。俺はもう1歩足を踏み出した。そしてもう1歩。顔が歪み、涙がにじんだ。さらに1歩。ケイトは手を離し、俺は歩き続けた。

ゆっくりと。ゆっくりすぎるくらいに。

70マイルで止まった時は100マイル24時間のペースを優に超えていたのに、今はどう頑張っても1マイル20分〔100マイル33・3時間〕のスピードしか出せない。イナガキさんが軽やかに俺を抜き去りながら、チラッとこっちを見た。その目にも苦痛がにじんでいたが、それでも彼女はアスリートらしく見えた。片や俺はゾンビと化して、貴重な時間の貯金が減っていくのをただ見ていた。

なぜだ？　またいつもの疑問が頭をよぎる。なぜなんだ？　4時間後の朝2時頃に81マイル（130キロ）に到達すると、ケイトが爆弾を落とした。

「このペースじゃ間に合わないわ」と、伴走してマイオプレックスを渡してくれながら言った。遠回しじゃなく、ガツンと言ってきた。俺はあごから痰とマイオプレックスをしたたらせながら、死んだ目でケイトを見つめた。延々4時間も気力と集中力を振り絞り、地獄の苦しみを感じながら進み続けたのに、それでもまだ足りないっていうのかよ？

どこかからエネルギーを得なければ、寄付金集めの夢は終わってしまう。むせて咳き込みながら、もう一口マイオプレックスを飲んだ。

「了解」と、俺は静かに言った。ケイトの言う通りだ。ペースはどんどん落ちていた。

そしてその時、気がついたんだ。俺はレッド・ウィング作戦の遺族のために戦っているんじゃない、と。

ある時点まではたしかにそうだった。でもそれじゃ、朝10時までにあと19マイル（31キロ）走る力は絶対生み出せない。いや、このレースとバッドウォーター、そして「体が壊れるギリギリまで自分を追い込みたい」という欲望そのものが、俺自身への挑戦状だったんだ。俺はどれだけの苦しみに耐えられるのか？　あとどれだけ頑張れるのか？　**やり抜くためには、この戦いを「自分との戦い」にしなくてはいけない。**

脚を見下ろすと、乾いた血尿の筋が内腿に残っていた。そして考えた。このクソいまいましい戦いを続けようなんてのは、いったいどこのどいつだ？　おまえだけだよ、ゴギンズ！　おまえはトレーニングゼロで、脱水症状やパフォーマンス向上のことなんか何も知らない。知っているのは、おまえが絶対に「やめない」ってことだけだ。

なぜやめないんだ？

＊

おかしなことに、俺たち人間が、最大限の努力が求められるのに何の見返りも約束されない、一番厳しい目標や夢を「めざそう」と思い立つのは、快適ゾーンにいる時だ。

コストマンにこの挑戦を突きつけられた時も、俺は軍の職場にいた。ぬるいシャワーを浴びたばかりで、食事も水も足りていた。快適だった。そして振り返ってみると、俺が困難な挑戦にとりつかれた時は、いつも生ぬるい環境にいたんだ。ソファでくつろいでレモネードやチョコレートシェイクを飲んでいる時は、何でもできそうな「万能感」がある。

快適ゾーンにいる時は、戦いの最中に必ず頭をよぎる素朴な疑問に答えられない。いや、そんな疑問がよぎることも想像できない。

でも、エアコンの効いた部屋にいない時、ふわふわの毛布にくるまっていない時は、こうした疑問に「答えられるかどうか」がカギを握る。ズタボロの体で猛烈な痛みに襲われながら、経験したことのない世界に足を踏み入れようとしていると、頭がクラクラして、疑問に押し潰されそうになる。心の準備をしないまま、熾烈な状況に投げ込まれ（しかもそれは自分で選んだ状況なんだ）、思考をコントロールできない時に頭に浮かぶのは、苦しみをできるだけ早く止めようとする答えだ。

「わからねえよ！」

ヘルウィークは俺のすべてを変えた。俺がこの24時間レースの直前に出場を決めたのも、ヘルウィークを乗り越えた自信があったからだ。ヘルウィークでは、それまでの人生のすべての感情とすべての浮き沈みを、たった6日間で追体験《ついたいけん》する。あの130時間で、数十年分の知恵が身につく。

BUD／Sを経験したマーカスが、双子の兄のモーガンとの間に距離ができたように感じたのも、そのせいだ。マーカスは無になるまで叩きのめされ、その状態で自分の中にさらに力を見つける必要があった時、そんな状況でしかできない方法で、自分のことを深く理解した。モーガンは自分で経験するまでは、それを理解できなかったんだ。

ヘルウィークを3度経験し、2度乗り越えた俺は、それを骨の髄まで理解していた。ヘルウィークは俺のふるさとだ。そこはこの世で一番フェアな場所だ。時間制限つきの強化訓練もなく、表彰式も、トロフィーもない。ヘルウィークは俺自身との全面戦争だった。そして、ホスピタリティ・ポイントでどん底に突き落とされた俺がいたのも、同じ「フェアな」場所だった。

なぜだ？　なぜまだ自分をこんなに痛めつけるんだ、ゴギンズ⁉

「おまえがクソヤバいやつだからだよ‼」と俺は叫んだ。

頭の声があまりにも強烈だから、負けじと絶叫した。俺は何かをつかみかけていた。すぐにエネルギーが湧き上がるのを感じた。そして、俺がまだ戦い続けているのは奇跡だと気がついた。**いや、奇跡なんかじゃない。神の恵みでもない。これをやっているのは俺なんだ！**

5時間前にやめるべきだったのに、それでも走り続けたのは俺だ。まだチャンスが残っているのは、俺が走り続けたからだ。このチャンスは、俺が自分でつくり出したんだ。そして、もう1つ思い出した。不可能に思えるタスクに取り組んだのは、これが初めてじゃない！

俺はペースを上げた。まだ走れないが、よろめいてはいない。生気が戻ってきた。そして俺は、自分の過去を、頭の中の「クッキージャー」を掘り起こし続けた。

＊

子どもの頃どんなに生活が苦しくても、母さんはいつも瓶《ジャー》にクッキーを入れておいてくれた。ウエハースやオレオ、バタークッキーやチョコチップクッキーを買ってきて、1つのジャーにザッと入れるんだ。母さんのお許しが出ると、兄貴と俺は好きなクッキーを1、2枚選ばせてもらった。宝探しみたいだった。「何が出てくるかな?」とワクワクしながら手を突っ込んで取り出し、口に詰め込む前にしげしげと見た。

とくに、ブラジルでその日暮らしをしていた時はうれしかったな。選んだクッキーを手の中で転がしながら、俺なりの感謝の祈りを捧げた。クッキーのような小さなご褒美を喜んでいた、子ども時代の気持ちがよみがえった。そしてその気持ちを腹の底から感じながら、俺は新しい「クッキージャー」を一杯にしたんだ。**ジャーの中身は、俺のこれまでの「勝利」たちだ。**

高校を卒業するためだけに、人の3倍努力した。これはクッキーだ。高校卒業前にASVABに合格して、BUD/Sの参加資格を得るためにもう一度合格した。これも2枚のクッキーだ。3か月弱で48キロ減量した。水恐怖症を克服した。BUD/Sを首席で卒業した。陸軍レンジャースクールで名誉下士官の称号を与えられた。この1つひとつが、チョコチップ一杯のクッキーになった。

俺がこの時経験していたのは、ただのフラッシュバックじゃない。ただ昔の記憶をたどっていただけじゃないぜ。**勝利の瞬間の感情をよみがえらせて、「交感神経反応」を起動させたんだ。**アドレナリンがほとばしり、痛みがいい具合に引き始めて、ペースが上がった。腕を振り、歩幅《ストライド》を広げた。両足はまだ血マメにまみれ、ほとんどの足爪がはがれていたが、それでも力強く進み続けた。そして、とうとう攻勢に出た。時間と戦い、苦痛に顔を歪めながら、ランナーたちを追い抜いていったんだ。

それ以来、「俺は何者なのか」「俺に何ができるのか」を思い出す必要がある時、いつも「クッキージャー」の戦術を使っている。

誰もが心の中にクッキージャーを持っている。なぜって、人生は試練の連続だからだ。たとえ君が今人生に打ちのめされていたとしても、困難を乗り越えて勝利を味わった経験を、1つ2つは思い出せるだろう？　大勝利でなくても、ちょっとした成功でいいんだ。

一気に勝利をつかみたい、と君は思うかもしれない。でも俺は読み書きをやり直していた時、1つの段落の単語を全部理解できただけでうれしかったよ。小3レベルを高3レベルに上げるのは大変だったけれど、小さな勝利に励まされたからこそ、あきらめずに学び続け、自分の可能性を追求し続けることができたんだ。

3か月で48キロ減量するのも、最初の1週間で2キロ落とさないことには始まらない。その「2キロ」はささいな成功で、すごいと思えないかもしれない。でもあの頃の俺にとってそれは、自分が減量「できる」ってこと、そしてこの目標がどんなにあり得なくても「不可能じゃない」ってことの証しになった。

ロケットのエンジンは、小さな火花を飛ばして点火するだろう？　これと同じで、人生の大きな目標に「火」をつけるためには、小さな火花が、小さな勝利が必要なんだ。

君の小さな成功は、火をおこすための燃え種《くさ》になる。たき火をする時は、いきなり薪に火をつけても燃えない。でも、ひとつかみの藁《わら》や枯れ草を集めて火をつけ、それに小枝や大枝を足していけば、薪を燃やせるだけの大きな火ができる。小さな火花が小さな火になり、やがて森全体を焼き尽くすほどの「熱量」となる。

大きな成功がまだなくても大丈夫。小さな成功を君のクッキーにして、じっくり味わおう。俺は、鏡に向き合う時は自分を厳しく追い込んでいるが、小さい勝利をあげるたびに自分を褒めているよ。それは必要なことなんだ。

なのに、成功した自分を褒めない人がとても多い。その瞬間は喜んでも、あとで振り返って、何度も勝利をかみしめているだろうか？ そんなのはナルシストだ、って思うかもしれない。でもそれは過去の栄光に浸ることとは違う。「すごかった自分」を自画自賛して、まわりをうんざりさせるってことじゃないよ。そんな自慢は誰も聞きたくない。

俺が言っているのは、**「過去の成功を起爆剤にして、新しい大きな成功を追い求める」**ってことなんだ。ピンチになったら、疲労と鬱、苦痛、惨めさを乗り越えるための励みが必要になる。小さな火をいくつかおこして、燃えさかる炎に変えよう。

＊

ただ気をつけてほしいんだが、挫折した時にクッキージャーの戦略を使うには、「集中力と決意」が欠かせない。なぜだと思う？ 脳がそれをやりたがらないからだ。

脳は、「おまえは苦しんでいる、おまえの目標は不可能だ」と、君に思わせようとしてくる。脳は苦しみを止めるために、君を止めようとするんだ。俺の人生で、サンディエゴのあの夜ほど、肉体的につらかった瞬間はない。あれほどボロボロだと感じたことはなかったし、誰かの魂を奪う戦略で乗り切ることもできなかった。

俺はトロフィーのために走っていたんじゃない。誰かを負かそうとしていたんじゃない。だから進み続けるために、俺自身から力をもらう必要があった。

「クッキージャー」が俺のエネルギー貯蔵庫になった。苦痛に耐えられなくなるたび、ジャーに手を入れて1枚取り出し、一口かじった。苦痛が消えたわけじゃないが、時々しか感じなくなった。過去の勝利の記憶で頭を一杯にしたからだ。

そしてそのおかげで、あの素朴な疑問がかき消され、集中することができたんだ。1周1周が1つの勝利になり、クッキーになり、小さな火になった。**82マイルが83マイルになり、そして1時間半後に90マイルの大台に乗った。**

俺はトレーニングなしで90マイル走っている！　そんなことをするのはどこのバカモノだ？　おまえだけだよ!!

1時間後に95マイルを走り、そして、ほぼノンストップで19時間進み続けた末に、とうとう俺はやり遂げた！　100マイルに到達したんだ！　いや、本当なのか？　わからなくなったから、念のためにもう1周走ったぜ。

101マイルを走り抜き、俺のレースはついに終わった。這うようにして折りたたみイスに行くと、ケイトが迷彩柄のポンチョで体をくるんでくれた。

俺は霧の中で震え、全身から湯気を出していた。視界がぼやけた。脚に生温かいものを感じ、見ると血尿が流れていた。マズい。でも10メートル先の仮設トイレは10キロ、100キロ先にも感じられた。立ち上がったがクラクラして倒れ込み、そのまま脱糞するというサイテーの屈辱を受け入れた。今度は腰から背中まで汚物まみれになった。

ケイトは緊急事態を察し、急いでトヨタカムリを動かして、脇の草むらにバックで停めた。俺の脚は岩に閉じ込められた化石みたいにもうコチコチで、ケイトに寄りかかって後部座席に転がり込んだ。ケイトは死にものぐるいで車をぶっ飛ばし、救急病院に行こうとした。でも俺はどうしても家に帰りたかったんだ。

俺たちが住んでいたのは、チュラビスタの集合住宅の2階だ。俺はケイトの背中を借り、腕を彼女の首に回して階段を上がった。ケイトがカギを開ける間、壁に寄りかかって待った。そして家に足を踏み入れるなり、気を失った。

数分後、台所の床で意識を取り戻した。背中と脚はドロドロに汚れ、腿は血尿まみれだった。両足が腫れ上がり、12箇所から出血していた。7本の足の爪がはがれてブラブラしていた。ケイトがユニットバスのシャワーを出してくれると、俺は這っていってバスタブによじ登り、裸で横になったまましャワーに打たれた。体がガタガタ震え、見た目も実際も死人みたいだったね。また失禁したが、今度はドロドロの茶色い胆汁みたいなものが出てきた。

ケイトは震え上がり、廊下に出て俺の母さんに電話した。母さんはたまたま医者の友人とレースを見に来ていたんだ。医者は俺の症状を聞くと、「腎不全が疑われるからすぐに救急に行きなさい」と言った。ケイトは電話を切ってバスルームに飛び込んでくると、左を下にして胎児のポーズで横たわる俺を見た。

「今すぐ救急に連れていくわよ、デイビッド！」

ケイトはぼんやりしている俺に必死で話しかけ、叫び、泣いていた。ほとんどの言葉は俺にも聞こえていたよ。でも、病院に行ったら鎮痛剤を打たれちまう。俺は痛みを感じていたかったんだ。

俺は今、人生最大の偉業をやり遂げた。ヘルウィークよりつらく、シールになるよりすごく、イラクでの任務より大変なことだ。なにしろ、「人類史上誰もやったことのないこと」をやり遂げたんだ。準備ゼロで101マイル走ったんだからな！


俺は自分を軽く見ていたことを知った。異次元のパフォーマンスを出せることを知った。人間の体が、可能だと思われている以上の負荷に耐え、それ以上のとんでもないことを達成できるのを知った。すべてが心に始まり心に終わることを知った。これはどこかで聞きかじった理論じゃないぜ。俺はそれをホスピタリティ・ポイントで、身をもって学んだんだ。

そう、この痛みと苦しみこそが、俺にとっての表彰式だった。それを自力で勝ち取った。それは、俺が少なくともしばらくの間は「自分の心に打ち勝った」という証しであり、「特別なことを成し遂げた」という証《しょうこ》しだった。そしてバスタブに胎児のポーズで横たわって痛みを味わいながら、俺は性懲りもなく考え始めたね。


トレーニングゼロで101マイル走れるんなら、ちょっと準備をしたらどんなにすごいことができるだろう？

チャレンジ#6 「過去の成功」を思い出し力をもらおう

君のクッキージャーの中身を調べよう。ノートをまた開いて、そこに全部書き出してほしい。過去のトロフィーを眺めてニヤニヤするってことじゃないよ。それに、ノートに書くのは華々しい成果だけじゃない。君が日々の生活で乗り越えてきた障害も書いてほしいんだ。

タバコをやめたことや、鬱や吃音を克服したことでもいい。1度目は失敗して2度目、3度目にやり遂げた、小さな成功もだ。それから次に、君が苦しみや敵と「どう戦ったのか」、やっと勝利した時「どう感じたか」を、くわしく思い出して書こう。そして、その気持ちを起爆剤にして、目標に取りかかってほしい。

たとえばワークアウトなら、やる前に高い目標を立てよう。そして君の「クッキー」の力を借りて、新しい自己ベストをめざすんだ。ランやバイクなら、隙間時間に1マイル（1・6キロ）の自己ベストに挑戦したり、最大心拍数を1、2分維持するのもいいね。自宅でも、懸垂や腹筋を2分間でできるだけ多くやって、自己ベストをどんどん更新していける。苦痛が君を目標の手前で止めようとしてきたら、ジャーに手を突っ込んでクッキーを取り出し、それを燃料にするんだ！

知的成長をめざすなら、集中して長時間勉強したり、1か月で何冊本を読めるかに挑戦したりしてもいい。そんな時もクッキージャーが助けになるよ。

君が挑戦に正面から取り組めば、苦痛や退屈、自信喪失に襲われる時が必ずやってくる。君はそれに立ち向かわなくてはいけない。クッキージャーは、君の思考プロセスをコントロールする助けになる。そういう使い方をしてほしいんだ。自画自賛するためにやるんじゃないよ。戦いのさなかに、自分のやり遂げたことを思い出し、それをエネルギーに変えて、新しい成功を収めるためにやるんだ。

君の過去の勝利と、それを燃料にして達成した新しい勝利を、SNSにアップしてくれよ。#canthurtme　#クッキージャー　のハッシュタグを忘れずにな。

7章

最強の武器

タイパだのコスパだの、手抜きや効率なんかクソ食らえだ

あの強烈で痛快な苦しみを味わい、人生最大の成功をかみしめてから27時間後の月曜の朝。俺は職場のデスクに戻っていた。上司のSBGには休みを取っていいと言われていたし、休む理由は山ほどあった。

それでも俺は、腫れ上がりすりむけたボロボロの体に鞭打って、ベッドを這い出し、よたよたと出勤して、昼前にクリス・コストマンに電話をかけた。

この瞬間を、俺はめちゃ楽しみにしていた！　コストマンの挑戦を受けて立ち、24時間以内に101マイル走破したと報告したら、やつはどんなに驚くだろう。それを想像してニヤニヤが止まらなかった。やっと俺をリスペクトして、「バッドウォーター135」への参加を正式に認めてくれるかもしれない。なのに、俺の電話はボイスメールに転送された。ちゃんとしたメッセージを残したのに折り返してこなかったから、2日後にメールを送った。

拝啓　バッドウォーターに参加するために、18時間56分で100マイルを完走した。…（中略）…特殊作戦兵士基金の寄付金集めを始めたいから…バッドウォーターに出るために何が必要なのかを、今すぐ知りたい。よろしく。…

次の日来た返事に、俺はぶったまげたね。

＊

100マイル完走おめでとう。だが君はまさか100マイル走って終わりにしたんじゃないだろうね？　24時間レースに参加する意義は、24時間走り続けることにあるんだが。…（中略）…とにかく、応募要項の発表を見逃さないように。…レースの開催は7月24～26日だ。

それでは
クリス・コストマン

この返事は侮辱にしか思えなかった。「土曜に開催される100マイルレースを24時間で走れ」と言われたのが水曜。それを制限時間よりも速く完走したのに、なんとも思わないだと？　ウルトラレースのベテランのコストマンは、俺がパフォーマンスの壁を破り、痛みの限界を乗り越えたことを知っていたはずだ。なのにあいつはそれを屁とも思わなかった。

返信する前に、1週間頭を冷やした。そしてその間に、経歴に箔《はく》をつけられるレースがほかにないか調べた。こんな年の瀬に開催されるレースはほとんどない。ロサンゼルス沖カタリナ島の50マイル（80キロ）レースを見つけたけれど、コストマンのような野郎をあっと言わせるには、3ケタマイルが絶対条件だ。

とはいえ、サンディエゴ・ワンデイからまる1週間たっても、体はまだズタボロで、101マイルを走ってからは1メートルも走っていなかった。俺はキーボードにムカついた気持ちをぶつけて返信した。

返信ありがとう。あんたも俺と同じで、この会話を楽しんでいるようだな。言っとくが、俺がしつこくメールを送り続けているのは、大きな目的のために走りたいからだ。バッドウォーターの出場資格を得るために走るべきレースがほかにあったら、ぜひ教えてほしい。24時間走り続けることを教えてくれてありがとう。次はそうするよ。

コストマンの返信が来たのはさらに1週間後だった。相変わらず希望は持てなかったが、皮肉はまぶされていた。

やあデイビッド

1月3～24日の応募期間までにほかのウルトラマラソンを走れるなら結構。そうでないなら、応募期間中にせいぜい見栄えのいい申込書を出して、幸運を祈るんだな。

ご関心をありがとう

クリス

この頃には、バッドウォーターに出場できるできないは別として、クリス・コストマンのことがかなり好きになっていたぜ。でもコストマンが言わないから俺は知らなかったけれど、彼はバッドウォーター出場者を審査する5人の委員のうちの1人なんだ。

委員会は毎年1000通以上の申込書を審査する。それぞれの委員が申込書に点数をつけて、5人の合計点数の上位90人が選ばれる。俺の申込書は薄っぺらいから、上位90人に入れそうにない。

だがコストマンは残る10枚の「ワイルドカード」を握っていた。だから、俺に出場枠を与えてくれてもいいのに、なぜか俺を追い込み続けたんだ。俺はまたしてもフェアな扱いを受けるためだけに、自分の能力を証明する必要があった。シールになるためにヘルウィークを3度やった。そしてこの時も、バッドウォーターに出て寄付金集めをするために、申込書を完全無欠にする必要があった。

コストマンのメールに貼られていたリンクによると、バッドウォーターの応募締め切りまでに開催されるウルトラマラソンは、もう1つだけあった。1月半ばの「HURT《ハート》（ハワイアン・ウルトラ・ランニング・チーム）100」というレースだ。ハート〔痛むの意〕の名はダテじゃない。ハート100は、ハワイ・オアフ島の深いジャングルで行われる、世界でもとくに過酷な100マイル（160キロ）の未舗装の踏み分け道《トレイル》を走る、トレイルレースなんだ。フィニッシュまでに、ヒマラヤ山脈並みの累積標高差約7400メートルを走ることになる。

俺はコースの断面図をじっくり見てみた。急なアップダウンだらけで、不整脈の心電図かと思ったよ。さすがに、準備なしでは完走できそうにない。なのに12月初めになってもまだ痛みがひどく、マンションの階段を上るのさえ拷問だった。

*

次の週末、俺はラスベガスマラソンのために、州間ハイウェイ15号線を北上してラスベガスに向かった。急な思いつきじゃないよ。「サンディエゴ・ワンデイ」なんて聞いたこともない頃から、ケイトと母さん、俺の3人で、カレンダーの12月5日に丸をつけていた。この年2005年に、「第1回ラスベガスマラソン」がラスベガス大通りで開催されることになり、前々から参加すると3人で決めていたんだ。

でもそのためのトレーニングを始める前に、いきなりサンディエゴ・ワンデイを走ることになってしまった。そしてベガスに着いた時には、自分の体に何の期待もしていなかったよ。出発前の朝にも走ろうとしたが、足の疲労骨折は治っていなかったし、膝の靭帯も痛んでいたから、足首を固定する特別な包帯を巻いたのに、4分の1マイル（400メートル）も走れなかった。

だからレース当日にマンダレイ・ベイ・カジノ&リゾーツに着いた時も、走るつもりは1ミリもなかった。


空は晴れ渡っていた。にぎやかな音楽が鳴り響き、笑顔の人たちが通りにあふれ、砂漠の空気は爽やかですがすがしく、太陽は輝いていた。絶好のマラソン日和だ。ケイトは準備万端で、5時間切りをめざしていた。俺は今日だけは応援団長でいることに満足していた。母さんは最初から最後まで歩くって言うから、一緒にのんびり歩いて、疲れたらタクシーでゴールに先回りして、ご婦人方を迎えようと思っていたね。

時計が午前7時を告げる間、群れに交じって3人で並んでいると、マイクで正式なカウントダウンが始まった。「10、9、8……」。「ゼロ！」の声と同時にホーンが鳴った。その瞬間、パブロフのイヌみたいに、俺の中で何かがカチリと音を立てた。

それが何だったのかは、未《いま》だにわからないよ。もしかしたら、俺は自分の闘争心を見くびっていたのかもしれない。それか、ネイビーシールズは世界一タフで、砕けた脚とヒビ割れた足でも走るんだと信じていたせいかもしれない。まあ、俺が大昔に信じた伝説ではそういうことになっていた。

何だったのかはわからないけれど、とにかくホーンが通りに響き渡ったとたん、スイッチが入っちまった。最後に見えたのは、俺が大通りを走り去る時にケイトと母さんの顔に浮かんだ、驚きと不安の表情だった。

最初の4分の1マイル（400メートル）は死ぬほどつらかったが、それを越えるとアドレナリンが押し寄せてきた。最初の1マイル（1・6キロ）を7分10秒で通過し、走ったそばからアスファルトが溶けていくみたいに疾走した。

レース開始10キロで、タイムは約43分。悪くないペースだが、時間は気にしていなかったよ。前日の状態を考えたら、10キロ走れただけで奇跡みたいだったからね。なんでこんなことができるんだ？　両足ギプスでもおかしくないのに、今俺はマラソンを走っている！

13マイル（21キロ）の中間地点で公式時計を確認すると、1時間35分55秒だった。頭の中で2倍にして、なんとボストンマラソンの資格タイムをギリギリ狙えるペースだって気がついた。俺の年齢層では3時間10分59秒以内なんだ〔当時の基準〕。やれやれと笑いながら、ゲータレードを飲んで紙コップを投げ捨てた。

スタートから2時間もたたないうちに、ここまで状況が変わるとはね。こんなチャンスは二度と来ないかもしれない。人生と戦場で多くの死を見てきた俺は、明日が来る保証がどこにもないのを知っていた。今、目の前にチャンスがある。そしてチャンスがあれば、俺は全力でつかみに行く！

でも簡単なことじゃなかった。前半13マイル（21キロ）はアドレナリンの波に乗ったけれど、後半に入ると1歩1歩が重くなり、そしてとうとう18マイル（29キロ）で「壁」にぶつかった。これは、マラソンではおなじみの問題だ。18マイルは、体内のグリコーゲンが枯渇してスタミナ切れになる時なんだ。壁に跳ね返されて、肺が苦しかった。サハラ砂漠を走っているみたいに足が重くなった。

止まって休みたかったが、誘惑をはねのけた。そのまま2マイル（3・2キロ）走り続けると、元気を取り戻した。22マイル（35キロ）地点の公式時計でも、まだボストンマラソン出場圏内だったけれど、ペースは30秒落ちていた。出場資格タイムを切るには、最後の4マイル（6・4キロ）で俺史上最高のパフォーマンスを出さなくてはいけない。

足を踏み込み、腿を高く上げて、歩幅を広げた。最後のコーナーを曲がって、とりつかれたみたいにマンダレイ・ベイのゴールに突進した。ゴールへと疾走する中、沿道から声援を送る大観衆の美しい残像が目に焼きついたね。

結局、俺は最後の2マイル（3・2キロ）を1マイル7分（1キロ4・4分）を切るペースで走って、3時間8分強のタイムでボストンマラソンの出場資格を得たぜ。きっとケイトと母さんも、ラスベガスの街のどこかで壁にぶつかり、乗り越えてるだろうな……。

芝生に座って2人を待ちながら、別の素朴な疑問が頭をよぎり、どうしても離れなくなった。それは新しい疑問で、恐怖から生まれたものでも、苦痛が焚きつけたものでも、自分を否定するものでもなかった。可能性を広げるような疑問だった。

俺には何ができるだろう？

BUD／Sでは何度も崖っぷちに立たされたが、打ちのめされるたびに立ち上がり、次の試練を求めた。おかげでタフになったけれど、次から次へと試練がほしくなって、ネイビーシールとしての日常では物足りなくなってしまった。

そこへやってきたのがサンディエゴ・ワンデイと、このラスベガスマラソンだ。1マイル（1・6キロ）も歩けない状態からよみがえって、（週末ランナーにしては）かなりいいペースで完走した。どっちのマラソンも、一見完走不可能な、とんでもない肉体的偉業だ。それでも俺はやり遂げた。

俺には何ができるだろう？

俺は答えられなかった。でもあの日、フィニッシュラインで辺りを見回して、成し遂げたばかりのことを考えながら、俺は気がついたんだ。誰もが知らないうちに、せっかくの可能性やチャンスを自分から手放している、って。

職場でも、学校や人間関係でも、競技場やマラソンコースでも、みんな全力を出さずに、適当

なところで妥協している。個人として妥協し、子どもにも無理させず「ほどほどでいいよ」なんて教える。その甘ったれた考えが、地域や社会全体にしみ渡っているんだ。

そうした妥協がもたらす損失は、週末にベガスですっからかんになるどころではすまない。俺には、このぶっ壊れた世界でベストを出し切らないことの代償は、計り知れないほど大きく感じられたし、今もそう感じている。あれ以来、この考えが頭から離れたことはない。

＊

ベガスの数日後には体は回復した。ケガが治ったわけじゃないよ。この時の状態を「新しいあたりまえ」として受け入れて、トレーニングを再開したんだ。サンディエゴ・ワンデイを終えた時の、「強烈だが耐えられる」レベルの苦痛にはもう慣れた。

次の土曜になっても痛みは残っていたが、休むのは終わりにした。いい加減トレーニングを始めないと、ハート100のトレイルで燃え尽きて、バッドウォーター出場の目がなくなってしまうからな。ウルトラマラソンの練習方法を調べたところ、100マイル（160キロ）走る週を何度かつくるのが大事だとわかった。ハート100の開催は1月14日。1か月足らずの準備期間で、体力と持久力をつけるしかない。

足と脛は万全にはほど遠かったから、足の骨と腱を固定する新しい方法を考えた。高機能の中敷き《インソール》を足のかたちに合わせて切って、靴に入れた。足首とかかと、脛の下側に圧縮テープを巻いた。走る時の姿勢を矯正して負荷を軽くするために、靴に小さなヒールウエッジも入れた。あれだけの試練を味わったせいで、かなりの準備をしないと（ほぼ）苦痛なしで走れない体になっていたからな。

仕事をしながら週100マイル走るのは大変だけど、もうそんなことは言ってられない。チュラビスタの自宅からコロナドの職場までの片道25マイル（40キロ）が、俺のランニングコースになった。当時のチュラビスタには2つの顔があった。1つは、俺たちの住んでいた中流階級向けの安全な新興地区。もう1つはそれを取り囲む、ビルの林立する荒っぽい危険地区だ。

明け方に物騒なハイウェイの高架下やホームデポの出荷センターの脇を走った。観光パンフレットで見る「太陽が降り注ぐサンディエゴ」とは似ても似つかない場所だ。

車の排気ガスや腐ったゴミのにおいをかぎ、走り回るネズミを眺め、ホームレスのテントの間をぬいながら、インペリアルビーチに出て、シルバーストランド州立ビーチの7マイル（11キロ）の自転車道を走った。この道を南に下ると、19世紀末の面影《おもかげ》を残す名所ホテル・デル・コロナドや、高級コンドミニアムを通り過ぎる。そしてこれらが見下ろす幅広い砂浜に立っているのが、俺が毎日輸送機から飛び降り、銃を発射していた、海軍特殊戦センターだ。俺はまさにネイビーシールズの伝統を生きていたぜ！

この16マイル（26キロ）のコースを、週に3回は走った。職場から家まで走って帰ることもあった。金曜には「重りラン」をした。標準仕様の背嚢の無線機を入れるポーチに、11キロのウェイトを2個忍ばせたものを背負って、膝腱を鍛えるために20マイル（32キロ）走るんだ。

朝5時に起きて、同僚が朝のコーヒーを飲み終わる前に、3時間の有酸素運動をすませてから職場に向かう生活が気に入っていたね。精神的余裕ができたし、この時間に自分を客観的に見つめ、自信を高めたおかげで、シール教官としても成長することができた。**これが、早朝鍛錬の効果だ。生活のすべての面で自分を高められるんだ。**

本格的なトレーニングを開始した週は、70マイル（113キロ）走った。2週目は、クリスマスの日の12マイル（19キロ）を含め、109マイル（175キロ）。3週目は、元旦の19マイル（31キロ）を含め、111・5マイル（179キロ）まで延ばした。4週目は、レース前に脚の負荷を減らす「テーパリング」をしたけど、それでも56・5マイル（91キロ）走った。

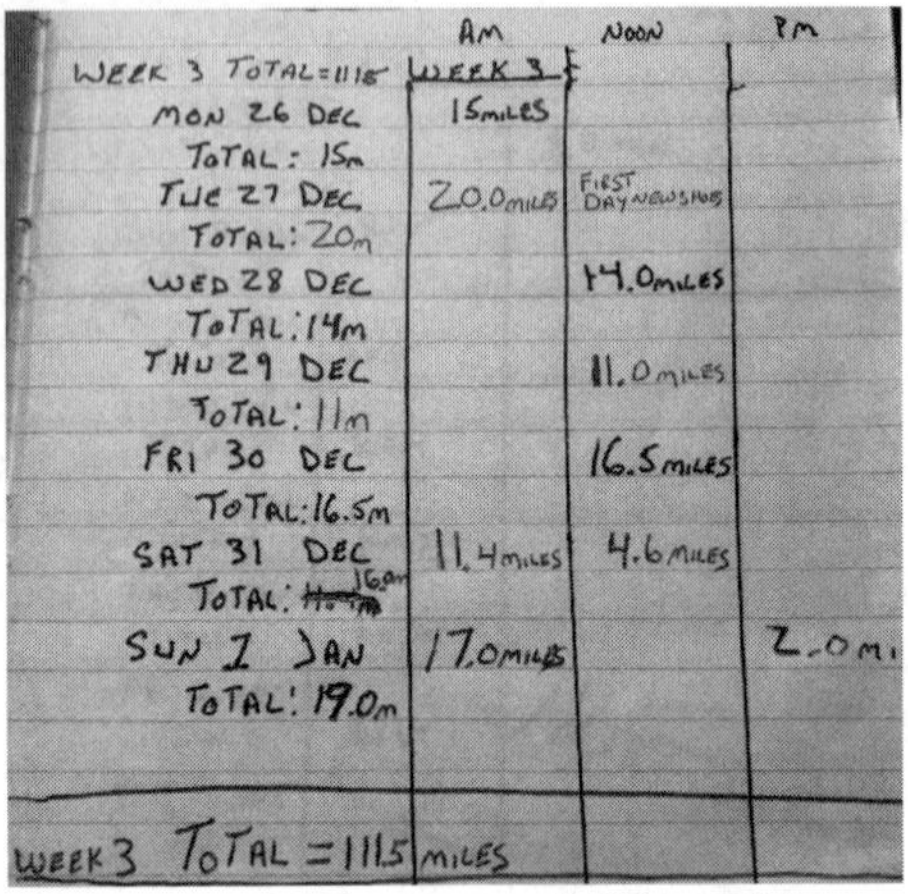

ハート100のためのトレーニング記録、3週目。

これらは全部道路でのランだが、ハート100は未舗装の踏み分け道《トレイル》レースだ。俺は一度もトレイルを走ったことがなかった。軍事作戦では森林を何度も踏破していたけれど、トレイルでの時間制限つきの長距離レースは未体験だ。ハート100は1周20マイル（32キロ）のコースを5周するレースで、完走者はとても少ない。

そしてこのレースは俺にとって、バッドウォーターの申込書の見栄えをよくする最後のチャンスだった。すべてはハート100での成功にかかっていた。なのにこのレースにも、ウルトラランニングにも、俺の知らないことがまだまだたくさんあったんだ。

＊

レースの数日前に飛行機でホノルル入りして、現役・退役軍人と家族のための宿泊施設、ハレコアにチェックインした。

事前に地図を調べて大体の地形は知っていたけれど、直に見たことはなかったから、レース前日にスタート／フィニッシュラインのハワイ自然センターまで車で行って、そこから青々と茂る山々に目をこらした。俺の目に見えたのは、うっそうとした林の間から突然現れる、切り立った赤土の崖だけだ。トレイルを半マイル（800メートル）ほど歩いて上ったけど、それ以上は行かなかった。レース前のテーパリング中だったし、最初の1マイル（1・6キロ）は完全な上り坂だったからね。それ以降のコースの全貌を知るのは、本番になってからだ。

1周20マイル（32キロ）のコースに、エイドステーション（補給エリア兼救護所）はたった3箇所しかない。だからほとんどのアスリートはそれに頼らずに、自前の補給食を携行する。でも初心者の俺は、燃料補給に何が必要かをまったく知らなかった。

当日の朝5時半にホテルを出る時に知り合った女性は、俺が新人だと知って、どんな補給食を持ってきたの、と聞いてきた。俺はなけなしのエナジージェルと、「キャメルバック」の給水ボトルを見せた。

「あなた、塩タブレットを持ってこなかったの？」と驚かれた。俺は肩をすくめた。「塩タブレット」とやらが何かも知らなかったんだ。彼女は俺の手を取って、100粒ほど分けてくれた。

「1時間ごとに2粒よ。けいれんを防いでくれるから」

「了解」。彼女はほほえみ、「ダメだこりゃ」って感じで首を振った。


俺は順調なスタートを切っていい気分だったが、しばらくして自分が走っているのが鬼コースだと気がついた。

勾配や標高差だけじゃないよ。それらは想定内だ。俺が驚いたのは、コースが岩や木の根っこだらけだったことなんだ。2日ほど雨が降っていないのが、せめてもの救いだった。俺はいつもの底の薄いランニングシューズを履いていたからね。そして、6マイル（10キロ）走ったところで、給水ボトルがぶっ壊れた。

あきらめて走り続けたが、給水ボトルがなければ、水分補給は数マイルおきにしかないエイドステーション頼りになってしまう。おまけに俺のたった1人のサポートクルーであるケイトも、まだ到着していなかった。ケイトはビーチでのんびり過ごしてから、レースの後半に来る予定だった。俺がそう勧めたんだ。ケイトにレースに来てもらうために、バカンスで釣ったからね。その朝早くに、「苦しみは俺に任せて、ハワイをエンジョイしてこいよ」なんて言って送り出した。

まあ、給水ボトルがあってもなくても、どっちみち次のエイドステーションにたどり着くことだけを考えて走るつもりだったけどな。

出場者はレース前からカール・メルツァーの話で持ちきりだった。メルツァーがストレッチと準備運動をするのを、俺も見たよ。彼のあだ名は「スピードヤギ」。ハート100の制限時間は36時間だけど、メルツァーはなんと史上初の「24時間完走」をめざしていたんだ。

1周目を4時間半で走った後も、気分はよかった。あれだけのトレーニングをしたんだから当然だけどね。それでも不安はあった。1周の標高差が1500メートルもある上、足首をひねらないように1歩1歩気をつけていたせいで、メンタルの疲れがハンパなかった。内側の腱がズキズキ痛んで、神経がむき出しになったような感じだった。

一度でもつまずけば、ぐらつく足首がやられて、俺のレースは終わっちまう。そのプレッシャーにさらされ続けたせいで、想定外にカロリーをたくさん燃やしてしまったんだ。手持ちの燃料が限られていることを考えると、これは大問題だった。それに給水ボトルを持っていないから、水分を効率よく補給できなかった。

1周目を終えると水をがぶ飲みして、タプタプの腹で2周目を走り始めた。最初の1マイル（1・6キロ）の243メートルのほぼ完全な上り坂をゆっくり駆け上った。

雨が降り始めたのは、この時だ。赤土のトレイルは数分でぬかるみになった。泥が靴底にべったり貼りつき、スキーのようにつるつる滑った。脛まで浸かるぬかるみをバシャバシャ抜けて、下り坂で横滑りし、上り坂でも滑った。全身運動だ。それでも、水を飲めて助かった。喉が渇いたら空を見上げて、口を大きく開けて雨を味わったね。ジャングルを通った雨は、腐葉土の嫌なにおいがした。肥沃なジャングルの泥臭いにおいが鼻腔に広がると、「まだ4周も残っている」という考えで頭が一杯になったぜ!

30マイル（48キロ）地点で、体にいい変化があった。いや、悪い変化の裏返しだったのかもしれない。足首の腱の痛みが消えたんだ。足が腫れ上がって、腱が固定されたからだ。これは長い目で見て「いいこと」なんだろうか？　たぶん、そうじゃない。でも、ウルトラレースではすべてをありのまま受け入れ、がむしゃらに距離を延ばしていくしかない。

大腿四頭筋とふくらはぎは、ハンマーで叩かれたように痛んだ。レース前にかなり走り込んだけれど、そのほとんどが、重りランを含め、サンディエゴの真っ平らな道でのランで、滑りやすいジャングルのトレイルなんて走ったことはなかった。

2周目を走り終えると、ケイトが待っていてくれた。ワイキキのビーチでゆったり朝を過ごしてから来たケイトは、霧の中から俺が「ウォーキング・デッド」のゾンビみたいな姿で現れたのを見て、震え上がってたよ。俺は腰を下ろし、水をできるだけたくさんがぶ飲みした。そしてその頃には、俺が初めてのトレイルランを走っている、って噂が広まっていた。

＊

君は人前で大恥をかいたことはあるかい？　自分がアホなことをやってるのはわかってるの

に、まわりからとやかく言われたことは？　こうすればよかった、ああすればよかった、とダメ出しされたことは？

そういう忠告を聞きながら、ジャングルのじめじめした雨の中をもう60マイル（97キロ）走らなくてはいけないのが、どんな気分かわかるかい？　愉快だと思う？

そう、俺はレースの注目の的だった。まあ、俺とカール・メルツァーだけどな。メルツァーが24時間完走をめざしていることにみんな驚いていたけど、俺が世界一危険なトレイルレースに、ろくな装備もなく、準備もせず、トレイルを走った経験もなく出場しているのにもぶったまげていたね。

俺が3周目に入った時点で、100人近い出場者のうち40人しか残っていなかった。俺はルイス・エスコバーって男と一緒に走り始めた。そして、その日10回は聞いた言葉をかけられた。

「初めてのトレイルレースなんだって？」俺はうなずいた。「よりによってこのレースを選ぶなんて……」

「わかってるさ」と俺はさえぎった。

「このコースはとくに技術が……」

「ああ、俺は大バカ野郎だよ。今日何度も言われてる」

「それはいいんだ」とルイスは言った。「ここを走る俺たち全員が大バカ野郎だからさ」。そう言って、給水ボトルを俺にくれた。彼は3本持っていたんだ。「持ってけよ。ボトルが壊れたんだってな」

2度目とあって、俺にもウルトラレースの「流儀」ってものがわかり始めていた。BUD／Sと同じで、そこは競争意識と仲間意識がせめぎ合う世界なんだ。ルイスと俺は、時間と戦い、お互いと戦いながら、成功するためにお互いを必要としていた。俺たちは個人として、チームとして戦っていた。そしてルイスの言う通り、俺たちは2人とも大バカ野郎だった。

夜の闇が訪れ、俺たちは真っ暗なジャングルに取り残された。2人で並んで走っていると、ヘッドランプの光が合わさって大きな明かりになった。でもルイスと離れた後は、前方のトレイルを跳ね回る、俺の黄色い光の球しか見えなくなった。脛ほどの高さの切り株や、つるつるした木の根っこ、苔むした岩といった罠がまったく見えない。俺は暗闇の中で滑り、つまずき、転び、毒づいた。

辺り一面から、ジャングルならではの音が聞こえた。虫の鳴く音だけじゃないよ。ハワイではどの島でも野ブタの弓狩りが盛んで、達人ハンターは野ブタのにおいを嗅ぎつける訓練をするために、闘犬《ピットブル》を鎖につないでジャングルに置き去りにしているんだ。飢えたブルが威嚇するうなり声と、野ブタの悲鳴が聞こえた。野ブタの恐れと怒りの入り交じった、糞尿と酸っぱい息のにおいがした。

近くで吠え声や鳴き声が聞こえるたび、ギョッとしてつるつるの地面で飛び上がり、脚を痛めそうになった。一歩間違えばレースから脱落して、バッドウォーター出場を逃してしまう。その知らせを聞いたクリス・コストマンが、「やっぱりな」とほくそ笑む様子が目に浮かぶようだった。今の俺は、コストマンのこともよく知っているし、彼が俺を目の敵にしていたわけじゃないって知ってるよ。でもあの時はそう思えたんだ。

そしてオアフのあの険しく暗い山を走っていると、疲労でストレスがたまりまくった。絶対的限界に近づいているってのに、まだ40マイル（64キロ）も残っていた！

長くて険しい下り坂を越えて、じめっとした暗い林へ入っていくと、前方の脇道でヘッドランプが旋回しているのが見えた。ランナーが同じ場所をグルグル回っていたんだ。

近づいてみると、サンディエゴ・ワンデイで知り合った、ハンガリー人のアコス・コンヤだった。

アコスはあのサンディエゴのレースではいい成績を残し、24時間で134マイル（216キロ）も走ったんだ。俺はアコスが好きでリスペクトしている。足を止めて、アコスが円を描くように走っているのを見た。

何かを探しているんだろうか？　それとも幻覚を見ているのか？

「アコス」と俺は声をかけた。「どうしたんだ？　手を貸そうか？」

「デイビッドか！　いや……大丈夫だ」と彼は言った。目を大きく見開き、錯乱していた。でも、俺自身もギリギリの状態だった。俺にできるのは、せいぜい次のエイドステーションに行って、アコスが錯乱してさまよっていることを知らせることくらいだ。

ほら、ウルトラレースは仲間意識と競争意識のせめぎ合いだって言っただろう？　アコスは苦しんでいなかったし、助けもいらないと言われたから、俺は心を鬼にして、残り2周を突き進んだ。

＊

スタート／フィニッシュラインまでよろよろ歩いて、もうろうとしてイスに倒れ込んだ。宇宙みたいに真っ暗な夜で、気温はどんどん下がっていて、土砂降りだった。もう能力の限界に近く、1歩も歩けそうにない。燃料タンクの99％以上を使い果たした気がした。

「ガス欠」のランプが点灯して、俺のエンジンはブルブル震えていた。レースを完走してバッドウォーターの出場権を得るためには、どこかから力を引き出す必要があった。

でも、1歩進むごとに痛みしか感じない状態で、これ以上どうやって自分を追い込めばいいんだよ？　激痛が体の全細胞を駆けめぐり、「頼むからもうやめろ」と泣きついてくるような状態だぞ？

痛みに対する耐性は人によって違う。でも誰もが持っているのは、「やめたい」という衝動だ。もう全力を出し切ったと感じて、途中で投げ出しても「しょうがない」とあきらめたくなる。

もう君にもわかっていると思うけど、俺はとりつかれやすく、前のめりに突っ走るタイプだ。「やりすぎだ」と叩かれることもある。でも、俺は最近のアメリカ社会にはびこる考え方には、どうしても納得できない。流れに身を任せるだの、タイパだのコスパだのって考え方だ。

手抜きや効率化なんか、クソ食らえだ。

なぜ俺はここまでとりつかれたように自分を追い込み続けるのか？　それは、痛みと苦しみを乗り越えて、やれると思っている以上に自分を駆り立ててこそ、肉体的、精神的に大きなことを成し遂げられるからだ。これは耐久レースに限らず、人生全般にあてはまることだ。

君にもあてはまる、と俺は信じている。

人間の体はレーシングカーに似ている。レーシングカーは、外見はまったく違っても、ボンネットの下に高性能のエンジンと、最高速度に制限をかける「リミッター」を必ず持っている。リミッターは、燃料と空気の流れを制御して、必要以上の速度が出ないようにする安全装置なんだ。これは「ハードウェア」の話だ。リミッターは簡単に外せるし、外せば時速200キロだってすぐ超えられる。

人間の仕組みは、もうちょっと複雑だ。

俺たち人間の「リミッター」は、心の奥深くに埋め込まれていて、俺たちの人格そのものと絡まり合っている。リミッターは、俺たちの好き嫌いを知り尽くしている。俺たちの人生の物語や、ものの見方、俺たちが「人からどう見られたいか」といったことを知り抜いている。リミッターは、そういう知識をもとに、俺たちに苦痛や疲労、恐怖や不安を与えて、軌道修正を促してくる、手強い「ソフトウェア」なんだ。

こういった知識を総動員して、「100％の力を出すな」と、俺たちに制限をかけてくる。でも実はリミッターは、俺たちを思いのままに操ることはできない。そこが、エンジンのリミッターと違うところだ。**俺たちがリミッターの言うことを真に受けて、「やめる」と宣言しない限り、**

俺たちを止めることはできないんだ。

残念なことに、ほとんどの人は全力の40％しか出さずにあきらめてしまう。絶対的限界に達したと感じても、まだ60％の余力が残っているのに、だ！　俺たちが「限界だ」と感じるのは、リミッターのせいなんだ！

それさえ知っていれば、痛みに対する耐性を高め、「自分はこういう人間だからできなくても仕方がない」という思い込みを脱して、40％であきらめずに、60％や80％、いやそれ以上の力を出すことができる。

俺はこれを**「40％ルール」**と呼んでいるよ。この考え方はとても強力なんだ。なぜって、このルールに従えば、無意識の縛りから心を解き放ち、スポーツでも、生活でも、異次元のパフォーマンスや成績をあげて、物質的成功ではとうてい測れない、大きな見返りを手に入れられるからだ。

40％ルールはどんなことにも使える。人生では、思い通りになることなんて1つもありはしない。君にも職場や学校、人間関係で壁にぶつかる時が来る。責任から逃れ、目標や夢をあきらめたくなり、自分の幸せなんかどうでもよくなる時が、必ず来るだろう。そんな時はすべての力を出し尽くしたように感じて、もうそれ以上頑張れなくなる。

でも本当は、君の心や精神、魂の奥底に埋まったエネルギーの半分も使っていないんだ。

「ガス欠だ」という感覚を、俺も数え切れないほど経験してきた。「もうダメだ」と投げ出したくなる気持ちは俺も知っているよ。そしてその衝動をかき立てているのが、「楽をしたい」という心の願いだってことも知っている。

でも、心は真実を伝えない。楽を求めて君の成長を妨げるのは、「自分はこういう人間だからできなくても仕方がない」という、君自身の思い込みなんだ。

君の心は高みをめざして成長しようとする代わりに、現状に甘えたがる。自分にはできない、それはしょうがないことだと思い込む。

君に必要なのは、リミッターを動かす「ソフトウェアのアップデート」だ。ただ、アップデートはそう簡単にはできないよ。20年の経験を積むには20年の年月が必要だ。40%を超える力を出すには、来る日も来る日も心を鍛えるしかない。つまり、「使命感」みたいなものを持って、苦しみをひたむきに追い求めるってことだ！

＊

たとえば君がボクサーだとしよう。初めてリングに立った日に、あごにパンチを食らってノックアウトされた。でも10年もボクサーを続ければ、1発じゃ倒れなくなる。全ラウンドボコボコにされても、次の日には戻ってきてまた戦える。

敵のパンチ力が衰えたわけじゃないよ。敵はさらに強くなっている。変化は君の脳内で起きたんだ。心が鍛えられた。君が1発よりもずっと多くのパンチに耐えられることを、ソフトウェアがゆっくり学び、心と体の耐性が上がった。それが、厳しい試練に挑み続ける見返りなんだ。

また、君がランナーで、つま先の骨が砕けたとしよう。でもそのまま走り続ければ、砕けた足でどこまででも走れるようになる。そんなの無理だと思うかい？　でも本当なんだ。俺は実際にBUD／Sでそれをやったからね。そして、自分にそれが「できる」と知っていたから、ウルトラレースのどんな苦しみにだって耐えられた。その知識が自信になって、ガス欠の時にも元気をもらえた。

でも、60％の余力をすぐに、一気に使おうったって、そうはいかない。それを使うには、最初に感じる苦痛と疲労が、君のリミッターのつくり出した「幻想」だってことを、まず理解する必要があるんだ。

それさえわかっていれば、頭の中のネガティブな声を黙らせて、**「エネルギーはまだ枯渇していない、全力を出し切ったどころか、まだまだ余力がある」**と思い出せる！

それを認めれば、そこからさらに5％の力を絞り出して、戦い続けることができる。もちろん、簡単なことじゃないけどね。

＊

俺にとっても、ハート100の4周目を走り出すのは、簡単なことじゃなかった。それがどんなに苦しいことなのかを肌で知っていた。40%出した時点で、すでに死にそうで、干からびて、クタクタで、ズタボロなのに、「60%の余力」を見つけるなんて絶対無理に思えた。

　もうこれ以上苦しみたくない、って思った。苦しみたいわけないだろう？　「疲労は臆病のもと」なんてクソ格言もあるしな。

　あの日の俺はまだ「40%ルール」なんて知らなかったよ。それに気づいたのがあの時だった。でも前にも壁にぶち当たったことは何度もあった。だから、どん底に落ちたら、目の前のことだけに集中して、心を開き、目標を立て直すことが必要だと知っていた。**一番苦しいが、一番報われる第一歩が、「戦い続けること」だと知っていたんだ。**

　たとえばヨガや散歩をしている時は、心にゆとりがあるから、「心を開く」のは簡単だ。つまり、「自分にはできない」なんて思い込みにとらわれずに、新しい可能性を進んで受け入れられる。

　でも苦しんでいる時や、職場や学校でつらい目に遭っている時は、そう簡単に心を開けない。100問のテストで最初の50問をしくじったら、もうその瞬間に「やってられるかよ！」って思うだろう？

　そんな時でも、自分をコントロールしてやり続けることは、難しいけど大切なんだ。失敗したとしても、得るものは必ずある。たとえ次のテストの練習にしかならなくたって、次のテストは来るんだから。必ずだ。

4周目を走り始めた時は、完走できる確信なんてこれっぽっちもなかった。とりあえず走って様子を見よう、って感じだった。最初の上り坂の途中でめまいがして、しばらく木陰で座っていた。1人、また1人とランナーが通り過ぎていった。心配して声をかけてくれた人もいたけど、俺は手を振って「大丈夫」と合図した。

実際、俺はかなりよくやっていたよ。いつものアコス・コンヤ並みにな。

俺の座っていたところからは、丘のてっぺんが見えた。せめてあそこまでは歩こうと、自分を励ました。そこまで行って、まだやめたいと思うならやめよう、ハート100を途中棄権するのは恥じゃない、と何度も自分に言い聞かせた。

それはリミッターのしわざなんだ。リミッターは、目標に届かなくてもプライドが傷つかないように、甘い言葉をかけてくる。でもてっぺんまで上り切ると、また視界が開けて、前方にもっと高い場所が見えた。だから、泥と岩と根っこだらけのトレイルを通って、そこまで行くことにした――完全にやめてしまう前にね。

行ってみると、そこからは長い下り坂が続いていた。足元に気をつけさえすれば、上り坂よりずっと楽に走れそうな気がした。いつの間にか、戦略を立てられるまでに回復していたんだ。4周目の最初の上り坂はめまいがしてフラフラになり、絶望して何も考えられなかった。戦略を立てる余裕なんかなくて、やめたい気持ちしかなかった。

でも少しずつ進むうちに脳がリセットされた。落ち着きを取り戻した。レースを小さな塊に「分割」してみようと思った。そうやって戦い続けたことで、「希望」を持てた。そして、希望にはとてつもない力がある。

俺はレースを分割し続けた。そして「5％」ずつの小さな無理をくり返して、どんどんエネルギーを解き放ち、夜通しエネルギーを燃やし続けた。疲れすぎて、立ったまま寝そうになった。急斜面や断崖の多いこのトレイルでは、眠ったまま歩いていると死ぬ危険がある。

俺がなんとか起きていられたのは、トレイルの状態がひどすぎたからだ。何十回もしりもちをついた。スニーカーじゃ話にならず、氷の上を走っているみたいに滑りまくった。崖から落ちそうでハラハラし通しだったが、少なくともそのおかげで起きていられた。

しばらく走ってからちょっと歩いて、77マイル（124キロ）地点まで来た。ここからは一番難しい下り坂だ。とその時、「スピードヤギ」ことカール・メルツァーが、後ろの丘を上ってきた。頭と手首にライトをつけ、腰につけたボディバッグにデカい給水ボトルを2本入れている。朝焼けの赤い光を受けてシルエットになったメルツァーは、難しい下り坂を疾走し、俺がつまずいて手探りで進んだ区間もスイスイ駆け抜けていった。

メルツァーはフィニッシュラインまであと3マイル（4・8キロ）の地点を22時間16分という、コース記録を更新するとんでもないペースで、周回遅れの俺を追い抜いていったんだ。でも俺の記憶に一番焼きついているのは、彼が1マイル6分30秒〔1キロ4分2秒〕の驚異的なペースで走りながらも、その動きがめちゃくちゃ優雅だったことだ。

メルツァーは悟りを開いたみたいに完璧に集中しながら、泥の上を飛ぶように進んでいった。

足はほとんど地面に触れなかった。あれはクソ美しい光景だった。そしてこの時のメルツァーが、ラスベガスマラソンを完走してからずっと俺の心に巣くっていた、あの疑問に答えをくれたんだ。

俺には何ができるだろう?

＊

あのクソヤバいやつが一番手強い区間を軽やかに進むのを見て、世界には異次元のアスリートがいること、そして自分の中にもその「カケラ」があることを、俺は知った。

そのカケラは誰でも持っているんだ。もちろん、アスリートのパフォーマンスに遺伝はまったく関係ない、とまでは言わないよ。誰でも1マイルを4分で走り、レブロン・ジェームズ張りのダンクや、ステフィン・カリー張りのシュートを決め、ハート100を22時間で完走できる、とは言わない。人によって得意なことは違う。

でも、どんな人も自分が思っている以上の力を持っているんだ。 ウルトラレースでも、「自分にはできない」と思っていたことを、みんなやってのけている。それをするには、発想を転換して、自分を縛る思い込みを捨て、高みをめざすために全力を出し切る必要がある。

リミッターを外せ。

その日、超人的なメルツァーの走りを見た後、俺は満身創痍で4周目を終えた。そしてちょっと立ち止まって、完走したメルツァーが仲間に祝福されているのを見ていた。メルツァーが前人未踏の偉業を成し遂げたというのに、俺はまだまる1周残していた。脚は腫れ上がり、ゴムのようにグニャグニャになっている。

もうこれ以上走りたくない。でもこれは俺の苦痛が言わせている言葉だ。俺の本当のポテンシャルはこんなもんじゃない！　今にして思えば、その時点で出していたのは全力の60％。つまり燃料タンクにはまだ半分近く残っていたことになる。

そこで、5周目で全力を出し切ってフィニッシュした……なんて言いたいところだが、俺はまだウルトラレースのお上りさんだった。まだ自分の心に打ち勝っていなかった。まだ実験モードでいろいろ試している段階だった。

結局、5周目はほとんど歩いたね。雨が止み、南国ハワイの気持ちいい日差しを浴びながら、8時間かけて歩き終えた。俺はハート100を33時間23分で完走した。36時間の制限時間内、それも9位でフィニッシュした。完走したのはたった23人。そのうちの1人になれたんだ。

燃え尽きた俺は、2人がかりで車に運ばれ、ケイトに車イスで宿の部屋まで連れていってもらった。でもまだ仕事が残っていた。バッドウォーターの申込書をできるだけ早く出す必要があった。俺はうとうとする暇もなく書き上げた。

数日後に、コストマンから「バッドウォーター選考通過」を知らせるメールが届いたよ。俺は舞い上がったね。でも、これからの6か月は、フルタイムの「仕事」を2つ掛け持ちすることになる。ネイビーシールとしての責務を果たしながら、バッドウォーターに向けて万全の準備をするってことだ。

今度ばかりは戦略的になって、綿密に計画を立てる必要がある。最高のパフォーマンスを出すには、つまり40％の壁を越えて燃料タンクを使い果たすには、力を最大限に発揮できる状態に持っていかなくてはいけない。

＊

ハート100には、十分な調査も準備もなしで参加した。複雑で起伏の多い地形を想定していなかった。前半はサポートクルーがいなかった。予備の給水ボトルがなかった。長く不気味な夜を乗り切るのにヘッドランプを1つしか用意しなかった。だから全力を出し切ったつもりでも、本当の100％を引き出せなかったんだ。

バッドウォーターではそうはいかない。俺は寝ても覚めても調べまくった。コースを研究し、温度や標高差をチェックして、地図に書き込んだ。気温だけじゃないよ。もっと深掘りして、デスバレーの一番暑い日の地表温度まで調べた。レース映像をググって、何時間も食い入るように見た。完走者のブログを読んで、コースの危険な箇所やトレーニングのコツを学んだ。それからデスバレーまで車で行き、コース全体をじっくり下見した。

地形を実際に目で見たことで、その過酷さを実感したね。最初の42マイル（68キロ）は平坦な盆地で、カンカンに熱した溶鉱炉のような道を走る。俺にとってはタイムを稼ぐ絶好のチャンスだ。ここを走り切るために、2台のサポート車を交互に使って、3分の1マイル（500メートル）ごとに、体を冷やすクーリングステーションを自前で設けたらどうだろう、なんて考えた。
ワクワクしたけれど、この時も俺は「快適ゾーン」にいたね。花が咲き乱れる春の砂漠で、窓全開で音楽を鳴らしながら車を走らせていた。クソ快適だった！　要するに、すべてがまだ絵空事だった！


クーリングステーションを設置できそうな場所を地図に書き込んだ。路肩が広くて、足を止めずにすむ場所をすべてチェックした。水を補給して氷を買えるガソリンスタンドも探した。数は少なかったが、全部地図に印をつけた。

平坦な砂漠の盆地を過ぎると、暑さはちょっとましになるが、その分標高が高くなる。ここから標高1463メートルの「タウンパス《峠》」までは、18マイル（29キロ）の上り坂だ。坂を上り切る頃には日が沈んでいるだろう。この区間をドライブしてから脇に車を停めると、俺は目を閉じて、すべてを頭の中で視覚化した。

調査は大事だが、視覚化も準備に欠かせないんだ。タウンパスまでの上り坂の後は、打って変わって骨を砕くような9マイル（14キロ）の下り坂が来る。タウンパスからその全貌が見えた。俺はハート100で、下り坂を駆け下りるとダメージが大きいことを、身をもって学んだ。しかも、今度の道はアスファルトだ。目を閉じ、心を開いて、大腿四頭筋とふくらはぎ、膝、腱の痛みをイメージした。下りではとくに大腿四頭筋に負担がかかりやすいから、「筋量を増やそう」と誓った。強靱な太腿が必要だ。

下り坂を下りきった72マイル（116キロ）地点から「ダーウィンパス」までの18マイル（29キロ）の上り坂は、地獄としか言いようがない。この区間は早歩きすることになるが、日が沈んでいるから涼しいはずだ。ここを抜ければ「ローンパイン」までは平坦な道が続くから、タイムを稼げる。そしてホイットニー山の登山口までの13マイル（21キロ）の上り坂を上り切れば、標高2552メートルでフィニッシュだ。

「タイムを稼ぐ」なんてノートに書くのは簡単だが、実際にやるのは至難の業《わざ》だよ。まあとにかく、ノートにはそう書いておいた。

このノートと、情報を書き込んだ地図が、俺のバッドウォーター調査書になった。それをASVABの試験勉強みたいに頭に叩き込んだ。台所のテーブルに座って何度も読み返しながら、コースの1マイル1マイルをできるだけ鮮やかに視覚化した。

でも、体はまだハート100から完全に回復していなかった。そのせいでバッドウォーターの準備の最も重要な面に支障が出た。体力トレーニングだ。

＊

体力トレーニングが切実に必要なのに、腱の痛みがまだひどくて、何か月も走れなかった。時間は飛ぶように過ぎていった。最強のランナーになるためにはタフに鍛える必要があるのに、思うようにトレーニングができず、自信をすっかりなくした。

おまけに、俺のバッドウォーター挑戦が職場に知れ渡ると、応援してくれる仲間もいたけど、俺がケガでまだ走れないことを知って、陰口や嫌みを言うやつらもいた。でもそれは想定内だった。どデカい夢を描いて、友人や同僚、家族に笑われたことは、君にもあるだろう？　全力で夢を追いかけようとしているところに、横から茶々が入る。やれ、それは危険だの、大変だのと騒ぎ、おまえには無理だとか、誰々はできなかっただとか言ってくる。もちろん、よかれと思って言ってくれる人もいるけどね。おまけに、君のリミッターまでもが彼らに加勢する。でもそれを聞き入れると、夢をあきらめることになってしまう。

だから俺は「クッキージャー」を考案したんだ。いつも「ベストな自分」を思い出させてくれる仕組みが必要だ。挫折から立ち直るには、自力で這い上がるしかないからだ。

君もこれから、分かれ道に立ったり、誰かに裏切られたり、試練にぶつかったりする時が必ず来る。そんな時は「ベストな自分」を思い描き、その自分になれるよう全力を尽くすしかない。

覚悟を決めろ！

人生が厳しいのは誰でも知っている。なのに、フェアじゃない扱いを受けると、「なぜ自分だけが？」と被害者意識を持ってしまう。これからは、「ゴギンズの自然法則」を受け入れてほしい。

君はきっと

・笑われるだろう

・不安になるだろう
・いつもベストな自分ではいられないだろう
・何らかの状況で（人種、民族、性などの）オンリーワンになるだろう
・孤独を感じるだろう

乗り越えるんだ！

人間の心はクソ強い。心は人間の最強の武器だ。なのに、みんなそれを使うのをやめてしまっている。

現代人は昔よりずっと多くのモノや手段を使えるのに、昔よりもかえって能力が落ちているんだ。社会がますます軟弱になる中で、その傾向に逆らう数少ない1人になるには、君自身と戦い、君という人間を新しくつくりかえる覚悟が必要だ。

そしてそのためには、心を開くこと、つまり「自分にはできない」なんて凝り固まった思い込みを手放して、新しい可能性に向かって突き進むことが欠かせない。おかしなことだけど、「心を開く」なんて言うと、スピリチュアルだの、ヤワだのと言われてしまう。でも俺たち脳筋だって、いつも心を開いている。俺もこの時、心を開いて頑張った。

クラス235を一緒に卒業した友だちのストークに自転車《バイク》を借りて、毎日職場まで走る代わりに、バイクで往復した。シールズ・チーム5専用の真新しいジムにあるエリプティカルマシンで、服を5枚重ね着して毎日1、2回ワークアウトしたぜ！　デスバレーの暑さにビビっていた

から、シミュレーションが必要だったんだ。スウェットパンツ3、4枚と、スウェットシャツ数枚、フードつきジャンパー1枚、フリースの帽子に、防水素材《ゴアテックス》のジャケットを着込んだ。エリプティカル2分で心拍数を170に上げて、それを2時間キープした。その前後にローイングマシンを3万メートルほど漕いだ。

何をやるのでも、10分や20分ではすませなかった。心と精神そのものを「ウルトラ仕様」に変えた。そうする必要があったんだ。

ワークアウト後に服を脱ぐと、川に落ちたみたいにぐしょぐしょに濡れていた。みんなに「あいつはおかしい」と思われたけど、俺の元BUD／S教官のSBGだけは大ウケしていたね。

＊

この年の春に、俺はカリフォルニア州ニランドの訓練所でシールズ地上戦教官を命じられた。ニランドは南カリフォルニア砂漠の外れの、トレーラー暮らしのヤク中の失業者が多い地域だ。メキシコ国境から60マイル（97キロ）離れた、ソルトン湖沿いの荒廃地域に住むドラッグ中毒者が、俺たちの唯一の隣人だった。

10マイル（16キロ）の重りランをしていると、「ドラッグで見たエイリアンの幻覚が現実になったのか？」って目でじろじろ見られたね。俺は38度の暑い盛りに服3枚とゴアテックスのジャケットを着込んでいたから、エイリアンの悪者に見えたんだろう。この頃にはケガもかなり回復して、23キロの背嚢を背負って、一気に10マイル（16キロ）走ってから、ニランド周辺の丘を何時間も散策した。

俺が教えていた、シールズ・チーム5の隊員にもエイリアン扱いされたよ。俺のことをヤク中より怖がっている隊員もいた。中東の砂漠の戦場で頭をヤラレたと思ったんだな。でも、俺の戦場は頭の中にあった。

トレーニングのためにもう一度車でデスバレーに向かい、サウナスーツを着て10マイル（16キロ）走った。クソ暑かったが、世界一過酷なレースはもう目前だ。100マイル（160キロ）レースを2度経験して、そのつらさを知っていたから、そこに35マイル（56キロ）上乗せされると考えただけで身がすくんだ。俺はレースに出ると宣言して、自信満々なそぶりで数万ドルの募金を集めていた。でも内心は、完走できる力が自分にあるのか不安で一杯だった。だからこそ、野蛮な体力トレーニングに励んでいたんだ。

1人で頑張っている時に自分を追い込むには、とてつもない意志力が必要だ。朝目が覚めても、その日のつらいトレーニングを思うと、ベッドから出る気力が湧かなかった。俺は孤独だった。

でも、バッドウォーターのコースに立ったら、苦痛が耐えがたく、乗り越えがたくなる時がやってくる。それは50マイル（80キロ）地点か、60マイル（97キロ）地点か、あるいはもっと先かもしれない。でも必ずやってくる。戦い続けて、60％の余力を出し切るためには、「やめたい」という気の迷いを抑え込む必要があった。

たった1人でヒートトレーニングに励みながら「やめたい気持ち」を分析するうちに、俺は気がついた。バッドウォーターで全力を振り絞り、特殊作戦兵士基金にふさわしい結果を出すためには、ただ頭に浮かぶ素朴な疑問に答えるだけじゃ足りないんだ。

やめたくなる気持ちが勢いを増す「前に」、それを根こそぎにしなくてはいけない。「なぜだ?」と自分に問いかける前に、いつも手の届くところにクッキージャーを用意して、「体がなんと言おうと俺には苦しみへの耐性がある」と、自分を信じ込ませるってことだ。

なぜなら、ウルトラレースやヘルウィークを「魔が差して」突然やめる人なんかいないからだ。やめるという決断は、あの真鍮の鐘を鳴らす何時間も前から下し始めている。だから、自分の心と体をじっくり観察して、心身が弱音を吐きそうになったら、やめたい気持ちを止められなくなる「前に」、逃げ道を探そうとする衝動を抑え込まなくてはいけない。

サンディエゴ・ワンデイで俺がやった、苦痛を無視して頭から追い出す方法は、今度ばかりは通用しない。100%の力を出し切るには、俺の弱みや脆さのすべてを、前もって知っておく必要がある。自分を疑う気持ちを無視するんじゃなく、それに「先回りする」ってことだ。マラソンのようなストレスの高い環境では、弱みが悪業のようにつきまとい、どんどん大きくなって、ついには俺を押し潰そうとするだろう。だからそうなる前に先手を打つんだ。

これは「認識」と「視覚化」の練習だ。つまり、これから走るコースの詳細をしっかり頭に入れ、その中の苦手な部分にフォーカスして、レース中に起こりそうな1つひとつの障害や問題を時間をかけてイメージしていく。俺は暑さを恐れていたから、バッドウォーター直前に、あの新しい拷問風のトレーニング（トレーニング風の拷問とも言うね）を考案したんだ。

「俺は苦しみに耐えられる」と自分に言い聞かせた。それで苦痛を感じなくなったわけじゃないよ。俺にだって苦痛はもちろんある。でも、「やめたい気持ちに狂わされないぞ」と心に誓った。

2006年7月22日朝6時にバッドウォーターのスタートラインに並んだ時、俺はリミッターを「80％」に動かした。半年間のトレーニングで、40％だった上限を2倍に引き上げた。それがどんな保証になったかって？

保証になんかなりゃしねえよ！

バッドウォーターは時間差でスタートする。初心者は朝6時、ベテランランナーは8時に走り始めるが、優勝候補は10時にならないとスタートできないから、いきなりデスバレーの灼熱にさらされる。レース責任者のクリス・コストマンは鬼畜なんだ。でもこの決まりによってヤバいやつを優位に立たせてしまったことに、コストマンは気づいていなかった。

俺じゃないよ、アコス・コンヤだ。

アコスとはレース前夜に、出場者が宿泊するファーニスク

初めてのバッドウォーター。

リーク・インで再会した。アコスもバッドウォーターを走るのは初めてだ。ハート100で会った時よりずっと元気そうだった。あのレースでは錯乱していたけれど（それでも35時間17分で完走した）、アコスの強さを俺は知っていた。俺はアコスと同じ6時出発組だったから、彼をペーサーにして砂漠を疾走した。とんだ大間違いだったぜ！

最初の17マイル（27キロ）はアコスと並んで走った。俺たちはちぐはぐコンビだった。アコスは身長170センチ体重55キロのハンガリー人。対する俺は185センチ88キロで出場者中一番デカい、「オンリーワン」の黒人だ。

アコスにはスポンサーがついていて、ロゴ入りのカラフルなウェアを着ていた。片や俺は灰色のすり切れたタンクトップに黒いランニングショーツ、流線形のオークリーのサングラス、足と足首に圧縮テープを巻いて、くたびれているがスプリングの利いた靴を履いていた。ネイビーシールズの戦闘服や兵士基金のチャリティーTシャツは着なかった。俺は無名でいることを選んだ。苦痛の新境地に挑む影法師《かげぼうし》でいたかった。

＊

アコスは速いペースを保ったが、暑さは気にならなかった。朝早かったし、ヒートトレーニングで暑さに慣れていたからね。

俺たちがファーニスクリーク・インを6時組のダントツ1位で8時40分に通過した時、10時組が何人か外で待っているのが見えた。その中に、昨年王者でバッドウォーター記録保持者のウルトラランニング界のレジェンド、スコット・ジュレクがいた。彼は俺たちの快調なペースに気づいたはずだが、アコスが自分を脅かす存在になると気づいたかどうかはわからない。

しばらくすると俺はアコスに水をあけられ、そして26マイル（42キロ）地点を過ぎた頃に、またしても速く走りすぎてしまったことを知った。目が回ってフラフラで、腹の調子がおかしかった。つまり路肩でクソする必要があった。

すべてが激しい脱水のせいだった。嫌な予感が頭を駆けめぐり、「やめる口実」がどんどん増えていった。でも俺は耳を貸さなかった。脱水の問題に淡々と対処して、無理にでも水を流し込んだ。

42マイル（68キロ）地点のストーブパイプ・ウェルズを通過したのは、アコスからまる1時間遅れの1時31分。もう7時間半以上コースにいたけれど、この時点でほぼ完全に歩いていた。それでも、自分の足でデスバレーを越えたことが誇らしかったね。

休憩を取ってトイレに行き、着替えた。足が思った以上に腫れていて、右親指の先がずっと靴に当たり続けていたから、立ち止まるだけで楽になった。左足の血マメがつぶれた感触があったけど、靴を脱いで見るのはやめておいた。バッドウォーターを走るほとんどのアスリートは、足のむくみや腫れに備えて大きめの靴を用意して、親指側のサイドパネルを切り抜き、靴擦れを最小限に抑えようとする。俺はそれをやっていなかった上、まだ90マイル（１４５キロ）も残していた。

そこから標高1478メートルのタウンパスまでの18マイル（29キロ）の上り坂を、歩き通した。思った通り、パスを上り切った頃には日が沈み、冷えてきたから1枚重ね着した。

軍では、**「パフォーマンスは期待したレベルまで上がらない、訓練したレベルまで下がる」**って言う。曲がりくねったハイウェイを血マメがつぶれた足で上りながら、ニランドの砂漠での重りランのトレーニングでつかんだリズムを取り戻したよ。走りはしなかったが、いいペースを保ちながら、かなりの距離を進んだ。

タウンパスからの9マイル（14キロ）の下り坂を計画通り走り抜くと、大腿四頭筋にツケが回ってきた。左足にもだ。血マメが分単位で大きくなり、気球サイズになったような気がした。マンガみたいに、マメが靴を突き破ってどんどん膨らみ、俺を雲まで運んでホイットニー山のてっぺんに下ろしてくれればいいのに……。

そんなわけないよな。俺はそのまま歩き続けたけど、ケイトと母さんたちサポートクルー以外の誰にも会わなかった。星が輝く夜空の下で試練の行進を続けた。かなり長い間歩いていたから、いつランナーの群れが現れて俺を抜き去ってもおかしくなかった。でも誰も来なかった。

この苦痛の星で生命を感じさせるものは、俺の熱い息遣いと、血マメの焼けるような痛み、そしてデスバレーの夜を突っ走る車のハイビームと赤いテールランプだけ。だが日が昇ろうとする頃、110マイル（177キロ）地点で、とうとう「群れ」が現れた。

疲労と脱水にあえぎ、汗と泥と塩にまみれた俺に、アブの群れが体当たりしてきたんだ。2匹が4匹になり、10匹、15匹になった。俺の肌を羽で直撃し、腿をかみ、耳の中まで入ってきやがった。この猛攻撃が最後の試練になった。

クルーが代わる代わるタオルを振ってアブを払いのけてくれた。俺はすでに自己最長距離を超えて、110マイル（177キロ）以上進んでいた。残るは「たった」25マイル（40キロ）だ。虫ケラどもに邪魔されてたまるかよ！

俺は歩き続け、クルーはその後の8マイル（13キロ）ずっとアブを叩き続けた！

*

17マイル（27キロ）地点でアコスと別れて以来、ランナーを1人も見ていなかったが、122マイル（196キロ）地点で、ついにケイトが車を横につけて叫んだ。

「2マイル（3・2キロ）後ろにスコット・ジュレクが来てるわよ！」

スタートから26時間以上が経過し、アコスはもうフィニッシュしていた。でも、あのジュレクがこの時点でやっと俺に追いつこうとしているってことは、俺のタイムは相当いいに違いない。あまり走っていなかったとはいえ、ニランドでの重りランのおかげで、俺の足取りは速く、しっかりしていた。

1マイル15分（1キロ9分）のパワーハイク〔早歩きの力強いハイキング〕を続け、時短のために歩きながら栄養補給した。ちなみに、完走後に出場者全員のスプリットタイム〔各地点までの経過タイム〕と完走タイムを調べたら、俺は一番恐れていた暑さに、逆に助けられたことがわかった。暑さのせいで速いランナーが遅くなって、差が縮まったんだ。

ジュレクの追い上げを受けて、俺は全力を出し切る覚悟で、ホイットニー山登山口までの最後の13マイル（21キロ）の上り坂に入った。レース前の戦略通り、「坂道は歩き、平坦な道は走る」ことにした。道はヘビのように曲がりくねり、雲まで続いていた。

アコスは25時間58分で完走していたが、この日のジュレクは本調子じゃなかった。バッドウォーター連覇をめざすジュレクにも、時間は容赦なく過ぎていった。でも後からスタートしたジュレクには、アコスの完走タイムとスプリットタイムを知っているというアドバンテージがあった。その情報を持たないアコスは、ハイウェイのどこかで30分の仮眠を取ったんだ。


ジュレクは1人じゃなかった。ダスティ・オルソンという最強のペーサーを従えていた。噂では、オルソンも70マイル（113キロ）以上を自力で走ったらしいよ。後ろから2人がヒタヒタと近づいてくる音が聞こえ、道を折り返すたびに下を走る姿が見えた。とうとう128マイル（206キロ）地点の、このクソコース全体で一番険しい道で、真後ろにつけられた。俺は足を止めて道を譲り、声援を送った。

当時ジュレクは史上最速のウルトラランナーだったが、レース後半のペースは電撃的ってほどじゃなかった。それでも安定していた。一歩一歩慎重に進みながら、手強い上り坂を攻略していた。黒いランニングショーツと青い袖なしシャツに、白い野球帽。後ろを走るオルソンも、肩に

翌2007年に2度目のバッドウォーターを走った俺とアコス。俺は3位、アコスはまたもや2位だった。

かかる長髪を束ねるバンダナ以外は、まったく同じ格好だ。ジュレクはラバで、オルソンは調教師だった。

「急げ、ジャーカー！　急げ、ジャーカー！　君が主役だ」と、オルソンは俺を抜きながら叫んでいた。「君ほどすごいやつは1人もいない！　たった1人もだ！」。走りながらそう叫び続け、まだ力は残っているぞとジュレクに思い出させていた。ジュレクは激励に応えて、アスファルトの急坂を全力疾走していった。見ていてほれぼれしたね。

結局、ジュレクはアコスより17分速い25時間41分で、前年に続いて2006年のバッドウォーターも連覇した。

アコスは30分の仮眠を悔やんだろうな。でもそれは俺の知ったことじゃない。俺には、自分のレースを完走するという仕事がまだ残っている。

ホイットニー山登山口までの道は、干からびた不毛な崖をぬって10マイル（16キロ）も進めば、杉や松が生い茂る日陰になる。俺はジュレクたちに勇気をもらって、最後の7マイル（11キロ）のほとんどを走った。腰を使って足を前に出し、拷問のような1歩1歩を進めた。そしてついに、30時間18分54秒の走りと歩き、汗と苦しみを経て、数少ない観衆の声援を受けながらテープを切ったぜ！

やめたくなる瞬間は30回もあった。でも頭の中で135マイル（217キロ）をジリジリ進む姿を視覚化して、とうとう90人の完走者中5位でフィニッシュした。

森の斜面までよろよろと歩き、松葉のベッドに仰向けに倒れると、ケイトが靴ひもをほどいてくれた。血マメが左足にのさばっていた。大きくなりすぎて6本目の指に見え、色も感触もチェリー味のバブルガムそっくりだった。ケイトに足の圧縮テープをはがしてもらいながら、思わず目が釘づけになったよ。

それからよろめきながらステージに上がって、コストマンからメダルを受け取った。俺は今、地球上で一番過酷なレースを走破した。何度も視覚化していた瞬間だ。どんなにうれしいだろうと思っていたのに、そうは感じなかった。

コストマンからメダルをかけてもらい、握手してインタビューを受けながら、俺は上の空だった。コストマンが話している間、最後の上り坂と標高2500メートル超えの峠がフラッシュバックした。

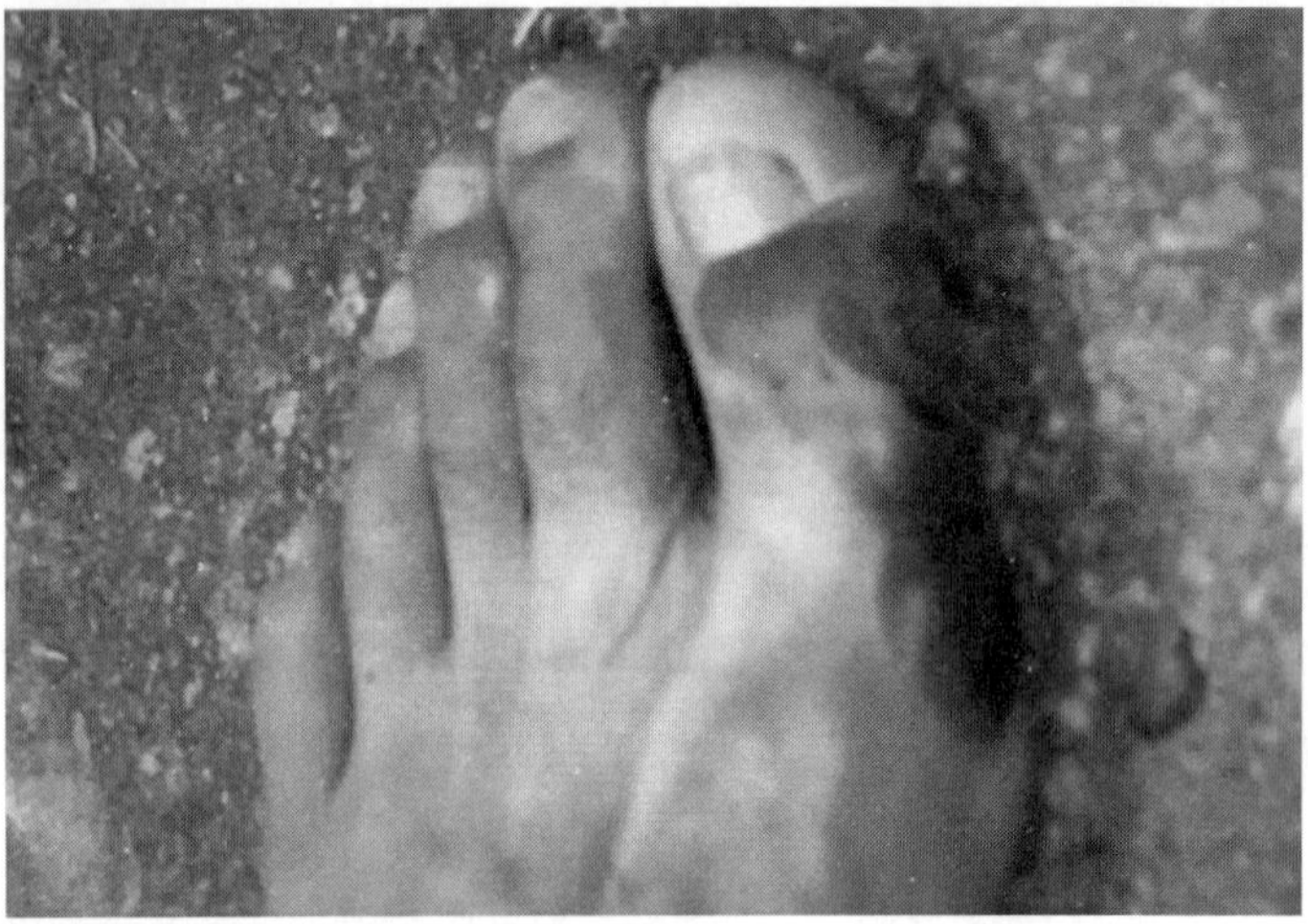

バッドウォーター後の血マメのできたつま先。

あそこからの風景は、現実とは思えなかった。デスバレーから進んできたすべての道が、目の前に広がっていたんだ。俺はまた1つ、悲惨な旅を経験し、その終わり近くで、自分が来た道を振り返った。あの道は、俺のひん曲がった人生そのものだった。

今回の旅でも、俺は徹底的に打ちのめされ、押し潰されたが、新しい困難や試練を乗り越え、メダルとコストマンの短いインタビューよりもずっと大きな「収穫」を得た。

それは、俺の真の限界に挑み続けるという、新しい目標だ。

目を閉じて、ジュレクとオルソン、アコス、カール・メルツァーを思い浮かべた。彼らは全員、俺の知らないことを知っていた。世界一過酷なレースに勝つために、最後の1滴まで全力を搾り切る方法を知っていたんだ。

クリス、君のところには新人たちから、レースの出場要件を免除してほしいという要請が殺到していることと思うが、本件を真剣に検討していただけるとありがたい。これは私自身ではなく、部下のための要請だ。…（中略）…これから出場申し込みをしようとしている、デイブ・ゴギンズを紹介させてほしい。私は彼を2001年にBUD/Sで教え、直ちにその才能を見込んだ。彼の体力と耐久力は並み外れている。彼はBUD/Sを修了してから、陸軍レンジャースクールにも志願し、名誉下士官として卒業したが、これは並大抵のことではない。…（中略）…彼は私の下でBUD/S教官を務めているため、出場要件を満たすのは不可能に近い。彼はひと言で言えば、私がこれまで見てきた中で最強のメンタルを持つ、最高の耐久アスリートだ。もし出場できれば、必ず上位10位以内で完走するだろう。そのことに、海軍将校とシールとしての私の評判を賭けてもいい。…（中略）…出場資格を得た場合、彼は米海軍シールチームのロゴをつけて走り、特殊作戦兵士基金の寄付金集めをすることになる。どうかよろしく。

敬意を込めて

ＳＢＧ

ＳＢＧからコストマンへのメール。ＳＢＧは正しかった。俺は本当に上位10位以内でフィニッシュしたぜ！

その方法を、自力で探し当てる時が来た。俺はこのレースのために、狂ったように準備した。自分自身を理解し、地形を理解した。やめたいという気持ちに先手を打ち、素朴な疑問に答えてレースにとどまった。

でも、やるべきことはまだまだあった。上るべき高みがほかにもあったんだ。涼風が木々を揺らし、俺の肌の汗を乾かし、痛む骨を癒やし、そして俺の耳に秘密をささやいた。それは、いつまでも鳴り止まないドラムのように、頭に響き続けた。

ゴールなんてものはないんだ、ゴギンズ。ゴールなんかない。

チャレンジ #7「もう10%」がんばってみよう

このチャレンジでは、君の脳から「リミッター」を少しずつ外していこう。

最初に、このプロセスの仕組みを簡単におさらいしておくよ。俺は体重135キロだった1999年に初めて走った時、4分の1マイル（400メートル）しかもたなかった。だが2007年には、205マイル（330キロ）を39時間ノンストップで走った〔グレープバイン48時間国内選手権〕。一夜でそうなったわけじゃないし、君にもそんなことは求めていない。**君にやってほしいのは、君が「もう無理だ」と思う限界を超えることだ。**

ランニングマシンで走る時も、腕立て伏せをする時も、疲労と苦痛が蓄積して、心が「もうやめろ」と言う時が必ず来る。そこからさらに、**「5%か10%の無理」**をするんだ。君の腕立て伏せの自己記録が100回なら、105回か110回やろう。いつも週30マイル（48キロ）走っているなら、次の週は10%増しの33マイル（53キロ）走ろう。

こうすれば、少しずつ段階的に限界を押し上げ、ケガを防ぎながら、心と体を新しい負荷にゆっくり慣らしていける。そのたびに、君の基準値《ベースライン》がリセットされる。リセットすることがなぜ大切かというと、君は次の週も、そのまた次の週も、負荷を5%から10%ずつ増やし続けていくからなんだ。

肉体的試練は痛みや苦しみが大きいから、「頭の中の声を黙らせる」訓練にピッタリだ。そして、君自身を肉体的に追い込み続ければ、メンタルが強くなり、自信が高まって、生活のほかの面にもいい影響が出る。肉体的試練でいいパフォーマンスが出せない時は、学校や職場でも成績が振るわないことが多いんだ。

忘れないでほしいのは、人生そのものが大きな心理戦だってこと。君が戦う相手は、君自身だ。「40%ルール」でどんどん負荷を高めていこう。そうすれば、不可能だと思っていたことが、そのうち君の「日課」になる。君の物語をSNSに投稿してくれよ。ハッシュタグ #canthurtme #40%ルール #快適ゾーンから抜け出す を忘れずに。

8章 才能は不要

ハートと努力がすべてだ

人生初めての長距離トライアスロンレースの前夜。俺は母さんと、コナの海に面した700万ドルの豪邸のテラスに立って、水面《みなも》に映る月光を見ていた。ハワイ島西海岸の高級リゾート地コナと、普通のトライアスロンを知らない人はほとんどいないだろうね。それは、コナの「アイアンマン・トライアスロン世界選手権」のおかげも大きいんだ。

開催数で言えば、アイアンマン・トライアスロンよりも、オリンピック競技のトライアスロンや、もっと短距離のトライアスロンのほうがずっと多い。でもトライアスロンというスポーツが世界で市民権を得たのは、コナのアイアンマンが始まってからなんだ。

アイアンマンは、2・4マイル（3・8キロ）のスイムと、112マイル（180キロ）のバイク、最後のフルマラソンの3種目を、連続で行う〔通常のトライアスロンはスイム1・5キロ、バイク40キロ、ラン10キロ〕。おまけに荒れ狂う風と、溶岩原からの照り返しを受ける灼熱のコースのせいで、心身が極限にまで追い込まれる。でも今回俺はアイアンマンのために来たんじゃない。俺がコナに来たのは、知名度はアイアンマンほどじゃないがさらに自虐的なレース、「ウルトラマン」の称号を争うためだ。

これからの3日間で、俺は6・2マイル（10キロ）のスイムと261マイル（420キロ）のバイク、そしてダブルマラソン〔通常のマラソンの倍の約84・4キロ〕で、ハワイ島を1周する。これも特殊作戦兵士基金への寄付金を募るためだ。そして、バッドウォーターでの俺の活躍を記事や番組で知った、見ず知らずの富豪からお声がかかって、2006年11月のウルトラマン世界選手権に出る前に、この豪勢な砂浜の宮殿にお招きを受けたってわけだ。

申し出はありがたかったけれど、ベストな自分になることだけをめざしていた俺は、キラキラした世界に用はなかった。俺はまだ「何も成し遂げていない」と思っていた。むしろ豪邸に招かれたことで、かえって富豪に反感を持ったね。だって、もし俺がチンピラのままだったら、招待されたはずがないだろう？　俺が招かれたのは、金持ちが仲よくしたがるような人間になったからなんだ。

それはともかく、母さんに贅沢をさせてあげられたのはうれしかったね。だから俺は何かに招待された時は、必ず母さんも連れていくようにしている。母さんは、俺が知る誰よりも大きな苦しみを呑み込んできた。俺たちがあのどん底生活から一緒に這い上がってきたことを、思い出させてあげたいんだ。

ただ、俺はあの苦しみを片時も忘れたことはないよ。ブラジルの月7ドルのボロ家からは抜け出したけれど、俺はあのクソ親父の呪縛に、今もこれからも苦しみ続けるだろう。

＊

レースのスタート地点はアイアンマン世界選手権と同じ、コナ中心部の桟橋脇のビーチだ。でもアイアンマンほどのにぎわいはなかった。アイアンマンの出場者が１２００人を超えるのに対し、ウルトラマンはたった30人だぜ！

人数が少ない分、１人ひとりをじっくり品定めすることができた。俺がビーチで一番タフな男に気づいたのは、その時だ。名前は知らないが、彼のことは一生忘れない。なにしろ、彼は車イスに座っていたんだ。なんて強いハートの持ち主だ！　体格では測れない存在感を放っていた。とんでもなく大きく見えた！

俺はＢＵＤ／Ｓを始めた時からずっと、そういう「ぶっ飛んだ」考え方をする人たちを探し求めてきた。でもネイビーシールズに入ってから、あまりにも「普通に」暮らしている隊員が多いのに驚いた。

彼らは日々自分を限界まで追い込んだりしない。一方、俺は、任務で要求される時だけに限らず、つねにぶっ飛んだ考えを持って、ぶっ飛んだトレーニングをする人たちと一緒にいたかった。あの車イスの男は、家にこもっていてもおかしくないのに、世界一過酷なレースに出るという、99・9％の人が考えもしないことをやろうとしていた。それも、2本の腕だけでだ！

俺にとっては、彼の存在が「ウルトラマン」そのものだった。だからこそ、俺はバッドウォーターを走ってから、この世界にとりつかれたんだ。**このスポーツに才能は不要だ。ハートと努力がすべてだ。**厳しい試練が次々と襲いかかり、ますますハードルが高くなっていくところにも惹かれたね。

なのに、俺はこのレースにも万全の準備で臨まなかった。まだ自分のバイクさえ持っていなかった。レース3週間前に友だちから借りたよ。俺よりさらにデカい友だちのためにカスタム調整された、「グリフィン」の超高級バイクだ。

バイク用のビンディングシューズ〔ペダルと足を固定するための留め具がついた靴〕も一緒に借りた。俺には大きすぎたから、厚手ソックスと圧縮テープで隙間を埋めた。その上、タイヤ交換やチェーンとスポークの調整といった、バイクのメンテナンス方法もろくに学ばずに、コナに来たんだ。

俺はただバイクを借りて、レース前の3週間で1000マイル（1600キロ）漕いだだけだった。平日は朝4時に起きて、仕事前に100マイル（160キロ）、週末は125マイル（201キロ）漕いでから、マラソンを走った。でもスイムのトレーニングは6回だけで、そのうち海ではたった2回。そして全方位から試されるウルトラマン・トライアスロンでは、すべての弱みがあぶり出されちまう。

レース初日。10キロのスイムを2時間半で終える予定が、3時間以上かかったうえ、体を痛めてしまった。浮力を得るために着た袖なしのウェットスーツは、脇の下がきつすぎた。30分もすると肌がすりむけ、1時間後には脇の下の縁《へり》が塩のついたやすりみたいになって、水を一かきするたびに肌がこすれた。少しでも楽になるようにと、クロールから横泳ぎに切り換え、またクロールに戻ったりしたが、何の効果もなかった。腕を回すたび、両脇の下がえぐられて出血した。

ウルトラマン・トライアスロンで海から上がったところ。

おまけに海は死ぬほど荒れていたね。海水をしこたま飲んで、胃が陸でのたうつ魚みたいにひっくり返り、5、6回は吐いた。体の痛みとマズい装備、強い海流のせいで、10キロ泳ぐところをジグザグに12キロも泳がされた。

*

岸にたどり着いた時にはフラフラで、地震のように視界が揺れた。しばらく横になってから、トイレの裏まで這っていって、また吐いた。ほかのアスリートはトランジションエリア〔各種目の間に設けられた準備エリア〕に集まり、サドルに飛び乗って、一目散にペダルを漕いで溶岩原に向かっていた。

その日の終わりまでにまだ90マイル（145キロ）のバイクが残っている。みんなが次々とバイクに移る中、俺だけが這いつくばっていた。すぐにあの素朴な疑問が頭をよぎった。

なぜ俺はここにいるんだ？

トライアスロン選手でもないくせに！

こんなに擦り傷だらけで、死ぬほど吐き気がするのに、バイクの前半はひたすら上り坂だぞ！

なぜ自分をこんなに痛めつけるんだ、ゴギンズよ？

泣き言みたいだろう？　でも、落ち着けば調子も戻るとわかっていた。さっさとバイクに乗り換えるアスリートには目もくれずに、脚をしゃんとさせ、めまいを抑えることだけに集中した。食べ物を少し腹に入れてから、脇の下の傷を手当てした。

トライアスロンではウェアを着替えない人がほとんどだけど、俺は取り替えた。バイク用の楽な短パンと通気性のいいシャツを着て、15分後にはしゃっきりしてサドルにまたがり、溶岩原を上っていた。最初の20分は吐き気が残っていて、ペダルを漕いでは吐き、水を飲んでは吐いた。その間1つのことに心を集中させた。**戦い続けろ！**　障害を乗り越えて戦いにとどまり、俺なりのペースを見つけるんだ。

10マイル（16キロ）走った後、巨大火山の斜面を登り始めた。傾斜がきつくなる頃には、海で疲れた足が回復して、勢いづいていた。俺は目の前にレーダーの点のように現れる選手を、1人また1人と追い抜いていったね。勝利は万能薬なんだ。1人追い抜くたびに吐き気が薄らいだ。バイクを漕ぎ始めた時は14位だったが、90マイル（145キロ）区間をバイクで走り切った時、前には2人しかいなかった。レースの大本命、ゲリー・ワンとその相棒《バディ》だ。

フィニッシュラインに向かっていた時、ワンが『トライアスリート』誌の記者とカメラマンにインタビューされているのが見えた。3人は突然現れた俺の黒い姿に度肝を抜かれ、しげしげと見てきた。バッドウォーター後の4か月間、俺はウルトラマンに優勝することだけを夢見てきた。ゲリーたちの横を涼しい顔で通り過ぎながら、「ついにその時が来たぜ」と思ったね。俺の期待は一気に膨れ上がった。

2日目の朝、俺はセカンドステージのスタートラインに立った。このステージでは、火山を通って西海岸に戻る、全長171マイル（275キロ）のコースをバイクで走るんだ。ゲリー・ワンはレースに相棒を連れてきていた。ジェフ・ダンダウアー、あだ名はランドシャーク（陸のサメ）。ゲリーはウルトラマン経験者で、コースを熟知していた。片や俺は地形に疎く、100マイル（160キロ）地点で2人に6分ほどの差をつけられていた。

今回も、母さんとケイトの2人がサポートクルーになってくれた。沿道から給水ボトルやエナジージェル、プロテインドリンクを渡してもらい、走りながら口に入れて、グリコーゲンと電解質のレベルを維持した。サンディエゴ・ワンデイでのマイオプレックスとリッツクラッカーの地獄に懲りて、栄養についてはだいぶ科学的になっていたんだ。

その日一番の上り坂を前に、ぶっ飛ばす覚悟を決めた。バイクでの山登りは苦痛だが、苦痛なら俺に任せろ、だ！　道が険しくなってくると、頭を下げてペダルを力強く踏み込んだ。肺が裏返るほど激しく呼吸し、心臓はドクドクと重低音を刻んだ。峠を登り切ると、母さんが横を走る車から、「デイビッド、先頭と2分差に縮まったわよ！」と叫んできた。

了解！

空気抵抗を減らすエアロポジションを取って、時速40マイル（64キロ）で下り坂を爆走した。借り物のグリフィンのエアロバーに覆いかぶさって、道路の白い点線と完璧なフォームで漕ぐことだけに全神経を集中した。

道が平らになると全力で漕ぎ、時速27マイル（43キロ）のペースを保った。とうとうランドシャークたちを特大の釣り針に引っかけて、一気にたぐり寄せようとした。

その時、前輪が破裂した。

減速する間もなく、俺はバイクから投げ出され、エアロバーの上でぐるっと宙返りした。すべてがスローモーションに見えたが、地面に落ちて右肩を強打した瞬間、時間の流れは元に戻った。顔面の右側でアスファルトの地面を滑り、ショックで仰向けに転がった。母さんは急ブレーキをかけて車から飛び出してきた。5箇所から出血した以外は大丈夫そうだった。でもヘルメットは真っ二つに割れ、サングラスが粉砕され、そしてバイクが大破した。

タイヤにボルトが刺さって、チューブとリムまで貫通したんだ。擦り傷や肩の痛み、肘と頬からの出血なんてどうでもよかった。バイクだけが心配だった。またしても準備不足だ！

スペアパーツもなく、チューブやタイヤの交換方法さえ知らない。予備のバイクを母さんのレンタカーに積んでいたが、グリフィンに比べたらクソ重くてスピードが出ないし、ペダルにビンディングもついていない。だからレースの公式メカニックを呼んだ。待つだけで貴重な20分を無駄にし、やっと来てくれたメカニックは、前輪の修理に必要なパーツを持っていなかった。仕方なく野暮ったい予備のバイクに飛び乗り、進み続けた。

追い抜くチャンスを不運で逃してしまったことは、もう考えないようにした。何が何でもラストスパートをかけて、この日を首位射程圏内で終えないといけない。なぜって、3日目はダブルマラソンなんだ。俺は今大会最高のランナーを自負していたからね。

そしてフィニッシュラインまで残り16マイル（26キロ）のところで、メカニックが追いついてきた。グリフィンを直してくれたんだ！　バイクをもう一度乗り換え、首位との差を8分縮めて、22分差の3位でその日を終えた。

＊

3日目のために、俺は単純な戦略を立てた。全力で疾走して、ゲリー・ワンとランドシャークを大きく引き離す。いつか必ず壁にぶつかるが、それでも総合タイムで首位になれるだけの距離を稼いでおく。まあ、こんなのは「戦略」とは呼べないけどな。

俺はボストンマラソンの出場資格を狙えるペースで走り始めた。全力で走った理由は、ただ1

つ。できるだけ大きなリードを奪い、俺のスプリットタイムを聞いたライバルたちの心をへし折るためだ。俺はどこかで必ず失速するだろう。ウルトラレースってのはそういうものだ。ただ、失速するならレースの終わりがいい、と願っていた。その頃になれば、ゲリーとランドシャークは総合優勝の望みを捨てて、お互いとの2位争いに満足しているはずだ。

とんだ見込み違いだったぜ！

35マイル（56キロ）走った時点で、俺はすでにもだえ苦しみ、走るより歩く時間が増えていた。40マイル（64キロ）付近で、ゲリーとランドシャークのサポートカーが、俺のフォームを観察するために近寄ってきた。そして俺は弱さ全開の醜態をさらして、ゲリーとランドシャークに希望を与えちまったんだ。脚が進まなくなり、時間をズルズルと消費した。

さいわいゲリーも45マイル（72キロ）を過ぎた頃に失速したが、ランドシャークは安定した走りを見せ、俺の後ろにピッタリつけてきた。もうやつを振り切る力は残っていなかった。苦しみながらよたよたとコナ市内に向かううちに、俺のリードは消滅した。

このレースで、俺はランドシャークから貴重な教訓を学んだ。

彼は1日目から「自分のレース」をしていた。3日目にいきなり俺が躍り出ても、まったく動じなかった。むしろ俺のアホな戦略を歓迎し、自分のペースを守ることに集中しながら俺が自爆するのを待って、俺の魂を奪ったんだ。俺は最初にゴールしたが、総合タイムでは優勝を逃した。ランは1位だったが、総合では首位と10分差の2位だった。ウルトラマンの称号は、ランドシャークに与えられた!

ランドシャークが勝利を祝うのを横目で見ながら、勝てるチャンスをモノにできなかった理由をはっきり理解した。

俺は自分を見失った。レースを戦略的に分析しなかった。そして、バックストップも置かなかった。

「バックストップ」っていうのは、俺がふだんからいろいろな状況で使っているタスク管理や時間管理のための目印だ。俺はシールチームの一員としてイラクで作戦行動をした時、先導のナビゲーターを務めた。バックストップはナビゲーション用語で「緊急対策」という意味で、道を曲がり損ねたり、ルートを外れたりした時のために、地図に書き込んでおく印のことなんだ。

たとえば森を移動する時に、稜線のほうに1キロ進んでから、向きを変えなくてはいけないとしよう。軍では事前に地図を確認して、曲がる地点に印をつけ、そこから200メートルほど過ぎた地点と、さらにそこから150メートル行った地点にも印をつける。後の2つの印が「バックストップ」となる。

ふつうバックストップに使うのは、道路や小川、大きな崖などの目立つ地形や、都市部なら目印になる建物などだ。そこに来てしまったら、ルートを外れたことがわかる。バックストップは、振り返って状況を見直し、作戦継続のために別ルートを取る必要があることを知らせる印だ。イラクでは、基地を出る前に必ず脱出戦略を3つ立てた。本来のルートと、そのルートが取れなくなった場合の、バックストップから始まる別の2ルートだ。

ウルトラマンレースの3日目を、俺は純粋な意志力で勝とうとした。知性ゼロの馬力だけで押し切ろうとした。自分の状態を分析せず、敵の精神力を考慮せず、時間管理を怠った。基本戦略さえ立てず、勝利への別ルートも考えず、当然バックストップも用意しなかった。

今ならわかる。自分のタイムにもっと注意を払い、スプリットタイムをもとにペース配分を考えるべきだった。ダブルマラソンの前半を速く走りすぎていることに気がついて、警戒してペースを緩めるんだった。前半をもっとゆっくり走っていれば、最後に溶岩原に戻ってきた時にラストスパートをかけるエネルギーが残っていただろう。

敵の魂を奪うべきタイミングはその時、つまりレースの初めじゃなく、終わりだった。たしかに俺は頑張った。でももっと賢く走って、バイクのトラブルにうまく対処していたら、勝利のチャンスをモノにできたはずだ。

*

とはいえ、ウルトラマンレースの2位は上出来だったよ。遺族への寄付金集めができたし、『トライアスリート』誌と『コンペティター』誌に取り上げられて、シールズの宣伝もできた。それは海軍上層部の目にもとまった。

ある朝、俺は海軍特殊戦司令官のエド・ウィンタース提督に呼ばれた。下士官なんぞが司令官に呼ばれるっていうのは、チビるような経験なんだ。彼のような階級の人は、ふつう下士官なんかに会おうとしない。海軍には、俺みたいな下士官と将校との会話を阻止するための指揮系統まで存在する。

でもそんな規則は突然どこかへ行ってしまった。そしてなぜ呼ばれたのか、俺には思い当たるふしがあった。

俺はメディアウケのよさを買われて、この翌年の2007年に新兵勧誘部門勤務を命じられた。そして提督のオフィスに呼ばれた時点で、すでにネイビーシールズを代表して人前で話す機会が増えていた。ただね、俺はほとんどの新兵勧誘官とは違って、海軍が用意した台本を読むだけじゃなく、いつも即興で俺の人生の物語を交えて、自分の言葉で語っていたんだ。

提督のオフィスの外で待ちながら、目を閉じて記憶をたどり、いつどこでシールズの規則を踏み越えるようなことをしちまったんだろう、と考えた。提督がドアを開けた時、俺はガチガチに緊張して座り、制服は汗びっしょりだった。

「ゴギンズ」と彼は言った。「よく来てくれたね、さあ入りたまえ」

俺は目を開けて、提督の後について中に入り、不動の気をつけの姿勢を取った。提督はほほえみながら、「かけなさい」とデスクの前のイスを勧めてくれた。俺は腰を下ろしたが目は合わせず、背筋をピンと伸ばしていた。提督は俺を上から下まで眺め回したね。

ウィンタース提督は50代後半で、くつろいだ様子だがビシッとしていた。提督になるっていうのは、何万人の中から出世した人なんだ。提督は1981年にシールになり、DEVGRU（海軍特殊作戦開発グループ）の作戦将校と、アフガニスタンとイラクの司令官を務めた。

すべての任務で頭角を現し、海軍史上最も強力で賢明、鋭敏でカリスマ的な人物の1人になった。究極の「生え抜き」って意味でも、海軍での出世の条件を満たしていたね。片や俺ときたら、とんでもない外れ者だ。

「まあ、そう緊張するな」と提督は言った。「君は問題を起こしたのではない。新兵勧誘をよくやってくれている」

そう言って、しみひとつないデスクの上のファイルを見やった。そこには俺の記事がいくつか入っていた。「君は海軍を代表して立派に仕事をしている。だが、国内には勧誘すべき人材がまだだいていてね。そこで、君に手伝ってもらいたいのだよ」

そう言われてやっとピンと来た。提督は俺の助けを必要としているのか、ってね。

海軍はアフリカ系アメリカ人をシールチームに獲得するのに苦労している、と提督は説明した。

俺もそれは知っていたよ。黒人がアメリカの総人口に占める割合は13%なのに、米軍の全特殊部隊ではたった1%。BUD／Sを卒業した黒人も、俺でまだ36人目だ。

それはなぜかというと、適切な場所で黒人男性を勧誘していないからでもあり、適切な新兵勧誘官がいないからでもあった。米軍は、表向きは純粋な実力主義の看板を掲げて、この問題を何十年も無視してきたんだ。最近ウィンタース提督に電話で聞いたんだが、国防総省は第2次ブッシュ政権（2005－2009年）の時、初めてこの問題を取り上げ、提督が直々に問題に当たることになったという。

「わが軍は優秀なアスリートを加えてチームを増強するチャンスを逃していた」と提督は言った。「それに、私たち白人では人目を引いてしまうような地域に派兵する必要もあってね」

ウィンタース提督は、イラクで対テロ精鋭部隊を構築して名を揚げた人だ。テロや薬物取引などの社会のガンを阻止し、領域内の治安を保つために、合同部隊を訓練することも、米軍特殊部隊の重要な使命の1つなんだ。

そして2007年当時は、国際テロ組織アルカイダがアフリカで勢力を伸ばし、ボコハラムやアル・シャバブのようなイスラム過激派ネットワークと手を結んでいた。そのため軍は、ソマリアやチャド、ナイジェリア、マリ、カメルーン、ニジェールなどでも対テロ部隊を結成することを検討していた。ちなみに2018年には、ニジェール軍の対テロ訓練を行っていたネイビーシールズ部隊が待ち伏せ攻撃に遭い、4人が死亡した。これは国際的なニュースになって、作戦は世間の厳しい目にさらされた。

でも2007年には、海軍の西アフリカ進出計画はまだほとんど世間に知られていなかった。そのための人材が不足していることもだ。特殊部隊にアフリカ系アメリカ人が必要とされる時が来たが、軍幹部はその状況にどう対応すればいいかも、人材をどう勧誘すればいいかもわからず、途方に暮れていると、提督は言った。

俺にとってはすべてが初耳だった。「アフリカの脅威」なんて聞いたこともなかったよ。俺が知っていた敵地は、アフガニスタンとイラクだけだ。でもウィンタース提督から新しい情報を得た今、この問題に対処することが、俺の正式な任務になった。

　そんなわけで、俺は提督と現上司の大佐の直属になり、「有色人種の採用数を増やす」ことを使命に、一度に10〜12都市ずつを訪れながら、全米を回って海軍の新兵勧誘活動をすることになったんだ。

*

　この新しい任務の最初の訪問先には、提督のお供で行った。アメリカで一番有名な歴史的黒人大学、ワシントンDCのハワード大学を訪れ、フットボールチームに話をした。

　俺は「歴史的黒人大学」なんてほとんど知らなかったけれど、そこに通う学生が、軍で働きたがるようなタイプじゃないことはすぐわかったね。アメリカの歴史と今も続く人種差別のせいで、名門大学の黒人はたいてい中道か左派寄り〔自由平等や反戦を謳うリベラル寄り〕の政治思想を持っているんだ。

　ネイビーシールズの勧誘活動をするなら、ハワード大学の運動場よりも熱心に話を聞いてもらえる場所はいくらでもある。でも、今までと毛色の違う人材を得るためには、熱狂的に迎えてくれる場所よりも、「敵地」に向かう必要があったんだ。

　提督と俺は、1つの訪問先で1人か2人の優秀な人材を見つけられればいいと考えていた。

　提督と一緒に海軍の軍服姿で運動場を歩いていくと、いぶかしげな冷たい視線が刺さった。最初にウィンタース提督が話して、俺を紹介してくれる段取りだったが、冷ややかな反応を見て、俺は違う戦略に出た。

「君は、最初は遠慮していたな」とウィンタース提督はこの間話した時に笑っていた。「だが、いざ話をする段になると、私を見て『任せてください』と言ったんだ」

俺はいきなり自分の物語を語り始めた。この本で君に語ってきたことを、アスリートたちにも話した。そして、気概のある人材がほしいと言った。

明日も、その次の日もつらくなることを知りながら、どんな挑戦にも果敢に向き合おうとする人材。

アスリートとして成長するだけでなく、人生のあらゆる面でさらに賢明で有能になることをめざす人材。

名誉と生きる目的を求め、心を開いて自分の恐れと向き合える人材。

そういう人材がほしいんだと訴えた。

「君が話し終えると、会場が静まりかえっていたよ」と提督は言って目を細めた。

この時から俺は、決められた採用目標をクリアすれば、予定も予算も自由にできる裁量を与えられた。俺は自分で資料を作成した。ほとんどの学生は、自分がネイビーシールズになれるなんて思っちゃいない。だから、メッセージの幅を広げる必要があったんだ。

たとえ軍に入隊しなくても、自分が思っているよりもずっと「大きな人間」になれる、ってことをわかってほしかった。どん底から這い上がった俺の人生を洗いざらい語って、「できない」

口実なんか1つもないんだと教えたかった。

軍に入っても入らなくても、心を開いて、楽な道を避け、困難で過酷な挑戦に立ち向かい続けさえすれば、誰でも人生を変えられる、という希望を伝えたかった。学生たちの中から、ダイヤの原石を掘り出したかったんだ。

2007年から2009年まで、年間250日以上かけて各地を回り、50万人以上の高校生や大学生と話をした。スラム地域の高校や、数十校の歴史的黒人大学、多様な文化や民族、人種の生徒が集まる学校で講演した。20人のクラスメイトの前でどもって自分の名前も言えなかった小4時代の俺を考えれば、ずいぶん遠くまで来たもんだ。

インチキやデタラメにはそっぽを向くティーンも、俺の言いたいことはわかってくれた。なぜだと思う？　俺は立ち寄ったどの街でもウルトラマラソンを走り、トレーニングやレースを勧誘活動に盛り込んで、有言実行を見せつけたからだ。

週の中頃に街に着いて、学校を回って話をし、土日にレースを走ることが多かった。2007年の一時期は、ほぼ毎週末ウルトラマラソンを走っていたね。50マイルレースに100キロレース、100マイルレース、もっと長いものもあった。俺は愛するネイビーシールズの伝説を広め、その精神に忠実に生きようとしていた。

つまり俺はフルタイムの仕事を2つ掛け持ちしていたことになる。スケジュールはびっしり埋まっていた。俺がこれだけのトレーニングをし、ウルトラマラソンに出場できたのは、時間を自分で管理できる仕事だからでもあるが、それでも朝7時半から夕方5時半まで、週50時間働いた。仕事の代わりにトレーニングしていたんじゃないよ、仕事に「加えて」やっていたんだ。
多い時はひと月に45校の学校や大学を訪問し、そのたび事後報告書（AAR）を書いた。何回イベント（講堂での講演やワークアウトなど）をやったか、何人の若者と話したか、実際に何人が関心を示したかを記録した。AARは大佐と提督に直接送った。

*

すぐに気づいたんだが、一番の人寄せパンダは、俺自身だった。三叉矛《トライデント》が描かれたシールズのTシャツを着て、50マイル（80キロ）走ってスピーチに向かい、汗だくのまま壇上に立つこともあった。スピーチの最初の5分間に腕立て伏せをしたり、ステージにバーを置いて懸垂しながら話したりすることもあったね。そう、俺が今SNSでやっていることは、昨日今日始めたことじゃない。11年も前からやっていることなんだ！〔インスタグラム、フェイスブック、X、YouTube等で、ワークアウトしながら視聴者に語りかける、心に刺さる動画を多数公開している〕
どこの街に行っても、興味を持ってくれた若者を、放課後と始業前のトレーニングや、ウルトラマラソンのクルーに誘った。そのうち噂が広まって、とくに街から街まで走って次の訪問先に行く時なんかは、地元のテレビ局や新聞、ラジオに取り上げられたよ。俺はいつも身なりや立ち居振る舞いに気をつけて、わかりやすく話すよう心がけ、レースでも結果を出すよう頑張った。
コロラド州の伝説的トレイルレース、「レッドビル100」が開催される週に現地に飛んだ時もそうだ。ちょうど新学年が始まったばかりの頃で、州都デンバーに着いた夜に地図を見て、トレーニングで走る道沿いの5つの学校を回る計画を立てた。

学校を訪れるたび、生徒を早朝のトレーニングに誘った。朝3時に車で登山口まで行って生徒と合流し、みんなで4時にコロラドの4300メートル級の58峰のどれかをパワーハイクで登り、大腿四頭筋を鍛えるために一気に駆け下りた。9時から学校を回り、放課後はフットボール部や陸上部、水泳部とワークアウトして、それから山に駆け戻って日が沈むまでトレーニングした。そうやって、頑健なアスリートをシールズに勧誘しながら、世界屈指の高標高のウルトラマラソンに備えて体を慣らしていたね。

レースは土曜の朝4時に、標高3095メートルのレッドビルで始まった。レッドビルは開拓地として始まった街で、今は手頃なスキーリゾートとして有名だ。この街をスタートして、標高2800メートルから3840メートルの美しく険しいロッキー山脈のトレイルを100マイル（160キロ）走った。

日曜の朝2時に完走した時、何日か前に訪れた学校の生徒がゴールで待っていた。俺の成績は振るわず、いつものトップ5どころか14位止まりだったけれど、例によって全速力でゴールを駆け抜けた。すると、生徒がニコニコしながら近づいてきた。「あんたのフィニッシュを見るために、2時間車を飛ばしてきたぜ！」

この時学んだ教訓はこうだ。**「俺がいつ誰に影響を与えているかはわからない」**。俺が残念な結果に終わったことなんか、あの生徒は気にしちゃいなかった。俺と出会って、自分の可能性と力に気づけたことを喜んでいたんだ。彼がわざわざレッドビルまでやってきたのは、俺がレースを走り遂げる姿を見て、「普通の人間でもすごいことができる」ってことの動かぬ証拠を得るためだった。

俺がレース後のクールダウンで軽く運動して、体をタオルで拭いている間、彼はいつかロッキー山脈を1日中走れるようになりたい、そのためのコツを教えてくれ、なんて言ってきた。

そんな出会いがいくつもあったよ。イリノイ州ピオリア近郊の150マイル（241キロ）のマクノートンパーク・トレイルレースでは、10人以上の若者がペーサーやクルーになってくれた。

ノースダコタ州マイノットでは、20人の若者とトレーニングした。1月の零下29度の夜明け前に、凍てつくツンドラを一緒に駆け抜けたぜ！

ジョージア州アトランタの黒人の多い地域で講演した時は、帰りがけに2人の少年が母親に連れられてきた。2人はネイビーシールズに憧れているのに、地元では軍がダサいと思われていて、誰にも言えないっていうんだ。俺は2人を夏休みにサンディエゴに飛行機で呼び寄せて、住み込みでトレーニングさせたよ。朝4時に2人を叩き起こして、砂浜でジュニア版のBUD／Sフェーズ1をやった。楽しくなかったかもしれないけど、シールズ精神を実践するにはどんな資質が必要かはわかったはずだ。

軍に興味があろうとなかろうと、若者たちは同じことを聞きたがった。「あんたみたいなことが自分にもできるだろうか？」「1日に100マイル（160キロ）走れるだろうか？」「どうしたら自分の可能性をフルに引き出せるんだ？」

俺の答えはこうだ。

現代の文化は、安易な仕事術や人生術、コスパだのタイパだのにとらわれている。誰もが「最小の努力で最大の結果を出すコツ」とやらを求めている。

それで成功できることも、たしかにあるだろう。でも、心を鍛えて自分を高めることなんかできない。自分の心に打ち勝ってリミッターを外すには、**「とりつかれたかのような努力」「とりつかれたかのようなハードワーク」**が絶対に欠かせない。情熱と執着、才能があっても、それを支える努力がなかったら何も始まらないんだ。

＊

俺はこれまでいろんなことを成し遂げてきた。そのために何が一番重要だったかと聞かれたら、「努力を尽くす姿勢」と答えるね。それ以外のすべては二の次だ。そして、ワークアウトだろうと仕事だろうと、どんな努力にも「40％ルール」があてはまる。俺にとって週40時間労働なんざ、努力の40％でしかない。及第点はもらえるかもしれないが、それは「並《なみ》」ってことだ。

週40時間労働で満足してる場合じゃない、1週間には168時間もあるぜ！　つまり、運動時間を削らなくても、時間をつくる余地はたっぷりあるんだ。食事を効率よくすませれば、その分家族と質の高い時間を過ごせる。1日24時間、「ミッション」を遂行するかのように、優先事項を決めて、それに集中してコツコツ取り組むんだ。

俺がよく聞く、運動しない言い訳ナンバーワンは、「時間がない」だ。言っておくが、誰だって仕事はあるし、睡眠は削りたくない。家族との時間を大事にしなければ愛想を尽かされ出ていかれてしまう。それはみんな同じだ。それなら、朝の時間を活用しよう。

俺はシールズでフルタイム勤務していた時は、夜明け前の暗い時間を有効活用していたね。ケイトがまだ眠っている間に、毎朝6マイル（9・7キロ）から10マイル（16キロ）走る。前の晩にウェアを並べて、弁当を用意しておくんだ。仕事着は職場のロッカーにあるから、始業前にシャワーを浴びて着替え、朝7時半から働き始めればいい。

平日は朝4時過ぎに走りに出て、5時15分に戻ってくる。これじゃ足りないし、家には車が1台しかなかったから、やっと買ったバイクで職場までの25マイル（40キロ）を漕ぐ。朝7時半から昼の12時まで働き、昼休みの前か後にデスクで弁当を食べる。昼休みはジムに行くか、砂浜を4マイル（6・4キロ）から6マイル（9・7キロ）走り、午後の仕事が終わったらまたバイクに飛び乗って25マイル（40キロ）漕いで帰る。そうすると、夜7時に家に帰った時には、フルタイムの仕事に加えて、10マイル（16キロ）のランと50マイル（80キロ）のバイクをすませていることになるだろう？　夕飯は必ず家で食べ、次の日も同じメニューをくり返すために、10時にはベッドに入る。

土曜は朝7時まで寝て、ワークアウトを3時間やったら、残りの週末はケイトと一緒に過ごす。レースのない日曜は、軽い運動で体の回復を早める。1分あたりの心拍数を110回以下に抑えながら軽くバイクを漕いで血流を促す。

君は俺のことを特殊な例だとか、おかしなマニアだとか思っているかもしれないね。それは否定しないよ。でも、俺の友だちのマイクについてはどう思う？　マイクはニューヨークに住むやり手のファイナンシャルアドバイザーだ。

気苦労の多い仕事で、仕事は1日8時間じゃきかない。奥さんと2人の子どもがいる。そんなマイクは、ウルトラランナーだ。どうやって時間をつくっているのかって？　平日は朝4時に起きて、家族がまだまどろんでいる間に60分から90分走り、それからバイクで職場まで往復する。帰宅後はルームランナーで軽く30分走る。週末は長めのランをするが、家族サービスはおろそかにしない。

マイクは出世して超金持ちだから、苦しい思いなんかせずに、労働のご褒美を味わいながら、一生安泰に暮らすことだってできる。それでも努力を続けているのは、マイクにとっては努力が一番おいしい「ご褒美」だからだ。

それを味わうために、クソ忙しい仕事を手際よく片づけて、努力するための時間をつくっているんだ。その時々の優先タスクをはっきり決めて、全力投球する。それも、ざっくりしたタスクなんかじゃないよ。毎週のスケジュールを15分や30分、1時間刻みで具体的なタスクに割り振って、時間が来たらそれだけに全力を注ぎ込むんだ。

俺もそうしているよ。時間を無駄に過ごさないためには、このやり方が一番だ。

＊

君も生活全体を見直そう！　俺たちはクソどうでもいいことで時間を無駄にしすぎている。SNSやテレビで浪費する時間を、税金の計算みたいに足し合わせたら、年間では数日、数週間になるはずだ。

君も計算したほうがいい。実態を知ったら、きっとフェイスブックのアカウントを停止して、ケーブルテレビを解約したくなるよ。無意味な会話や無益な活動が多いと思ってるなら、時間の使い方を一から見直そう！

俺は何年も前から修行僧みたいな生活をしている。交友関係は広く浅くじゃなく、少人数と親密につき合う。SNSへの投稿は多くても週1、2回だし、誰かの投稿を覗いたりフォローしたりもしない。そういう人間なんだ。

君はそこまで禁欲的《ストイック》になる必要はないよ。君と俺はたぶん目標が違うからね。でも君にも目標があるし、時間の使い方に改善の余地があるはずだ。でなきゃ、こんな本を読まないだろう？そしてスケジュールを見直せば、クソくだらないことをやめて、その時間を仕事や大事なことに回せるんだ。

無駄な時間を減らすかどうかは、君次第だ。夕飯の後でダラダラ過ごす時間はどれだけあるだろう？　無意味な電話やメールでどれだけの時間を無駄にしているのか？

生活全体を見直して、毎日やる仕事や家事、雑事を全部書き出したら、それぞれに費やしている時間を計って記録しよう。それから考えるんだ。買い物、食事、掃除にどれだけの時間が必要なのか？　睡眠は？　通勤は？　職場まで自分の足で行けないだろうか？　1日を1時間単位のブロックに分けて、1週間のスケジュールを立てれば、どの日にどれだけワークアウトする余裕があるか、どうやったらその時間を増やせるかがパッと見てわかる。

運動には興味がないけれど、起業したい、語学や楽器を習いたい、なんて場合も、同じやり方ができる。スケジュールを分析して、無意味な習慣や無駄な時間を減らしたら、どれだけ時間ができるだろう？　毎日1時間、それとも3時間？　その時間を有効活用するんだ。

1日を1時間単位の24個のブロックに分けて、それぞれのブロックに優先タスクを割り当てる。1時間をさらに15分単位のブロックに分割してもいいよ。

それから、毎日のスケジュールに「バックストップ」を設けることも忘れずに。俺がウルトラマンレースにバックストップを含めるのを忘れて困った話をしただろう？　君にもバックストップが必要だ。1つのタスクが時間をオーバーして次のブロックに食い込んだら、必ず気づけるようにして、すぐに次の優先タスクに取りかかろう。スマホは時間管理のためだけに使おう。予定表の通知やアラームを賢く使えば、簡単にバックストップを設けられるよ。

生活を見直して、無駄な時間をなくし、バックストップを置けば、やりたいことをやるための時間が必ず見つかる。

とはいえ、休息を予定に入れることも忘れずに。体の声をよく聞いて、必要なら10分か20分の仮眠を予定に組み込み、週に1日は完全休養日をつくろう。体と心を緩めよう。スマホをオフにして、パソコンの電源も落としておこう。

休養日っていうのは、肩の力を抜いて、友だちや家族とまったり過ごし、たっぷり飲み食いして、また頑張れるように体と心を充電する日のことだ。モバイル機器をいじったり、猫背で机にかじりついたりする日じゃないぜ。

俺にとってこの「24時間ミッション」の目的は、ベストなコンディションを、1シーズンや1年どころか、「一生」保つことにある！　そのためには良質な休息と回復時間が欠かせない。だって、人生にゴールはないからだ。

果てしない距離を走って、つねに全力でフィニッシュできるほどタフになるには、学ぶべきことや克服すべき弱点はいくらでもある！

＊

2008年にアイアンマン・トライアスロン世界選手権に出るために、ハワイ島のコナに戻った。

この時はネイビーシールズ宣伝のため、シールチームきってのアスリート、キース・デイビッズ指揮官と一緒にド派手な演出で出場した。スポーツ専門チャンネル「NBCスポーツ」が俺たちに密着取材して、有力選手の映像の合間に、俺たち2人の競争を取り上げてくれることになったんだ。

　俺たちはハリウッド映画みたいに華々しく登場したぜ。ほかのアスリートがレース前のルーチンをこなし、レース人生最長の日のために精神を集中している間に、俺たちはC130輸送機で上空を飛んで、高度460メートルからパラシュートで海に舞い降り、ゾディアックボートに引き上げられて、号砲のたった4分前にビーチに着いた。エナジージェルと水を一口飲んで、ネイビーシールズのトライアスロンスーツに着替えるのにギリギリの時間だ。


　俺は泳ぎが得意じゃないだろう？　最初の2・4マイル（3・9キロ）のスイムで、デイビッズに大きく差をつけられちまった。続くバイクは互角なはずなのに、その日は腰が張って、中間地点で一度バイクを下りてストレッチをする始末だった。

　112マイル（180キロ）のバイクを終えて、トランジションエリアに行った時点で、デイビッズとの差は30分。でもランの序盤はほとんど遅れを取り戻せなかった。体が言うことを聞かず、最初は歩くしかなかったが、それでも戦い続けた。そして10マイル（16キロ）走った頃にリズムをつかんで、差を縮め始めたんだ。

　すると、前を走っていたデイビッズが自爆して、俺はさらに追い上げた。数マイル走る間、彼が遠い先をとぼとぼ歩いているのがずっと見えていた。溶岩原の強烈な照り返しに苦しんでいたんだ。デイビッズは誇り高い男で、勝ちたがっているのを俺は知っていた。彼は海軍将校にして凄腕の戦略家で、鍛え上げられたアスリートだ。もちろん俺も勝ちたかったよ。ネイビーシール

アイアンマン・コナのフィニッシュラインで、キース・デイビッズと。

ズはみんな負けん気が強いからな。

俺はすぐにデイビッズを抜かすこともできた。でも、「謙虚でいよう」と自分に言い聞かせた。そして残り2マイル（3・2キロ）の地点で、デイビッズをとらえた。彼は敬意と敵意の入り交じった顔で俺を見た。

「ゴギンズ、このクソ野郎」とニコニコしながら言った。俺たちは一緒に海に飛び込み、一緒にレースを始めた。そして一緒にフィニッシュする！　最後の2マイル（3・2キロ）は並んで走り、同時にフィニッシュラインを駆け抜けて抱き合った。テレビウケする映像だったぜ！

＊

俺の人生は順風満帆だった。キャリアはバラ色で、スポーツ界でも名を揚げ、ネイビーシールとして戦場に戻る予定もあった。でも、何もかもうまくいっているのに、いきなり嵐が現れて、人生がめちゃめちゃになってしまうことがある。何の前触れもなくカオスが襲いかかってきて、何をしても止められないことがあるんだ。

運がよければ、問題が軽くすむかもしれない。そんな時、うまく順応して乗り越えられるかどうかは、君次第だ。たとえばケガやその後遺症のせいで、めざしていた夢をかなえられなくなったら、エネルギーを違うところに向けるといい。

人は得意なことや好きなことに熱中する。そのほうが楽しいからだ。でも、たとえば君が一流ランナーで、膝をケガして3か月ほど走れなくなったら、その時間を利用してヨガを始めて、柔軟性と全体的な筋力を高めれば、もっと優れた、ケガをしにくいアスリートになれる。

もし君がギタリストで、手を骨折してしまったら、動くほうの手を使ってキーボードを練習すれば、ミュージシャンとしての幅が広がる。

挫折のせいで夢を見失ったり、回り道のせいで心が折れたりしないようにしよう。目標を見直し、立て直して、何らかのかたちで夢を追い続けながら、能力を高めていくんだ。

「おまえはなぜいつもワークアウトで自分を追い込むんだ?」ってよく聞かれる。それはウルトラレースに勝つためじゃない。競技のためにやっているんじゃない。そのたった1つの理由は、「人生そのもの」に立ち向かう心の準備をするためだ。

人生ほどつらい耐久レースはない。だから、過酷なトレーニングに励み、不快に耐えて心を鍛えておけば、能力や対応力を高められる。何が起こっても前進し続けられる。

なぜそんなことをする必要があるのかって? それは、人生が金槌のように俺たちを叩きのめす時が必ず来るからだ。人生そのものに心を打ち砕かれるんだ。

新兵勧誘官の2年の任期が終わるのは、2009年だった。次世代の若者を励まし、勇気づける仕事はやり甲斐があったけれど、俺は戦場に戻って戦闘に参加できる日を待ち望んでいた。でもこの任務を離れる前に、もう一花咲かせたかった。

そこで、西海岸のサンディエゴから、東海岸のメリーランド州アナポリスまでの約5000キロを走破する伝説の自転車耐久レース、「アメリカ大陸横断レース(RAAM)」に出場すると決めたんだ。レース開催の6月に向け、1月から5月までは空き時間を全部バイクに注ぎ込んだね。

朝4時に起きて、仕事前にバイクで110マイル（177キロ）走り、長い勤務時間が終わると、家までの20マイル（32キロ）から30マイル（48キロ）を漕いで帰った。週末は200マイル（320キロ）漕ぐ日を1日はつくって、週平均700マイル（1127キロ）を超えるようにした。レース中は約2週間、ほぼ不眠不休で漕ぎ続けることになるからな。

競技人生最大のチャレンジに向けて、万全に備えておきたかった。

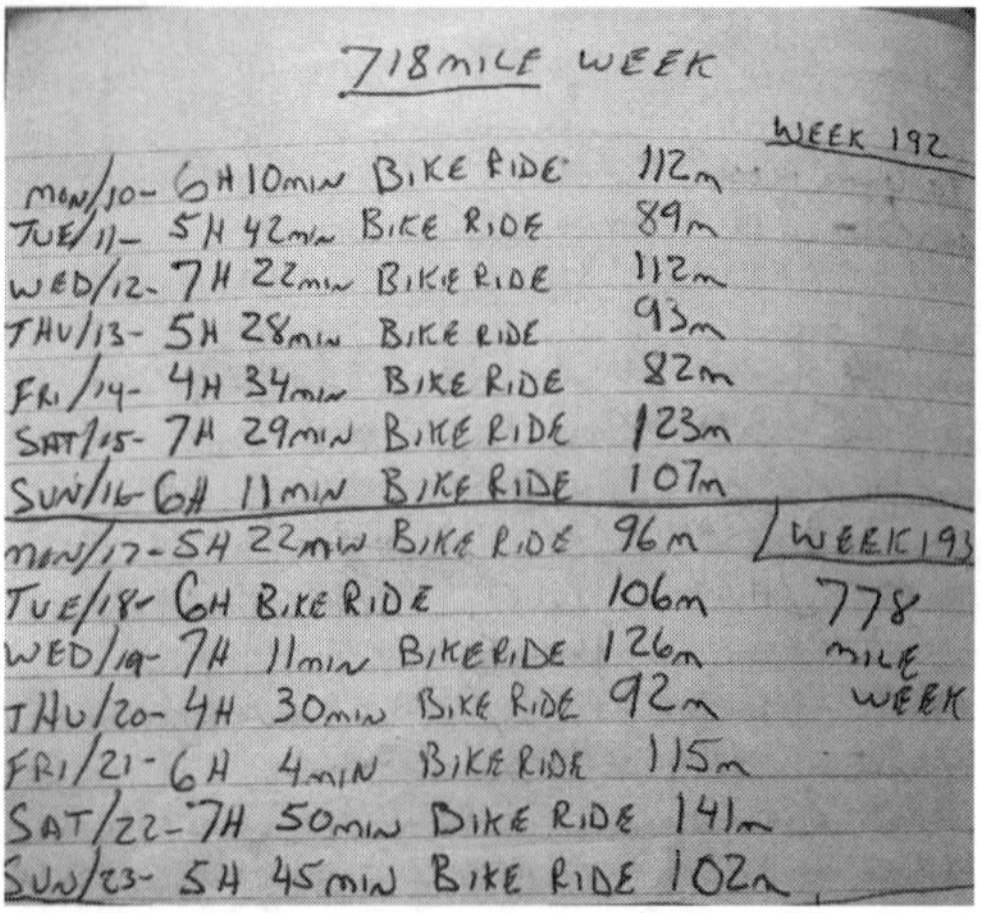
718 MILE WEEK

WEEK 192

MON/10 - 6H 10min BIKE RIDE 112m
TUE/11 - 5H 42min BIKE RIDE 89m
WED/12 - 7H 22min BIKE RIDE 112m
THU/13 - 5H 28min BIKE RIDE 93m
FRI/14 - 4H 34min BIKE RIDE 82m
SAT/15 - 7H 29min BIKE RIDE 123m
SUN/16 - 6H 11min BIKE RIDE 107m

WEEK 193

MON/17 - 5H 22min BIKE RIDE 96m
TUE/18 - 6H BIKE RIDE 106m
WED/19 - 7H 11min BIKE RIDE 126m
THU/20 - 4H 30min BIKE RIDE 92m
FRI/21 - 6H 4min BIKE RIDE 115m
SAT/22 - 7H 50min BIKE RIDE 141m
SUN/23 - 5H 45min BIKE RIDE 102m

778 MILE WEEK

ＲＡＡＭのためのトレーニング記録。

ところが5月初めに、すべてがひっくり返った。心臓が壊れた家電みたいに、いきなりおかしくなったんだ。何年も前からずっと30台だった安静時心拍数が、突然70、80台になり、ちょっと動いただけでひどい動悸がして倒れそうになった。まるでタンクが水漏れしているみたいに、エネルギーが体から失われていった。バイクで軽く5分走っただけで心拍数は150になり、階段を1階上っただけで心臓が破裂しそうだった。

最初はオーバートレーニングだと思ったよ。医者にもそう言われたが、念のためバルボア病院（サンディエゴ海軍医療センター）で心エコー図検査を受けることにした。検査技師が超音波診断装置の受信機《プローブ》にジェルを塗ってから、俺の胸に滑らせて異常を探した。俺は左側を下にして横になっていて、モニターが見えなかった。技師はおしゃべりで、心室と心臓弁を調べる間ずっとベラベラ話しかけてきた。

何も問題はないようだね、と言っていたのに、検査が始まってから45分ほどたつと、急にシーンと黙り込んじまった。聞こえてくるのは機械をクリックし、ズームする音だけ。技師は部屋を出て、数分後に別の技師を連れて戻ってきた。2人はクリックし、ズームし、小声で話していたけど、俺を内緒話に交ぜてくれなかった。


目の前で白衣の連中が、深刻そうにひそひそ話し合っていたら、相当マズい状況だってことがわかる。俺はめちゃくちゃ不安で、すぐにでも結果を知りたかったが、弱いと思われるのは癪《しゃく》だから、心を落ち着けて専門家の診断を待った。

しばらくするともう2人が部屋に入ってきた。1人は心臓専門医で、プローブを受け取って俺の胸に滑らせると、モニターを覗き込んで短くうなずいた。それから、部下の研修医にいつもやっているみたいに、俺の肩をポンと叩くと、「よし、話をしよう」と言った。

＊

「君は心房中隔欠損《ASD》症だ」と彼は言った。俺たちは、技師や看護師が忙《せわ》しなく行き来し部屋を出入りする、廊下に立っていた。俺がポカンと前を見つめていると、医者は俺が話を1ミリも理解していないのにやっと気づいた。「君は心臓に穴が空いているんだよ」と説明して、おでこをボリボリかいて、あごをなでた。「かなり大きな、ね」
「心臓の穴は、突然空いたりしないだろ？」
「そりゃね」と彼は笑った。「生まれつきだよ」

穴は右心房と左心房の間の壁（中隔）に空いていた。これは大問題だった。酸素を豊富に含んだ血液が、酸素を含まない血液と混ざってしまうからだ。酸素は、人体のすべての細胞が生きるために必要とする、重要な要素なんだ。医者によると、俺の心臓は筋肉や臓器の最適な活動に必要な酸素量の「半分」しか供給できていなかった。

その結果、足や内臓が腫れたり、動悸が激しくなったり、息切れしたりする。俺が最近疲れやすかったのも、これで説明がついた。

肺にも悪影響があった。血液が空いている穴を通って肺血管に過剰に流れるせいで、激しい運動や病気からの回復が遅くなる。1度目のヘルウィークで両側肺炎になった後、なかなか回復しなかったのを、俺は思い出した。肺にたまった水がいつまでも抜けなかった。2度目と3度目のヘルウィークや、ウルトラレースの最中と後にも痰が出た。

眠れないほどひどいこともあった。体を起こして空のゲータレードのボトルに痰を吐きながら、このうっとうしい儀式はいつ終わるんだろうとうんざりしたね。ほとんどの人はウルトラレースに出る時、体の使いすぎでケガをすることはあっても、心血管系に支障を来すことはない。俺はこのぶっ壊れた体でいろんな成果を挙げてきたけれど、体調が万全だったことは一度もなかった。

いつも苦しみをガマンして乗り越えていた。そしてこの時、医者の話を聞きながら、初めて気がついたんだ。俺はとんでもなく幸運だったんだ、と。

心臓に穴が空いているのに、死んでいなかったんだ。少なくとも、まだな。

ダイビングで急浮上する時に血液中にできる気泡は、普通は肺静脈を通って呼気として排出される。でも俺みたいにASDだと、気泡が動脈に流れ込み、「血栓」という爆弾になり体内を循環する。血栓は脳血管を塞《ふさ》いで脳卒中を引き起こしたり、心臓に向かう動脈を塞いで心不全を起こしたりすることがあるんだ。いつどこで爆発するかわからない時限爆弾を体内に抱えてダイビングするようなもんだね。

この症状に苦しんでいるのは俺だけじゃない。アメリカでは10人に1人の子どもがこの欠陥を持って生まれる。ほとんどの場合、穴は自然に塞がるから、手術は必要ない。手術が必要になるのは年間2000人ほどだ。最近ではスクリーニング検査の精度が上がっていて、学校に上がる前に手術するケースがほとんどだ。

でも俺たちの年代でＡＳＤを持って生まれた人のほとんどは、母親の腕に抱かれて退院し、致命的な問題を抱えていることを知らずに生きている。そして俺のように30代になってから、心臓にトラブルが起こり始めるってわけだ。もし俺がこの時の危険信号を無視していたら、４マイル（６・４キロ）走る間にポックリ逝《い》っていたかもしれなかった。

だから、ＡＳＤと診断された軍人は、輸送機からの降下も、スキューバダイビングもできなくなる。そもそも、俺がＡＳＤだとわかっていたら、ネイビーシールになることを許されなかった。こんな体でヘルウィークやバッドウォーター、その他のレースをやり抜くことができたのは、奇跡としか言いようがなかった。


「よくもその状態で、あれだけのことができたものだね」と医者はしみじみ言った。

俺もうなずいた。医者は俺のことを医学上の奇跡か、特異なケースか、強運な天性のアスリートだと思ったんだろう。


でも俺にとってこの事実は、「俺の業績は天性の才能や優れた遺伝子のおかげじゃない」という、新しい証拠でしかなかった。

俺の心臓にはクソみたいな穴が空いていた！　俺は永遠に半分しかたまらないエネルギータンクで動いていたんだ。俺の人生そのものが、「人間が全力を出せばとてつもないことができる」という、決定的証拠だった。

*

3日後、手術を受けた。

ところが医者がやらかした。まず、麻酔がうまく効かなかった。外科医が俺の腿の内側にメスを入れて、大腿動脈からカテーテルを心臓まで進め、メッシュ状のパッチを送り込み、所定の位置まで動かして心臓の穴を塞ぐのを、俺は半分目が覚めた状態でずっと感じていたんだ。その間、カメラが喉に突っ込まれていたから、2時間の処置の間、口を開けたまま苦しみもだえていたね。

やっとすべてが終わって、俺の問題は解決したはずだった。心臓の組織が育って穴を塞ぐまでにはしばらくかかると言われ、1週間後にやっと軽い運動の許可が出た。

了解。俺は家に帰るなり床で腕立て伏せを始めた。と、すぐに心臓が心房細動を起こした。心拍数は120から230に跳ね上がり、また120に戻ったかと思うと、250に急上昇した。めまいがして座り込み、心拍計を見つめて呼吸が落ち着くのを待った。安静時心拍数は80台だった。つまり、手術を受けても何も変わっていなかったんだ。

心臓専門医に電話で相談すると、手術の軽い副作用だから辛抱するようにと言われた。その言葉を信じて何日かおとなしくしてから、職場から家までバイクでひとっ走りした。最初は調子がよかったが、15マイル（24キロ）ほど走ったところでまた心房細動を起こし、心拍数がめちゃくちゃに上下した。

ケイトがすぐにバルボア病院に連れていってくれた。この時の診断と、2人目、3人目の医者の意見から、パッチが失敗したか、穴全体を塞げなかったことがわかり、2度目の手術が必要になったんだ。

海軍はこういったことを嫌う。合併症がひどくなるのを恐れた軍は、おとなしくして新しい日常を受け入れ、退職金を受け取ってやめろ、と言ってきた。

でも、はいそうですか、と引き下がるような俺じゃない。代わりに、バルボア病院で腕利きの医者を見つけた。けれど、次の心臓手術のことは数か月たたないと考えられないと言われた。その間、空中降下もダイブも、もちろん戦闘任務もできない。だから新兵勧誘活動を続けるしかなかった。生活はがらりと変わってしまい、いじけたくもなった。まさかの展開で、軍人としてのキャリアを断たれそうになったんだ。

でも、俺がこれまで自分を鍛えてきたのは、ウルトラレースのためじゃない。人生に立ち向かうためだ。このままおめおめと引き下がれるかってんだ。

被害者根性にとらわれていたら、このめちゃくちゃな状況から何も得られない。それに、いつまでも気落ちしていたくなかった。だからこの時間を利用して、新兵勧誘のプレゼンに磨きをかけた。完璧な事後報告書を書いた。事務作業の細部にまで気を配った。

つまらないって？　ああそうだよ、クソつまらなかった！　でもそれはまっとうで、必要とされる仕事だった。頭をシャープに保って、いつでも戦闘任務に戻れるように備えていたんだ。戻るつもりだった。

最初の手術の14か月後。俺はまたしても天井の蛍光灯を見つめたまま、ストレッチャーで病院の廊下から手術前処置室へと運ばれていた。成功する保証は何もなかった。技師と看護師に毛を剃られ、準備をしてもらいながら、軍での業績を振り返った。そして「これで十分なのか？」と自分に問いかけた。「これで治らなかったら、俺は納得して退役できるのか？」

この疑問が頭を駆けめぐる間、麻酔医が俺の顔に酸素マスクをかぶせて、耳元でやさしくカウントダウンした。意識を失う寸前、俺の真っ黒い魂の淵から湧き上がる答えが聞こえた。

「とんでもねえ!!」

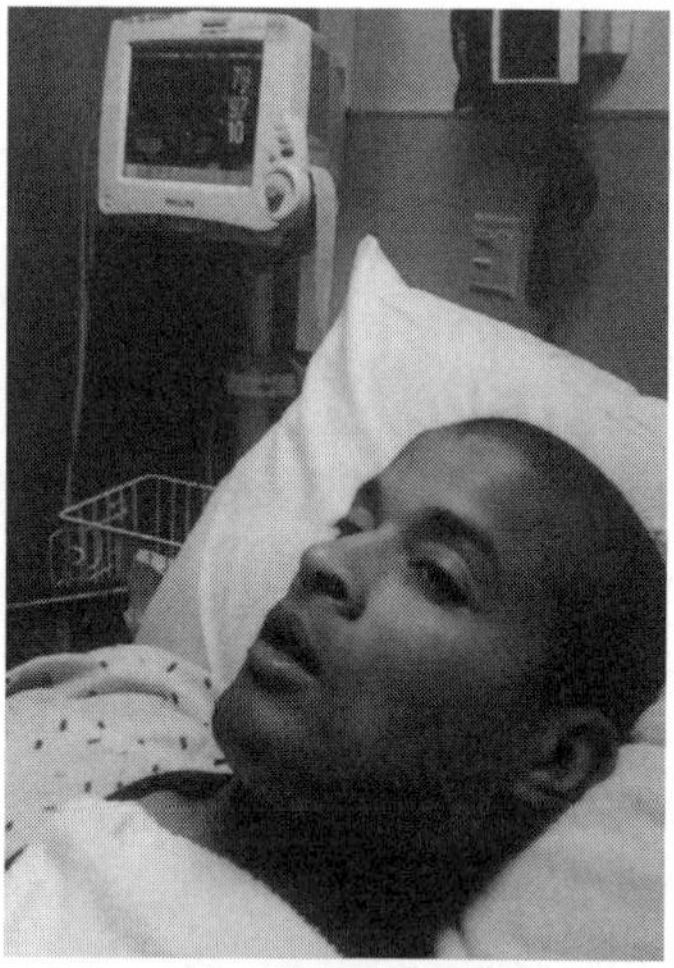
2度目の心臓手術の後。

チャレンジ#8 君の一日に潜む「ムダ」を見つけ、なくそう

毎日のスケジュールを立てよう！

このチャレンジでは、君の1日を細かく分けてほしいんだ。最近では「マルチタスク」とやらが求められ、そのせいで何もかもが中途半端になっちまっている。だから、今から3週間の「24時間ミッション」をやってほしいんだ。

まず1週目は、いつものスケジュールで動きながら細かくメモを取ろう。君はいつ仕事をしているのか？　一心不乱に働いているのか、それともスマホを見ながらダラダラやっているのか？（それを教えてくれるスマホのアプリもあるよ）食事休憩は何分取っているのか？　運動、テレビ観賞、雑談はいつ、どれだけしているのか？　通勤にどれくらいの時間をかけているのか？　車通勤なのか？

隅々まで調べて、それぞれのタスクに費やしている時間を記録しよう。これらが君の「基準値《ベースライン》」になる。そこから取り除ける無駄がたくさんあるはずだ。ほとんどの人は、1日に4、5時間も無駄にしているぜ。その時間を探して活用できれば、何だってできる。

2週目の最初に、理想のスケジュールを立てよう。君がやっているすべてのタスクを、15分か

30分単位のブロックに入れるんだ。1つのブロックでは収まらないタスクや、何日もかかるタスクがあっても構わない。そして一度に1つずつ、目の前のタスクだけに集中し、全力投球しよう。次のタスクの時間になったら、前のタスクは脇にどけて、またそれだけに集中しよう。

食事休憩は十分取ろう。ただし、終わりの時間をきっちり決めておくこと。運動と休息もスケジュールに入れることを忘れずにな。そして休息の時間になったら、心身をしっかり休めるんだ。メールをチェックしたり、SNSでくだを巻いたりするのは厳禁だ。全力で働くためには、頭も休ませる必要があるからね。

この理想のスケジュールを実行しながら、それぞれにかかった時間を記録しよう。まだ無駄になってる時間が見つかるはずだ。3週目も同じことをくり返せば、睡眠を削らずに、君の力を最大限に発揮できるスケジュールが完成するよ。

君のスケジュールを写真に撮って、ハッシュタグ　#canthurtme　#才能は不要　をつけてSNSにアップしてくれよな。

9章

非凡の中の非凡

それはたいてい、1人きりでいるヤバいやつだ

麻酔が効いてきて、俺はいつの間にか過去にタイムスリップしていた。俺たちは真夜中のジャングルを歩いていた。密かに、静かに、だがすばやく。そうする必要があったんだ。戦闘ではほとんどの場合、先手必勝だからな。

峠を上り、うっそうとしたジャングルにそびえるマホガニーの林に身を潜め、暗視ゴーグルでターゲットを追跡した。日差しがないのに暑さがひどく、露が窓ガラスを伝うように、汗がこめ

かみをツーッと流れ落ちた。27歳の俺は、『プラトーン』や『ランボー』の憧れを現実に生きていた。2度まばたきをしてフーッと息を吐くと、指揮官の合図で射撃を開始した。

毎分500~650発を連射する、ベルト給弾式機関銃「M60」の振動で全身が震えた。100連ベルトから次々と装填された弾が銃身から発射されるうちに、アドレナリンが血流に乗って脳を駆けめぐった。焦点が狭まり、俺の体と機関銃、容赦なく粉砕されるターゲット以外のすべてが視界から失《う》せた。

時は2002年。BUD/Sを卒業してフルタイムのネイビーシールになった俺は、世界一たくましく戦闘能力の高い戦士にして、世界一タフな男たちの仲間入りをした。まあ、あの頃はそう思っていたね。

でもこれは俺がウルトラレースの沼にハマる、何年も前のことだ。当時はまだ911同時多発テロ事件が、アメリカ人の意識に癒えることのない傷として生々しく残っていた。そしてこの事件は、俺たち特殊部隊員のすべてを変えてしまったんだ。戦闘はもう架空のできごとじゃなくなった。

アフガニスタンの山や村、街でリアルに起こっていた。俺たちはマレーシアで待機させられ、戦闘に加わりたい一心で、出動命令を待っていた。

実戦さながらの軍事演習をしながら。

BUD/S卒業後、俺はシール資格訓練に進み、そこで正式に三叉矛《トライデント》の海軍特殊戦章を授けられ、最初の小隊に配属された。マレーシアのジャングルで実戦訓練をした。低空飛行のヘリからロープを伝って上り下りした。狙撃手《スナイパー》の訓練を受ける隊員もいた。俺は体重が113キロに戻り、部隊一の巨体だったから、「ピッグ」の携行を任されたんだ。ピッグっていうのは、ブタのいななきのような射撃音からつけられた、M60の愛称だ。

シール資格訓練卒業(トライデントを突き立てられた時の胸の血痕に注目)。

*

ピッグは恐れられる武器だが、俺はあの機関銃に夢中だった。重量は本体だけで9キロ、100連ベルト1本が3・2キロだ。それを6、7本と(1本は銃に装填し、4本は腰に、1、2本は背嚢にくくりつけたポーチに入れる)、本体を持ち、23キロの背嚢を背負った。これらをどこにでも携行して、全員と同じようにすばやく動いた。その必要があった。訓練では実戦を再現する。そしてシールの戦闘での行動原則、「撃て、動け、伝えろ」を実践するには、実弾が欠かせない。

銃身の操作には細心の注意が必要だ。やみくもに発射するわけじゃないよ。それは味方への誤射のもとになる。とくにピッグで武装している時は、味方と敵の位置関係をつねに把握するために、筋肉の鍛錬と、細部にわたる注意が欠かせない。高い安全基準を守り、必要な時にターゲットを攻撃する能力が、シールを優れた戦闘員にしているんだ。

シールになれば誰でも仲間の輪に入れると、君は思うかもしれない。でもそうじゃない。俺はすぐ気がついたんだが、隊員は「信頼できる人間かどうか」をつねに値踏みされている。新米であれベテランであれ、「こいつは安全じゃない」と思われたが最後、仲間の輪から締め出されちまう！

俺と一緒に最初の小隊に配属された2人の新兵のうちの1人は、あまりにも危なっかしくて、銃を没収されちまった。小隊が10日かけて武器を携行しながらマレーシアのジャングルを昼夜移動し、ハンモックで眠り、防空壕を掘る間、そいつは魔女みたいにほうきを持たされていたよ。それでもついていけなくなって、とうとう部隊を追い出されたけどね。

この小隊の士官たちは規則を徹底し、全員を公正に扱った。そこを俺はリスペクトしていた。

＊

「戦闘が始まったら、いきなりランボーになれるわけじゃない」と、ダナ・デ・コスターが最近言っていた。ダナは俺の最初の小隊、シール・チーム5の副指揮官で、今はBUD／Sの作戦部長をしている。

「**俺たちがギリギリ限界まで自分を追い込んで訓練するのは、いざ実戦が始まれば、訓練で培った能力しか頼るものがなくなるからだ。**高いレベルの訓練を積んでいれば、敵の能力を上回っていると自信が持てる。ランボーとまではいかなくても、それに近づけるんだ」

シールズの武器や銃撃戦に惹かれる人は多いが、俺が仕事で一番好きだったのはそこじゃない。武器の扱いは得意だったが、それよりも自分との戦いを好んだ。厳しいPT（体力訓練）だ。最初の小隊ではそれができた。仕事前の朝に長いラン・スイム・ランをやった。ただ距離が長いだけじゃなく、士官たちが指揮する班に分かれて競い合ったんだ。

小隊では指揮官と副官のダナがずば抜けたアスリートで、俺たちの班長クリス・ベック（現在はクリスティン・ベックの名で、SNSで有名なトランス女性として活躍中、まさにオンリーワンだ！）もヤバいやつだった。

「実は」とダナは打ち明けた。「指揮官と俺は、あのPTを計画したわけじゃないんだ。最初はただ2人で競争していただけだった。俺は指揮官に勝ちたかったし、彼は俺に勝とうとした。それを見た連中の間で、タフな訓練が評判になって広まったんだ」

俺にとって、ダナは正真正銘の「クソヤバいやつ」だった。俺たちの小隊はグアムやマレーシア、タイ、韓国、インドネシアの巡回に出発する前に、カリフォルニア沖サン・クレメンテ島で潜水訓練をした。ダナはこの時の俺の水泳バディだった。ある朝ダナが、水温12度の海でウェットスーツを着ずにダイブしようと誘ってきた。シールズの前身組織は、第二次世界大戦のあの有名なノルマンディー上陸作戦に備えて、そうやって訓練していたんだ。

「昔風に短パン穿いて、ダイビングナイフ持ってやってみようぜ」と彼は言った。

ダナには動物的なところがあって、俺はそこが好きだったね。そして、そんな挑戦を突きつけられたら、受けるしかねえ！


その後もマレーシア軍の精鋭部隊を指導したり、タイの海軍特殊部隊のスキルを磨いたりしながら、東南アジア各地でスイムやダイブで競い合った。ちなみに2018年夏に、タイの洞窟に閉じ込められたサッカー少年を救出したダイバーも、タイ南部のイスラム武装勢力と戦っていたタイ海軍特殊部隊の隊員だ。でも、どこでどんな任務に取り組もうと、俺は朝のPTが一番好きだった。

そしてそのうち、小隊全員が競い合うようになった。俺はどう頑張っても指揮官と副官にはかなわず、いつも3位止まりだった。でも誰が勝ったかなんてどうでもよかった。全員が毎日のように自己ベストを更新していたことが、俺はうれしかったんだ。切磋琢磨できる環境が、小隊全体の団結力とパフォーマンスを高めていたぜ！

これこそ、俺がBUD／Sを開始した時から夢見てきた環境だ。小隊の全員がシールズ精神を実践していた。本物の戦場に行って、個人として、集団として能力を発揮するのが待ち遠しくてたまらなかった。だが、アフガニスタンで戦火が拡大する間も、俺たちは招集命令を待ち続けるだけだった。

*

２００３年のイラク侵攻は、韓国のボウリング場のテレビで知った。あれほどガックリしたことはなかったね。俺たちは、まさにああいう機会のために訓練に励んできた。過酷なＰＴで体を鍛え、武器と戦術の訓練に励み、戦闘への参加を待つ最強の部隊になった。なのにいつまでたっても招集されなかった。その鬱憤を晴らすために、毎朝競い合っていたんだ。

世界各地の軍事基地を訪れると、ネイビーシールズはロックスター並みの大歓迎を受ける。すっかりヒーロー気取りになって、羽目を外すやつらもいた。実際、ほとんどの隊員がそれなりに夜遊びを楽しんでいたよ。でも、俺は違う。

俺がシールズの一員になれたのは、自分をストイックに鍛え続けたからだ。だから夜は休息と充電に徹した。次の日の戦いに向けて心身を整え、いつでも戦闘任務に取りかかれる準備をしていた。そういう心がけを評価してくれる仲間もいたが、指揮官には「もっと肩の力を抜いて溶け込め」と言われ続けたね。

俺は指揮官に一目置いていた。彼は海軍士官学校とケンブリッジ大学を卒業した切れ者で、リーダーとしてもアスリートとしても優れ、誰もが憧れるＤＥＶＧＲＵ《デブグル》（海軍特殊作戦開発グループ）への配属が決まっていた。そんな彼の意見は、俺にとっても、全隊員にとっても大きな意味があった。指揮官には下士官を評価する責任があり、上官による評価は軍でのキャリアに大きく影響するからだ。

俺の初めての人事評価は、書面上は申し分なかったよ。指揮官は俺のスキルと全力投球の姿勢を高く評価していた。でもオフレコでアドバイスをくれた。「なあゴギンズ」と彼は言った。「もっと仲間に溶け込めば、仕事の理解も深まるぞ。戦場での任務のことを一番学べるのは、仲間と過ごし、話す時間なんだ。集団になじむことも考えろ」

この言葉は真理を突いていたからこそ、胸に堪《こた》えた。指揮官は、それにたぶんほかの連中も、俺のことをちょっと変わっていると思っていた。そりゃそうだ！　俺はゼロから這い上がってきた人間だ！　海軍士官学校に勧誘もされず、ケンブリッジ大学とやらがどこにあるのかも知らず、プールつきの大邸宅でも育たず、泳ぎは独学で覚えた。

俺はシールになるようなタマじゃない。だけど、努力でここまで来た。努力で仲間の輪に入れたと思っていた。でも、俺はシールチームの一員ではあっても、本当の仲間じゃなかったんだ。

仲間に認めてもらうために、仕事以外のつき合いをしろだと？　俺みたいな陰キャには無理ってもんだ。ふざけんな。

俺は血のにじむような努力をして、この小隊にたどり着いた。そして、努力をやめるつもりはなかった。みんなが夜遊びしている間、戦術や武器、戦争の本を読んだ。つねに学び続けていた！　俺はまだ存在もしない機会のために、自分を鍛えていたんだ。

当時、ネイビーシールズから独立した対テロ特殊部隊、「ＤＥＶＧＲＵ」の選抜試験を受けるには、２個以上の小隊での勤務経験が必要だった。でも俺はその前から準備をするのに忙しかった。自分の信念を曲げてまで、暗黙のルールとやらに合わせるつもりなんかなかった。

DEVGRU（と陸軍特殊部隊の「デルタフォース」）は、米軍特殊部隊の中でも選りすぐりの精鋭部隊だ。あの有名な「ウサマ・ビンラディン襲撃」のようなハイリスクの重要作戦を遂行するのが、この部隊なんだ。その存在を知って以来、俺はただのネイビーシールでいるだけでは満足できなくなった。

たしかにシールズは、一般市民から見れば非凡でタフなヤバいやつらだ。でも俺は気がついた。俺は「非凡の中の非凡」になりたいんだと。俺はそういう人間なんだ。だから一匹オオカミ路線をさらに貫くべきなのかもしれないな……。

そんなことを考え始めてまもなく、俺は朝の競争に初めて勝った。ランの最後の半マイル（800メートル）でダナと指揮官を追い抜き、そのまま振り返らずにフィニッシュしたぜ！

小隊任務は2年だ。ほとんどの隊員は、任務を終えると次の小隊に向かう前に息抜きをする。アメリカが関わっている戦争を考えると、次は戦場行きがほぼ確定していたからね。でも、俺は休息を取りたくもなかったし、その必要もなかった。**非凡の中の非凡には、休息なんか必要ねえんだ！**

＊

例の人事評価の後、俺は海軍以外の軍種（沿岸警備隊を除く）の特殊部隊を調べ始めた。ネイビーシールズは「米軍最強」の特殊部隊だという誇りがあるけれど、本当にそうなのか、自分の目で確かめたかった。どの軍種にも、困難な状況に負けない人材を集めた精鋭部隊があるんじゃないかと思った。そういう男たちに交じって訓練をして、自分を高めたかったんだ。

リサーチをする中で、「陸軍レンジャースクール」が、米軍最高のリーダー養成学校の1つだと知った。そこで最初の小隊任務の合間に、指揮官に「伝票《チット》」を7枚も送った。任務と任務の間に陸軍レンジャースクールに入学させてほしい、知識を吸収して特殊部隊員としてのスキルを高めたい、と訴えたね。

チットっていうのは、特別要請のことだ。最初の6枚はスルーされた。なにしろ俺はただの新人だ。陸軍なんかに迷い込まずに、海軍の特殊部隊にとどまれ、ってわけだ。でも俺が任務で高い評価を得るにつれて、7枚目のチットが上に上げられ、ついにシール・チーム5の司令官のもとに届いた。司令官の署名を得て、俺の入学が決まった。

「ゴギンズよ」と、指揮官は吉報を知らせてから言った。「おまえは自分の苦しみ耐性を知るためだけに、戦争捕虜になりたがるようなヤバいやつだな」

指揮官は俺を見抜いていた。俺がどんな人間になろうとしているのかを知っていた。「とことんまで自分を追い込む人間」だ。

指揮官とは握手して別れたよ。彼はDEVGRUへの配属が決まっていて、近いうちにそこで再会する可能性があったんだ。というのも、指揮官が教えてくれたんだが、わが国が2つの戦争に関与していることを考慮して、当時の俺のような、1つ目の小隊任務を終えた隊員も、DEVGRUを受験できるようになったからだ。

俺はつねにチャンスを探し、まだ存在もしないチャンスのために心身を鍛えていた。そしてその甲斐あって、シール・チーム5の上層部の承認を得て、陸軍レンジャースクールに行く直前に、DEVGRUの訓練プログラム「グリーンチーム」の選抜試験を受けることになったんだ。西海岸シールズのうち、選抜試験を受けることができたのはほんの数人だった。〔シールズは西海岸と東海岸に配備されている〕

グリーンチームの選抜試験は、2日間にわたって行われる。

1日目は体力審査だ。3マイル（4・8キロ）のランに、1200メートルのスイム、3分間の腹筋と腕立て伏せ、最大回数の懸垂など。俺は全員を総なめにしたぜ。最初の小隊の訓練のおかげで、スイムとランが飛躍的に向上していた。

2日目は面接だが、面接というよりは尋問に近かったね。結果、18人の選抜クラスからグリーンチームに選ばれたのは、たった3人。もちろん俺もその1人だ。2つ目の小隊任務の後で、DEVGRUの一員になれる可能性に一歩近づいた。その日が待ち遠しくてたまらなかった。

これは2003年末のことで、俺の特殊部隊でのキャリアは、期待通り大きく開かれようとしていた。非凡な精鋭たちの中でも最も非凡であることを証明し続け、「1人の真の戦士」に順調に近づいていたぜ。

数週間後の12月初め、今度は陸軍レンジャースクールに入学するために、ジョージア州のベニング基地に到着した。308人の訓練生のうち、海軍から来たのは俺だけで、教官たちに疑わしげな目で見られた。いくつか前のクラスで、ネイビーシールズが2人落第していたんだ。当時、陸軍レンジャースクールに来るシールズは、処罰として送り込まれることがあったから、模範的な隊員ばかりじゃなかったのはたしかだ。

教官たちは、俺が自分から志願して来たことを知らず、俺を「特殊部隊の生意気なクソガキ」としか見ていなかった。訓練開始からわずか数時間で、俺たちは所属も評判も業績もはぎ取られ、ただの一介の訓練生に成り下がっていた。ここでは士官の称号も特殊部隊員の地位も考慮されない。誰もが無名の存在として、一から実力を証明しなくてはいけない。

訓練生は初日に3グループに分けられ、俺はなんとブラボー隊〔米軍では聞き間違いを防ぐために A、B、C…隊と呼ぶ代わりに、アルファ、ブラボー、チャーリー…隊と呼ぶならわしがある〕の隊長に任命された。なぜ俺が選ばれたかって？　元の隊長が懸垂の後で「レンジャー信条《クリード》」の暗唱を命じられ、疲れすぎてしくじったからだよ。

レンジャーにとってはクリードがすべてだ。レンジャー教官は怒り狂って、気をつけの姿勢を取る俺たちブラボー隊を1人ひとり見定めながら言った。「おまえらがどういうつもりかは知らんが、レンジャーになるにはクリードを知らねばならない」。そして、俺をにらみつけて続けた。「だが、この海軍野郎がレンジャークリードを知らないのは、間違いないな」

ところがどっこい、俺は何か月も前から信条を学んでいたね。逆立ちしたって言えただろう。コホン、と咳払いをすると、声を限りに叫んだ。

「私はみずからの選んだ職業の危険性を十分理解してレンジャーに志願したことを認識し、レンジャーの威信と名誉、高い団結心を保つことをつねに心がける！」

「驚いたな……」と言って教官は俺をさえぎろうとした。だが、俺はまだ終わっちゃいねえぜ。

「レンジャーが陸上、海上、空中での戦闘の最前線に到達する精鋭兵であることを認識し、レンジャーとして、どの兵士よりも遠くまで、速く動き、果敢に戦うことを、わが国に期待されているという事実を受け入れる！」

指揮官は苦笑いしながらうなずき、もう邪魔しようとはしなかった。

「けっして仲間を裏切らない！　鋭敏な精神と強力な肉体、高い倫理をつねに保ち、あらゆる任務に全力を尽くす！

「自分が特別に選ばれ、十分な訓練を受けた兵士であることを、世界に雄々しく示す！　上官への礼儀正しさ、適切な身だしなみ、装備の管理で、人々が見倣うべき模範となるよう心がける！

「祖国の敵に精力的に立ち向かう！　訓練で勝り、全力で戦う私は、戦場で敵を倒す！　降伏はレンジャーの言葉ではない！　倒れた仲間を敵の手にけっして渡さず、いかなる状況でも国に迷惑をかけない！

「たとえ最後の生き残りになっても、レンジャーの目標にかけて戦い、任務を完了する不屈の精神を示す！

「レンジャーが道を拓《ひら》く！」

俺が6節全部を暗唱すると、指揮官はやれやれと首を振って、最後にオチをつけた。「おめでとう、ゴギンズ」と彼は言った。「おまえが隊長をやれ」

俺はびっくりして小隊の前で立ち尽くした。これからは、小隊を行進させ、訓練生に将来の試練に立ち向かう準備をさせることが、俺の仕事になる。つまり、彼らのボスとなり、アニキとなり、フルタイムの教官となるってことだ。自分1人が卒業するのでさえ難しいのに、今や100人の仲間の面倒を見て、全員が成功できるように手を貸してやれというんだ。

それに加えて、みんなと同じ強化訓練もやる必要があった。でもそっちは楽勝で、むしろまったりできる時間になった。ただ、俺の取り組み方は前と変わっていたよ。

BUD／Sでボートクルーのリーダーを務めた時は、クルーに「全力を出そうぜ」と厳しくハッパをかけたが、ほかのボートクルーが脱落しようが、知ったことじゃなかった。でもここでは、クラスの全員に力を出させ、全員の面倒を見た。ナビゲーションやパトロールで困っていたり、走りについていけない、一晩中起きていられない、といったトラブルを抱えていたりする訓練生がいたら、みんなで助け合うようにした。

だが、全員が助け合いの精神を持っていたわけじゃない。あまりのつらさに、教官の目の届かないところで手を抜いて、隠れて休むやつらもいたね。それでも、俺はレンジャースクールでの69日間を、1秒たりとも惰性で過ごさなかった。真のリーダーになろうとしていたんだ。

＊

レンジャースクールの目的は、ハイレベルのチームを指揮するためには「どんな資質が必要か」を、全員に肌で理解させることにある。

訓練生は6つの試験フェーズの訓練を受け、ナビゲーション、武器、ロープテクニック、偵察、リーダーシップの各観点から評価される。とくに、野外での演習は「捜し物競走」と「耐久レース」を足して2で割ったようなもので、スパルタ的で過酷なタスクを次々とクリアしていかなくてはならない。この演習は、合わせて3つの試験フェーズに分かれている。

最初の「ベニングフェーズ」では、12人ずつのチームに分かれて、ベニング基地の山麓で4夜5日を過ごす。1日に携行食《MRE》を1、2個というなけなしの食料とたった2時間の睡眠で、時間と戦いながら、険しく厳しい地形を拠点から拠点へと移動するんだ。各拠点で与えられた一連のタスクを遂行して、さまざまなスキルの達成度を評価される。リーダーは、訓練生の間で持ち回りだ。

第2の「山岳フェーズ」は、ベニングフェーズとは比べものにならないほど難しくなる。今度は25人ずつのチームに分かれて、ジョージア州北部のアパラチア山岳地帯を移動する。

アパラチアの冬はクソ寒い。前に山岳フェーズで、鎌状赤血球形質を持つ黒人訓練生が死亡したことがあった。陸軍は心配して、緊急アラートを医療班に送るための特別な赤いタグを俺につけようとしたよ。でも俺はリーダーだ。クルーにひ弱と思われるわけにはいかない。だから拒否した。

山岳地帯では、懸垂下降や岩登りなどの山岳スキルを学び、奇襲テクニックや山岳パトロールのスキルを磨いた。それらの達成度を測るために、4夜の「野外訓練演習（FTX）」を2度やった。2度目のFTXは嵐の中でやったよ。寝袋も防寒着もなく、食料はまたもや最低限。体を温めるものはポンチョライナー〔ポンチョにとりつけて簡易寝袋にするための薄い毛布〕とお互いの体温しかなかった。これは大問題だったね。俺たちの体はひどい悪臭を放っていたんだ。

ろくな栄養も摂らずにカロリーを燃やしすぎたせいで、脂肪がすっかり失われ、代わりに筋肉を燃やしていた。暖を求めて身を寄せ合うと、お互いの腐ったような体臭で、涙が出てオエッとなった。嵐で視界は1メートルしかない。みんな恐怖に目を見開き、ゼイゼイ、ゲホゲホ言いながらガタガタ震えていた。その夜は、誰が凍傷や低体温症、肺炎で死んでもおかしくなかった。

ＦＴＸで眠る時は、交代で四方の安全を確保しながら、短時間で休息を取らなくてはいけない。でも、われらがブラボー隊は嵐に屈して、安全確保を怠った。いつもは誇り高きタフな連中も、この時ばかりは「生き残ること」しか考えられなくなったんだ。本能なんだから仕方がないし、あまりの悪天候に教官もとがめなかった。

だが俺にとってこの冬の嵐は、群れから抜け出し、手本となる行動でリーダーシップを示す、絶好のチャンスだ。嵐は「非凡の中の非凡」になるための舞台だ。

*

君がどんな人であれ、君の人生には非凡になれるチャンスが必ず訪れる。そんなチャンスを味わい、楽しむやつが、どんな世界にもいる。 そういうやつは見ただけでわかる。それはたいてい、1人きりでいるヤバいやつだ。

みんながバーで飲んでいる間、1人深夜まで残業するやつ。48時間の作戦行動が終わった足で、ジムに行くやつ。24時間原野火災の消火に当たってから、寝袋に入らずにチェーンソーを研ぐやつ。

そういう考え方は、男、女、異性愛者、ゲイ、黒人、白人に限らない。日夜飛び回り、帰った家が散らかっていたら、家族やルームメイトを責める前に、自分でさっさと片づける。やり残した仕事を放っとけないんだ。

そういうとんでもないやつらは、世界中どこにでもいる。所属も学歴も、階級もメダルも関係ない。やつらは、「明日は来ないかもしれない」という意識を持って行動する。明日は本当に来ないかもしれないんだから。

そういうやつらは、自分より仲間を先に考え、ほかとは違う「行動基準」に沿って動く。たとえば、「どんなネガティブもポジティブに変える」、といった基準だ。そして、いざという時に先頭に立って導く覚悟がある。


あの猛嵐の日、アパラチアの山頂で俺は考えた。現実の戦場では、敵が嵐を格好の隠れみのに攻撃してくるかもしれない。だから俺は、みんなと身を寄せ合って暖を取らなかった。集中モードに入って、吹雪に進んで立ち向かい、使命感を持って西方を監視した！　その一瞬一瞬を心ゆくまで味わった。風に目を細め、頬をひょうに打たれながら、夜のしじまに向かって、理解されない魂の奥底から雄叫《おたけ》びを上げた。

その声を聞いて、数人が木立から飛び出して北へ向かい、背筋を伸ばして立った。するともう

1人が東へ向かい、さらにもう1人が南の斜面の縁に立った。全員がクソ薄いポンチョライナーに身を包んで、ガタガタ震えていた。誰も吹雪に打たれたくなんかなかった。それでも敢然と立ち上がって、務めを果たしたんだ。

俺たちはレンジャースクール史上最悪の嵐にも負けず、教官に「中に入って暖を取れ」と無線で言われるまで、ずっと安全を確保していた。そう、鬼の教官たちも、あの日はさすがにテントを設営したんだ！　俺たちはテントになだれ込み、身を寄せ合って嵐をやり過ごした。

*

レンジャースクールの最終週は「フロリダフェーズ」と呼ばれる、10日間のFTXだ。フロリダ州北西部を50人の部隊で、GPS地点からGPS地点へと移動していく。まず高度457メートルの地点から、ウォルトンビーチ基地近くの極寒の沼地に向かって、スタティックライン降下〔自動開傘索式パラシュートを使った空挺降下〕した。

歩いたり泳いだり、ロープの吊り橋を渡して四つん這いで後ずさりしたりしながら、川を渡った。水温は0度から7度ほどで、体が乾く暇もないんだ。1994年の厳冬に、4人のレンジャー候補生がフロリダフェーズ中に低体温症で死亡した話はみんな知っていたよ。

砂浜の近くで骨の髄まで凍えていると、いやでもヘルウィークの苦しみを思い出したね。足を止めるたび、みんなガタガタ震えながら身を寄せ合っていた。俺は例によって一心に集中し、弱みを見せることを拒否した。

でもこの時俺がめざしたのは、教官の魂を奪うことじゃない。苦しむ仲間を励ますことだ。チームメイトが吊り橋を渡る手伝いをするためなら、6回でも7回でも川を渡ったね。横についてやり方を手取り足取り教え、彼らが好成績を取れるよう手助けした。

俺たちは睡眠も食事もろくに与えられずに、偵察タスクをこなし、中間地点を通過し、橋や武器を設置し、奇襲を準備し、交代で50人の部隊を指揮した。仲間は疲れ果て、飢え、凍え、苛立ち、やめたがっていた。ほとんどの訓練生が、極限状態まで力を出し切っていた。俺もその状態に近づいていたけれど、指揮する番が来ればみんなに手を貸した。そうでなければリーダーとは言えない。それが、69日間のレンジャースクールで俺が学んだことだ。

真のリーダーは疲労を乗り越え、傲慢を嫌い、弱い仲間を見下さない。仲間のために戦い、模範を示す。それこそが、非凡の中の非凡になるってことだ。ずば抜けた存在になり、仲間もそうなれるよう手助けするんだ。

ただね、俺はこの教訓をもっともっと深く心に刻み込むべきだった。このわずか数週間後に、リーダーの資質がまったく足りないことを、シールズの上官に見抜かれてしまったんだ。

レンジャースクールはクソみたいに過酷で、求められるレベルも高い。３０８人のクラスで卒業できたのはたった96人。その大半が俺たちブラボー隊員だった。俺は名誉下士官として表彰された。それだけじゃない、相互評価でクラスの全員が、俺を高く評価してくれたんだ！

俺にとっては、このことが一番大きかった。クラスメイトが、仲間の脳筋たちが、過酷な状況

レンジャースクール名誉下士官の認定書。

での俺のリーダーシップを評価してくれたことにグッときた。どんなに「過酷」だったかは、鏡に映ったヨレヨレの姿が物語っていた。

レンジャースクール中に体重は27キロも落ちた。死神のように頬がこけて、目が落ちくぼみ、上腕二頭筋が消滅した。クラス全員がやせ衰えた。1ブロックも走れなくなった人や、40回できた懸垂が1回しかできなくなった人もいたよ。

陸軍はこれを見越して、フロリダフェーズが終わってから卒業式までの間に、3日間の休養期間を置いて、家族が卒業式に来る前に俺たちを太らせようとしたね。

最後の野外訓練が終わったとたん、みんなで食堂に向かって突進した。俺はドーナッツとフライドポテト、チーズバーガーをトレイに山盛り載せて、ミルクマシンを探した。人生どん底の時期にチョコレートシェイクを飲みすぎたせいで、体が乳製品を受けつけなくなり、ずっと乳製品は口にしていなかった。でもこの日は子どもみたいに、「どうしても牛乳を飲みたい」という動物的な欲求を抑えられなかった。

ミルクマシンを見つけ、レバーを押し下げて目を疑ったね。出てきたのはカッテージチーズみたいなドロドロの液体だった。肩をすくめて鼻を近づけたら、ヤバすぎるにおいがしたけど、天からの恵みのように飲み干した。生き延びた者が、腐った牛乳でもありがたく飲めるようになるほどの、壮絶な訓練だったぜ！

＊

レンジャースクール卒業生のほとんどは、その後2週間ほど休暇を取って、体を休め、落ちた体重を戻そうとする。でも俺は卒業式を終えた足でそのままコロナドに直行して、海軍での2つ目の小隊に合流した。この時も、時を置かずに次の任務に就くことが、「非凡の中の非凡」になるチャンスに思えたんだ。誰にどう思われようと、自分で決めた非凡な行動基準に従いたかった。

俺はBUD／Sでも、シールズ入隊後も、最初の小隊からレンジャースクールまでのすべての任務で、「タフでクソヤバいやつ」という評判をもらった。そして、2つ目の小隊で指揮官によってPT長に任命されると、自分のやってきたことが「正しかった」と認められた気がした。高みに上るために努力する仲間と切磋琢磨できる環境に戻れて、めちゃくちゃうれしかった。

やる気に燃えた俺は、戦闘のための体づくりの方法を考えた。イラクへの派遣は間近に迫っていた。俺は「戦場で最もタフなシール小隊をつくる」って使命を自分に課した。それは高いハードルだった。初代ネイビーシールズの伝説が、いつも俺の心の中にあった。彼らのように、月曜に5マイル（8キロ）泳ぎ、火曜に20マイル（32キロ）走り、水曜に4300メートルの頂《いただき》に登るような訓練がしたかった。俺は雲みたいに高い期待を持って、メニューを考えたね。

第1週。毎朝5時に集まり、ラン・スイム・ランまたは12マイル（19キロ）の重りランをすませてから、障害物コースを1周。丸太を担いで土堤を越え、腕立て伏せを数百回。俺たちをシールズに変えた、あの熾烈なワークアウトの再来だ。

メニューは日を追うごとに過酷になり、1、2週間で全員がボロぞうきんになった。特殊部隊の精鋭たちは、何をやるのでもうまくやらないと気がすまない。でも俺がPTを指揮する限り、そう簡単にはいかなくなった。なぜって、俺が絶対に休息を与えなかったからだ。全員が打ちのめされ、弱みをさらけ出した。まさに俺の狙い通りだ。

ただ、毎日しごかれまくりたいなんて思うやつはいない。2週目になるとPTの参加率がガタ落ちして、俺は指揮官と小隊長に脇に呼ばれちまった。

「おいおい」と指揮官は言った。「いい加減にしないか、何だこれは?」

「ゴギンズよ、もうBUD/Sじゃないんだぞ」と小隊長。

俺がやりたかったのは、BUD/Sを再現することなんかじゃない。シールズの精神を日々実践して、三叉矛に恥じない活動がしたかったんだ。なのにみんな、自分のペースでPTをやりたがった。つまり、1人でジムに行って筋肉をつけるってことだ。

誰も過酷な肉体的試練を望まず、もちろん俺の勝手な基準を押しつけられることも望まなかった。その気持ちもわかるが、俺はなんだかがっかりして、彼らの行動力や実行力へのリスペクトをすっかり失ってしまった。

軍にいる間ずっと野獣のようなワークアウトを続けたいと、誰もが思っているわけじゃない。それはもちろん俺にもわかる。でも俺が小隊の仲間と距離を置くようになったのは、「楽を求める気持ち」に屈したくなかったからだ。

俺は自分と戦い続けることで高みをめざしたかった。BUD／Sの精神を受け継ぎ、自分の可能性を押し広げ続けることが、シールの務めだと信じていた。でも、「世界一タフな男たち」としてあがめられるネイビーシールズが、必ずしもそうじゃないことを、この時思い知らされた。

＊

俺はレンジャースクールを終えたばかりだった。そこでは称号や肩書きは何の意味も持たない。たとえ将軍であっても、訓練生になれば基礎訓練を始める下士官と同じ服装をする。未来も過去も持たず、全員が幼虫に生まれ変わって、ゼロからスタートする。この考え方が俺の性《しょう》に合っていた。

外の世界で何を成し遂げようと、レンジャースクールでは誰もがただの1人の人間だ。俺はこれを自分の信条にすることにした。それは永遠の真理なんだ。スポーツや仕事、プライベートでどんなにすごいことをやり遂げても、それで満足してしまってはいけない。人生は、刻一刻と局面が変わるゲームだ。その中で自分を高めていくか、いかないかは、君次第だ。

勝利を祝うのはもちろん大切だよ。勝利には人間を変えてしまうほどの大きな力がある。でもいったん祝ったら、騒ぐのはもうやめて、新しいトレーニングメニューや新しい目標を考え、次の日にはまたゼロからスタートしたい。俺は毎朝目を覚ますと、BUD／Sの第1週1日目に戻ったつもりで、1日を始めている。

ゼロからのスタートは、「自分はまだ満足していないし、けっして満足することはない」という意思表明だ。君の心身はまだまだ強靭に、鋭敏になる。君の能力や信頼性はまだまだ高められる。だから、「もうやるべきことはない」なんて思っちゃいけない。やることはいくらでもあるんだ。

たとえば君がベテランのスキューバダイバーなら、器材を下ろして息を大きく吸い、30メートル素潜《すもぐ》りしよう。トライアスロン選手なら、ロッククライミングを学ぼう。事業で大成功しているなら、新しい言語やスキルを学ぶか、新しい学位を取ろう。**無知を認めて、クラス一の劣等生に戻るんだ。**それが、君の知識を増やして、新しい道を切り拓き、思考の幅と視野を広げる、たった1つの方法だ。

俺が小隊長と指揮官に叱責されたのは、2つ目の小隊に配属されて2週目のことだった。指揮官たちが「毎日ゼロからスタートする必要などない」と考えていると知って、ショックだった。

俺がこれまで見てきたシールズの仲間は、全員がタフで能力が高かった。シールズのやり甲斐のある任務と仲間意識、そしてスーパースター扱いを気に入っていた。シールズの一員であることを喜んでいた。でも、ゼロからのスタートになんか興味がない人もいた。特殊部隊の一員になっただけで満足していたんだ。

これはとてもよくある考え方だ。ほとんどの人は、ある程度努力すると、そこでやめてしまう。レベルがそこそこ上がったら、羽を伸ばして努力の見返りを味わう。でも、そういう考え方をなんて呼ぶか知ってるかい？「ヤワ」っていうんだ。俺はそれに耐えられなかった。

＊

俺にも守るべきメンツがあった。だから仲間にせっかくの特製メニューを拒否されると、ますますムキになった。一人でさらに厳しいワークアウトをやり込んで、彼らの気持ちを逆《さか》なでした。でもそれはＰＴ長としてあるまじき行動だった。仲間に手本を示して努力を促すべきだったのに、彼らをヤワだと決めつけ、苛立ちをぶつけるなんてな。

レンジャースクールを終えてたった1週間で、俺のリーダーシップは地に落ちた。俺は自分の置かれた状況を理解せず、仲間をリスペクトもしなかった。自分のやり方を押しつけて反感を買った。指揮官を含め、誰も俺のやり方をわかってくれようとはしなかった。

要するに、彼らも俺も、自分にとって抵抗のない「一番楽な道」を選んじまったんだ。でも俺は自分を肉体的に追い込むことに精一杯で、そのことに気づきもしなかった。

俺には味方が1人だけいたよ。カリフォルニア州サン・バーナーディーノ出身の消防士と秘書の息子、スレッジだ。スレッジはBUD／Sの参加資格を得るために、俺と同じく自力で泳ぎを覚えて水泳テストに合格した。スレッジは俺の1つ年上だが、小隊はこれで4つ目だ。大酒飲みで肥満気味で、人生を変えたいと思っていた。

俺が小隊長と指揮官に呼ばれた次の日、スレッジは朝5時に準備万端整えて、PTにやってきた。俺は4時半から始めて、すでに一汗かいていた。

「あんたのワークアウトのやり方が好きなんだ」とやつは言った。「だから俺は続けたい」

「了解」

それ以降俺たちは、コロナドだろうと、ニランドだろうと、イラクだろうと、どこにいても毎朝一緒にワークアウトをした。朝4時に待ち合わせて始めた。山の斜面を上り下りしてから、障害物コースを高速で駆け抜け、丸太を担ぎながら土堤を上り下りして、砂浜を往復することもあったね。

BUD／Sでは丸太を6、7人で担いだが、俺たちは2人でやった。懸垂回数を1回、2回から20回まで毎セット増やし、そこからまた1回まで減らしていく、懸垂ピラミッドと逆ピラミッドをやった。懸垂のセットの合間には、12メートルのロープを上った。「朝飯前の懸垂1000回」が、俺たちの新しい日課になった。最初は懸垂10回1セットがせいぜいだったスレッジだが、数か月で16キロ減量して、10回100セットできるようになったぜ！
戦時下のイラクでは長いランができなかったから、ウェイトルームに入り浸った。デッドリフト〔床に置いたバーベルを持ち上げて胸を張る動作〕を数百回に、ヒップスレッド〔バーベルやプレートを取りつけた台を、台車のように足で押したり引いたりする動作〕を数時間。あれはオーバートレーニングなんてものじゃなかったね。でも筋肉疲労や故障なんて気にしなかった。ある時点を越えると、体より心が鍛えられていくからだ。

俺たちがめざしていたのは、速く走ることや、小隊最強の男になることじゃない。**苦しみを受け入れることで、死ぬほど不快な環境でも平静を保つための訓練をしていたんだ。**そして任務では実際に不快な環境に投げ込まれることが多かった。

小隊には「俺とスレッジVS残り全員」という明らかな対立があったにせよ、イラクでは協力して活動した。

でも職務を離れたところでは、俺がめざす状態と、俺の目から見た彼らの状態の間には大きなギャップがあって、俺は失望を隠しもしなかった。いつもとんがっていたから、「デイビッド・ほっといてくれ・ゴギンズ」なんて呼ばれていた。

俺が失望を感じたのは、彼らのせいじゃない。俺が勝手に期待して、勝手に失望していたんだ。そのことに気づきもしなかった。

これが、非凡の中の非凡になることの苦しみなんだ。非凡の中の非凡をめざせば、ギリギリま

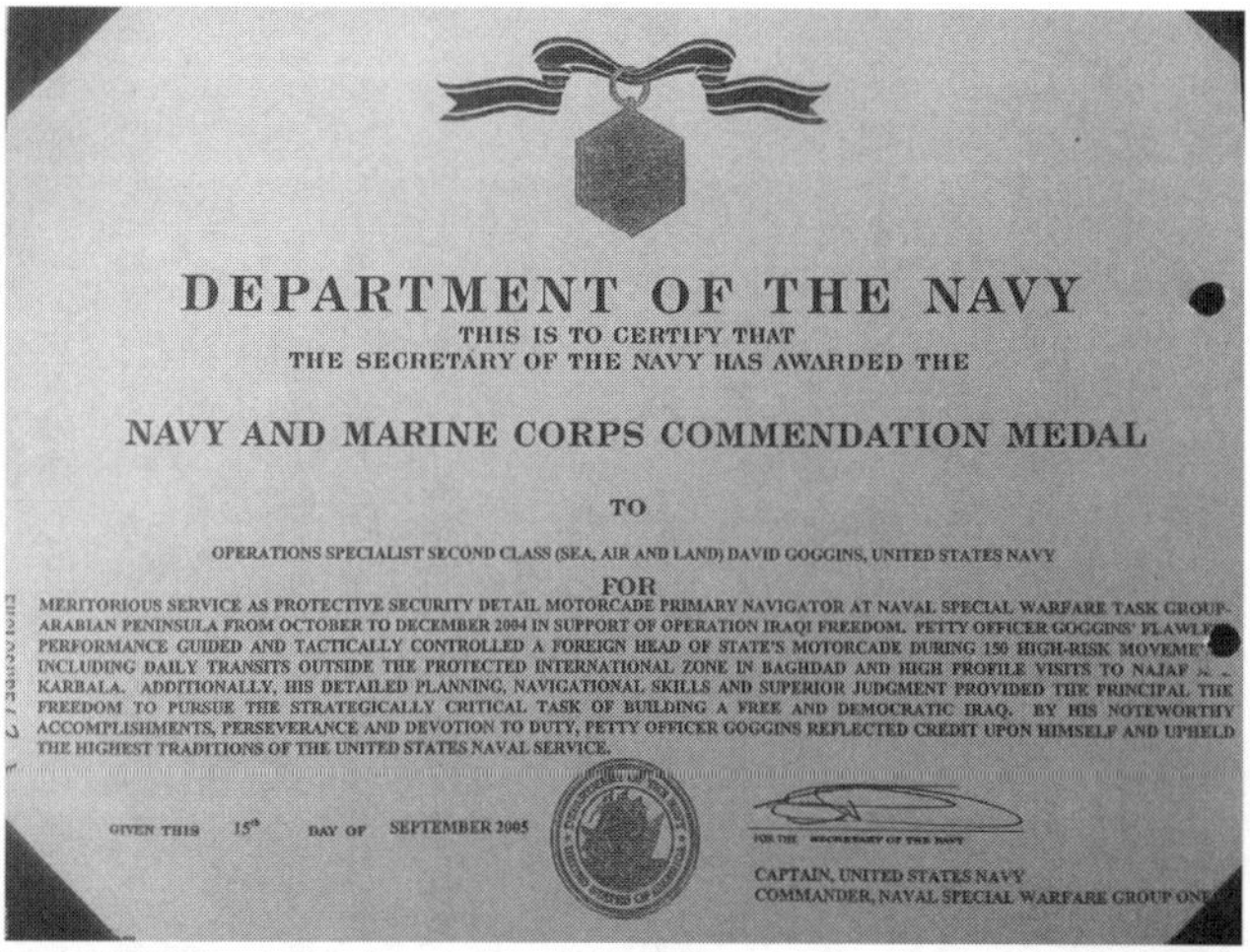
DEPARTMENT OF THE NAVY
THIS IS TO CERTIFY THAT
THE SECRETARY OF THE NAVY HAS AWARDED THE

NAVY AND MARINE CORPS COMMENDATION MEDAL

TO

OPERATIONS SPECIALIST SECOND CLASS (SEA, AIR AND LAND) DAVID GOGGINS, UNITED STATES NAVY

FOR

MERITORIOUS SERVICE AS PROTECTIVE SECURITY DETAIL MOTORCADE PRIMARY NAVIGATOR AT NAVAL SPECIAL WARFARE TASK GROUP-ARABIAN PENINSULA FROM OCTOBER TO DECEMBER 2004 IN SUPPORT OF OPERATION IRAQI FREEDOM. PETTY OFFICER GOGGINS' FLAWLE PERFORMANCE GUIDED AND TACTICALLY CONTROLLED A FOREIGN HEAD OF STATE'S MOTORCADE DURING 150 HIGH-RISK MOVEME INCLUDING DAILY TRANSITS OUTSIDE THE PROTECTED INTERNATIONAL ZONE IN BAGHDAD AND HIGH PROFILE VISITS TO NAJAF KARBALA. ADDITIONALLY, HIS DETAILED PLANNING, NAVIGATIONAL SKILLS AND SUPERIOR JUDGMENT PROVIDED THE PRINCIPAL THE FREEDOM TO PURSUE THE STRATEGICALLY CRITICAL TASK OF BUILDING A FREE AND DEMOCRATIC IRAQ. BY HIS NOTEWORTHY ACCOMPLISHMENTS, PERSEVERANCE AND DEVOTION TO DUTY, PETTY OFFICER GOGGINS REFLECTED CREDIT UPON HIMSELF AND UPHELD THE HIGHEST TRADITIONS OF THE UNITED STATES NAVAL SERVICE.

GIVEN THIS 15th DAY OF SEPTEMBER 2005

CAPTAIN, UNITED STATES NAVY
COMMANDER, NAVAL SPECIAL WARFARE GROUP ONE

小隊の人間関係はさておき、イラクでは任務を果たした。海軍・海兵隊殊勲賞。

で自分を追い込み、自分の能力や世間の常識を押し広げることができる。それはいいことだ。でも、それで「自分はすごい」と思うのは、自分のエゴが生み出した幻想に過ぎない。

だから鼻にかけちゃいけなかった。そんなことじゃチームとして、個人として、強くなれない。俺は、仲間がついてこられないことに腹を立てる代わりに、一緒に高みに上れるように手を貸すべきだったんだ！

誰もが同じ思いの間で引き裂かれている。楽な道を取るか、最高のパフォーマンスを追求するか。平凡に甘んじるか、苦しみを通してベストな自分になるかだ。

ＰＴ長としての俺の役割は、俺の愛するネイビーシールズの伝説を仲間に実践させることじゃなかった。**仲間がそれぞれの「ベストな自分」になれるように、手を貸すことだった。**

なのに俺は誰の言い分にも耳を貸さず、誰も導こうとしなかった。勝手に腹を立てて、みんなを困惑させた。2年もの間タフガイを気取り、頭を冷やして自分の落ち度を考えようともしなかった。自分が掘った溝を埋めるチャンスはいくらでもあったのに、何もしなかったんだ。

＊

そして、そのツケが回ってきた。俺は前に言ったように、陸軍自由降下パラシュート学校に行くよう命じられ、その後近接戦の教官になった。どっちもグリーンチーム〔ＤＥＶＧＲＵの選抜プロセス〕の準備をするための任務だ。

とくに近接戦は重要だった。訓練生がグリーンチームから脱落する理由のほとんどが、室内の掃討《そうとう》〔建物や施設内に侵入し、敵を制圧・排除すること〕の失敗だからだ。建物の中を掃討する時に動きが鈍かったり、攻撃にさらされやすかったり、興奮して味方を誤射してしまったりする。

こうしたスキルを教官として教える立場に立ったことで、俺自身、閉鎖環境に潜伏しながらも鋭敏かつ冷静でいられるようになった。そんな日々を送りながら、バージニア州ダムネックにあるＤＥＶＧＲＵ本部での訓練の辞令を、今か今かと待ちわびていた。でも、その辞令が来ることはなかった。俺と一緒に選抜を通過した2人は辞令を受けたのに、だ。

ＤＥＶＧＲＵの上層部に問い合わせると、もう一度選抜試験を受け直せと言われた。そしてこの時初めて、「何かがおかしい」と感じたんだ。

選抜プロセスを思い返してみた。何か俺に足りないところがあったんだろうか？　体力審査は楽勝だった。でも、その時思い出した。2日目の面接は、善玉と悪玉に分かれた面接官による「尋問」みたいだった。スキルや海軍での経験のことは一切聞かれず、質問の85％が戦闘能力とは無関係だった。ほとんどが俺の『人種』に関する質問だった。

「私たちは古い組織でね」と1人が言った。「だから君が黒人ジョークに耐えられるかどうかを知りたいんだよ」

質問のほとんどが、この焼き直しだった。俺はずっと涼しい顔でこう考えていたね。黒人の俺がこの部屋で一番優秀だと知ったら、おまえらはどう思うんだ？　でも口には出さなかったよ。それは俺が萎縮していたからでも、不安だったからでもない。それどころかあの面接は、俺が軍に入ってから一番「素のまま」でいられた瞬間だった。あの時初めて、俺が「黒人だ」という事実がおおっぴらにされたんだ。

面接官は、世界で最も崇拝されるこの軍事組織に、黒人がほとんどいないことや、根深い人種差別があることを、隠そうともしなかった。1人はケンカ腰で俺を挑発し、もう1人はそれをなだめる役回りだったが、2人とも本音むき出しだった。

DEVGRUには黒人の隊員がすでに2、3人いる。でも俺が本当の仲間として迎えられるためには、「ある種の条件や約束事」を受け入れなくてはならないと、彼らは言った。そして俺はある意味自虐的に、彼らの言い分も、それがもたらす逆境も、喜んで受け入れようとしたんだ。

DEVGRUには、シールズの中でもとくにタフで反抗的な隊員が集まっている。上層部はその気質を重んじている。隊員を行儀よくさせることも、組織を変化、発展させることも望んじゃいない。そして俺は、自分がどういう状況の中に、どういう立場で入っていこうとしているのかをわかっていた。

DEVGRUの隊員は、超危険な先鋭作戦を担当する。そこは荒くれた白人の世界なんだ。だからこそ面接官は、俺がそうした状況で侮辱されても耐えられるかどうかを知りたがった。俺が感情を抑えて冷静に行動できる、って保証を得ようとしたんだ。俺にはそれがわかっていたから、腹は立たなかった。

「俺はこれまでの人生ずっと差別されてきた」と俺は言った。「あんたらが俺をどんな言葉で侮辱しようと、もう20回は聞いている。でも覚悟しとけよ。因果応報って言うからな！」

その時は、面接官が俺の答えに満足したように見えた。でも黒人が刃向かうと、ろくな結果になりゃしない。

なぜ辞令が来なかったのかは永遠にわからないし、俺はもう気にしちゃいない。人生全部が思い通りにいくはずがない。**肝心なのは、チャンスを与えられたり、取り上げられたりした時に、「どうするか」だ。**俺は一度失敗した訓練プログラムをやり直す代わりに、ゼロから始めることにした。陸軍版DEVGRUとも言われる「デルタフォース」の選抜を受けることにしたんだ。

＊

デルタ選抜は熾烈だ。俺は秘密のベールに包まれたデルタの実態に、昔から興味津々《しんしん》だった。

シールズとは違って、デルタの話はほとんど聞こえてこない。デルタ選抜を受けるために必要な、IQテストの成績表とくわしい軍歴書を、たった数日で用意したよ。この選抜には全軍種のトップ人材が応募し、招待されるのはほんの上澄みだけなんだ。

数週間後に招待が来た。しばらくして、俺は陸軍の最優秀兵士の枠を争うために、ウェストバージニア州の山岳地帯に降り立った。


意外にも、デルタの世界には怒号も叫び声もない。点呼もなく指揮官もいない。必要な指示は兵舎の掲示板にチョークで書かれていて、全員がそれを読んで自主的に行動する。最初の3日間は施設から出ることを許されず、休息と順応に専念した。

そして4日目に、体力錬成訓練（PT）の基本選抜テストが始まった。腕立て伏せ2分、腹筋2分、2マイル（3・2キロ）のタイムラン。最低基準を満たさなければ失格だ。

そこから難易度がどんどん上がって、その夜のうちに初めての道路行軍があった。デルタでは全情報がそうだが、行軍の距離は知らされない。でもたぶん全行程で18マイル（29キロ）くらいだったと思う。

寒くて真っ暗な中を18キロの背嚢を背負って、160人が出発した。ほとんどの訓練生がゆっくり歩き始めた。ペースを守って最後まで歩き切ろうって腹だ。俺はいきなり飛ばして、最初の4分の1マイル（400メートル）で全員を追い抜いたね。非凡になるチャンスをモノにして、誰よりも30分早く行軍を終えた。

デルタ選抜は、世界最高のオリエンテーリングコースで行われる。それからの10日間は、午前中にPTをすませてから、夜まで高度な陸上ナビゲーションのスキルを学んだ。地図上の道路やトレイルを通る代わりに、地形を読んで、A地点からB地点に行く方法を教わった。尾根や峡谷などの地形の特徴を読み取る方法や、いったん上ったら高みを維持すること、水の流れを追うことを学んだ。

こうやって地形が読めるようになると、地図に命が吹き込まれ、俺は生まれて初めてオリエンテーリングが得意になったね。距離を読んで地形図を描く方法も身につけた。最初は教官たちの後について、クソ速いペースで森林地帯を進んだ。その後の数週間は自力で行軍した。俺たちは技術を学びながら、その一方で評価・観察され、道路を避けて山野を横断しているかどうかをチェックされた。

これらの訓練の集大成が、最長で7日7晩続く、野外最終試験だ。この試験ではチームではなく、1人ひとりが地図とコンパスを使って、自力で足切り時間内に地点間を移動する。各地点にハンビー（高機動多目的装輪車）が待っていて、そこで教官と評価官がタイムを記録し、次の地点の座標を渡してくれるんだ。

毎日違うスキルを試されるが、その日が終わるまでに何個の地点を移動するのかは知らされない。おまけに上官だけが知る、「評価の基準タイム」があった。そして、1日の最後の地点に到着しても、合格か不合格かは教えてもらえない。代わりに2台の幌《ほろ》つきのハンビーのうちのどっちかに乗るように指示される。合格のハンビーに乗れば次の野営地に連れていかれる。不合格のハンビーに乗れば基地に戻され、荷物をまとめて家に帰ることになる。ハンビーが止まるまでは、自分が合格したかどうかもわからないんだ。

この試験の5日目、俺は約30人のうちの1人として、まだデルタフォース候補に残っていた。試験終了まで、今日を入れてあと3日。俺はどの試験も無双して、足切り時間より90分以上早く終えていた。最終日の最難関、40マイル（64キロ）の陸上ナビゲーションが楽しみだった。

でもその前にまだ試験が残っていた。湿地帯を駆け抜け、険しい森林地帯を駆け上り、稜線に沿って地点から地点へと進んでいると、考えられないことが起こった。道に迷っちまったんだ。俺は間違った尾根を歩いていた。地図とコンパスをじっくり見直して谷を見渡すと、真南に正しい道があった。

了解！

この時初めて時間に追われた。足切り時間ギリギリなのは間違いない。急いで険しい渓谷を駆け下りた。とその時、足を踏み外した。左足が岩に挟まり、足首がねじれてブチッと弾けた。すぐに激痛が走った。俺は腕時計を見て、歯を食いしばったね。ブーツのひもをすばやく締め直し、急斜面を駆け上って正しい尾根まで行った。

ゴールまであと少しのところで足首の腫れがひどくなった。痛みを和らげるために、立ち止まって靴ひもを緩めるしかなかった。もう失格だろう。そう思ってのろのろ歩いてゴールした。でもそうじゃなかった。俺たちの乗ったハンビーは、最後から2つ目の野営地で停まったんだ。

その晩は寝ずに足首を冷やした。翌日の陸上ナビゲーション試験を、おそらく乗り切れないことはわかっていた。だが俺はあきらめなかった。集合場所に行って、とどまるために戦い続けた。でも最初のほうのチェックポイントで足切り時間に遅れ、そこで失格となった。俺はがっかりしてうなだれたりしなかったぜ。ケガは仕方がない。俺は全力を尽くした。そして、努力を見てくれている人は必ずいる。

デルタの上層部は、選抜審査中はロボットみたいに感情や本音を絶対に見せない。でも俺が施設を出ようとした時、指揮官がオフィスから呼び止めた。

「ゴギンズ」と指揮官は手をさしのべて言った。「おまえはすごいやつだな！　ケガを治したら戻ってきて、ぜひまた挑戦してほしい。おまえがいつかデルタフォースに力を貸してくれるのを信じているよ」

だが、その「いつか」は「いつ」来るのか……？

＊

その時、俺は2度目の心臓手術の麻酔から覚めた。右肩越しに点滴が見えた。点滴の管をたどると、俺の静脈に刺さっていた。俺は医療機器につながれていた。

ビープ音を発する心臓モニターのデータは、俺にはわからない言語で状況を伝えていた。その言語を理解していれば、心臓がとうとう治ったのかどうか、その「いつか」が来るのかどうか解読できたのに。

俺は手を胸に当てて目を閉じ、耳をそばだて、手がかりを得ようとした……。

デルタ失格後にシールチームに戻ると、戦場に派遣される代わりに、地上戦の教官に任命された。最初はやる気がガタ落ちだった。俺よりスキルも意欲も運動能力も劣る連中が、イラクやアフガニスタンの戦場に送られているのに、俺は宙ぶらりんの状態だ。「いつの間に道を踏み外したんだろう?」と悶々とした。

これが、「ガラスの天井」ってやつだろうか? いや、気がつかないだけで、ガラスの天井は元からあったんだろうか? それとも、俺が自分でガラスの天井をつくってしまったのか? 真相はたぶん、その間のどこかにあるんだろう。

インディアナ州ブラジルに住んでいた頃、俺はいつも偏見にさらされていた。どんな人やどんな組織にも、偏見のカケラがある。**肝心なのは、どんな状況であれ「オンリーワン」になった時に、「どうやって偏見に立ち向かうか」なんだ。**

偏見をなくすことはできない。俺は長い間、自分に向けられる偏見を起爆剤にしていた。オンリーワンであることには大きなパワーがある。そういう状況に置かれたら、冷たい視線を浴びても自分を信じて、持てる力を振り絞るしかない。

オンリーワンの状況で成功するのは難しいけれど、その分、成功した時の喜びも大きい。だから、俺はあえてオンリーワンになるような状況に入っていく。オンリーワンになることで自分を奮い立たせているんだ。戦いを挑み、誰にも文句を言わせない圧倒的結果を出して、やつらの狭い心を粉砕してきた。オンリーワンであることに泣き言も言わなかった。行動を起こし、「やれやれ」と心の中でつぶやきながら、偏見をダイナマイトに変えて、壁も天井も吹っ飛ばしてきた。

でも、それだけを燃料にしていたんじゃ、ある程度までしか上れない。俺はあまりにもケンカ腰で、無用な敵をつくった。そのせいでシールズのトップチームへの道を、自分で閉ざしてしまったんだろう。ただ、キャリアの分岐点に立たされた当時は、自分のあやまちをじっくり考える余裕なんかなかった。新しい高みをめざして、自分が生み出したネガティブな感情をポジティブに変えようとあがいた。

地上戦教官の任務をただ受け入れるだけじゃなく、最高の教官になろうとした。空き時間にウルトラレースに出場し、新兵勧誘という新しいチャンスを開拓することで、行き詰まっていたキャリアをよみがえらせた。そして、人生がまた軌道に乗り、順調に進んでいた矢先に、生まれつき心臓に欠陥があることを知ったんだ。

でも、この発見にもポジティブな面があったよ。手術が終わって病室のベッドに戻された俺は、途切れ途切れの意識の中で、医者や看護師、ケイト、母さんの会話が溶け合った、意味のない雑音を聞いていた。誰も気づいていなかったけれど、俺は目覚めていたんだ。

傷ついた心臓の鼓動を聞きながら、心の中で笑っていたね。俺が史上最強のクソヤバいやつだっていう、科学的な動かぬ証拠を、とうとう手に入れたんだから。

チャレンジ#9　1位に満足せずぶっちぎろう

これは、「最高に非凡なクソヤバいやつ」のためのチャレンジだ。

人はある程度の地位や名声、成功を得ると、「やり遂げた」と思ってしまう。

でも俺は声を大にして言いたい。**そこで満足しちゃいけない。いったんベストな状態に届いたとしても、その状態はいつまでも続かない。熱したフライパンに入れた油みたいに、一瞬で消えちまうんだ。**

非凡の中の非凡に本気でなりたいなら、君の最高の状態をずっと保つ必要がある。つまり、つねに高みを求め、たゆみなく努力し続けるってことだ。そう聞くと、「いっちょやるか」と思うかもしれない。でも、これは全力か、それ以上の力を注がないとできないことだ。言っとくが、万人向けじゃない。生活のバランスが崩れるほどの「一点集中」が必要なんだから。

本当の意味でずば抜けるには、そうするしかない。そして君がすでに超優秀な群れの中にいる場合、そこからさらに頭一つ抜け出すにはどうするか？　井の中の蛙《かわず》になるのは簡単だよ。でも君がオオカミの群れの中にいるなら、そこから抜きん出るのは並大抵のことじゃない。

つまり、ただ名門ビジネススクールに行くだけじゃなく、そこで首席になるってことだ。ただBUD/Sを卒業するだけじゃなく、陸軍レンジャースクールで名誉下士官になり、バッドウォーターを走破するってことだ。

それだけやりきれば、君自身や同僚、チームメイトの「現状に満足する気持ち」をぶっ飛ばせる。目の前に高い目標を置き続けよう。君が感じる抵抗や摩擦が、ますます君を強くする。そしていつの間にか、君は群れを飛び出しているはずだ。君がやり遂げた画像に　#canthurtme　#非凡の中の非凡　のハッシュタグをつけて、SNSにアップしてくれよな。

10章

失敗が力をくれる

ほとんどの戦いは、心の中で勝ち負けが決まる

2012年9月27日、俺はニューヨーク・マンハッタンの複合施設、「30ロックフェラー・センター」の2階に特設されたジムに立って、「24時間懸垂世界記録」を破ろうとしていた。まあ、そのつもりだった。その場にいたのは、テレビキャスターのサバンナ・ガスリーとギネスブックの審査員、そしてマット・ラウアー（そう、セクハラで解雇されたあのキャスター）だ。

この時俺は、特殊作戦兵士基金の寄付金集め――今回は大金だぜ――と、世界記録をめざして

いた。そのために、NBCの朝の情報番組『ザ・トゥデイ・ショー』に出ることになったんだ。

当時の懸垂の世界記録は、「24時間で4020回」だった。超人的だろう？ 俺もそう思った。でも割り算をして、「1分6回を24時間」続ければ楽勝で記録を塗り替えられる、って気がついた。1分のうちの10秒で6回やれば、残りの50秒は休めるって計算だ。

簡単じゃないけれど、これまでのトレーニングを考えれば、「できる」と思えた。直前の5、6か月間で4万回以上懸垂をしてきたからね。また大きなチャレンジに挑めるようになったのがうれしくてたまらなかった。2度目の心臓手術後にいろんな浮き沈みを経験した俺にとっては、待望のチャレンジだった。

さいわい、2度目の手術は成功した。生まれて初めて、完全に機能する心筋を手に入れたんだ。でも、すぐに走ったりバイクに乗ったりせずに、辛抱強く回復を待った。どっちにしろ海軍からは戦闘活動の許可が下りなかったから、シールズにとどまるために、非派兵・非戦闘任務を引き受けるしかなかった。

ウィンタース提督が、俺を新兵勧誘活動にもう2年使ってくれることになったから、全米を回って、興味を持ってくれる若者たちに俺の体験を語って勧誘する仕事を続けた。でも俺が本当にやりたかったのは、訓練の成果を活かせる任務、つまり戦闘だ！ 憂《う》さ晴らしに射撃場で的《まと》を撃ったが、気が滅入るだけだった。

でも心臓の障害で故障者リスト入りしてから2年半後の2011年、4年以上の勧誘活動を経

THE UNITED STATES OF AMERICA

THIS IS TO CERTIFY THAT
THE PRESIDENT OF THE UNITED STATES OF AMERICA
HAS AWARDED THE

MERITORIOUS SERVICE MEDAL

TO
SPECIAL WARFARE OPERATOR (SEA, AIR, AND LAND) DAVID GOGGINS
UNITED STATES NAVY
FOR

OUTSTANDING MERITORIOUS SERVICE FROM JUNE 2007 TO MAY 2010

GIVEN THIS 28TH DAY OF MAY 2010

FOR THE PRESIDENT
E. G. WINTERS
REAR ADMIRAL, UNITED STATES NAVY
COMMANDER, NAVAL SPECIAL WARFARE COMMAND

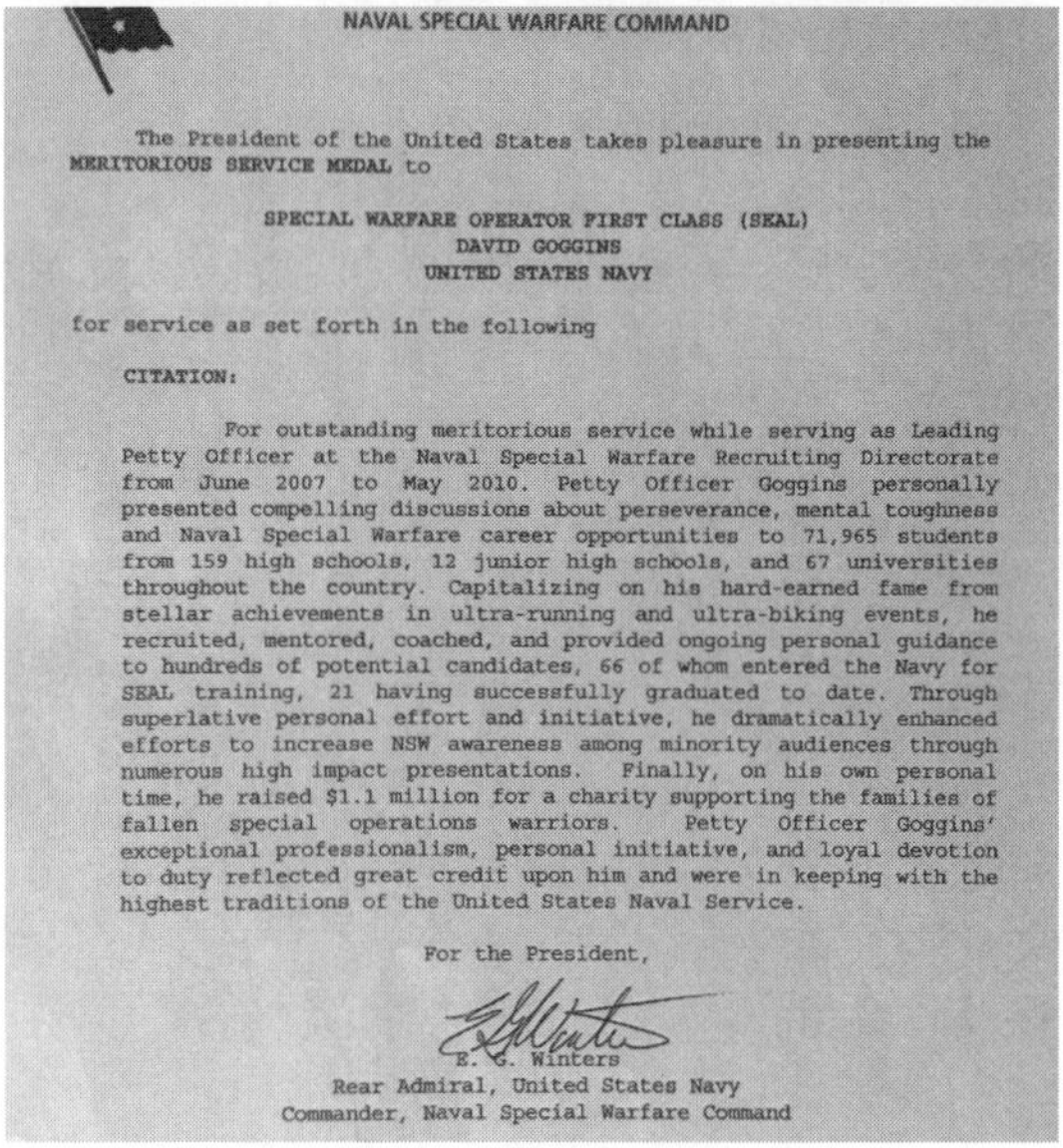

NAVAL SPECIAL WARFARE COMMAND

The President of the United States takes pleasure in presenting the MERITORIOUS SERVICE MEDAL to

SPECIAL WARFARE OPERATOR FIRST CLASS (SEAL)
DAVID GOGGINS
UNITED STATES NAVY

for service as set forth in the following

CITATION:

For outstanding meritorious service while serving as Leading Petty Officer at the Naval Special Warfare Recruiting Directorate from June 2007 to May 2010. Petty Officer Goggins personally presented compelling discussions about perseverance, mental toughness and Naval Special Warfare career opportunities to 71,965 students from 159 high schools, 12 junior high schools, and 67 universities throughout the country. Capitalizing on his hard-earned fame from stellar achievements in ultra-running and ultra-biking events, he recruited, mentored, coached, and provided ongoing personal guidance to hundreds of potential candidates, 66 of whom entered the Navy for SEAL training, 21 having successfully graduated to date. Through superlative personal effort and initiative, he dramatically enhanced efforts to increase NSW awareness among minority audiences through numerous high impact presentations. Finally, on his own personal time, he raised $1.1 million for a charity supporting the families of fallen special operations warriors. Petty Officer Goggins' exceptional professionalism, personal initiative, and loyal devotion to duty reflected great credit upon him and were in keeping with the highest traditions of the United States Naval Service.

For the President,

E. G. Winters
Rear Admiral, United States Navy
Commander, Naval Special Warfare Command

勧誘活動の功績が認められ、功労賞を授与される。

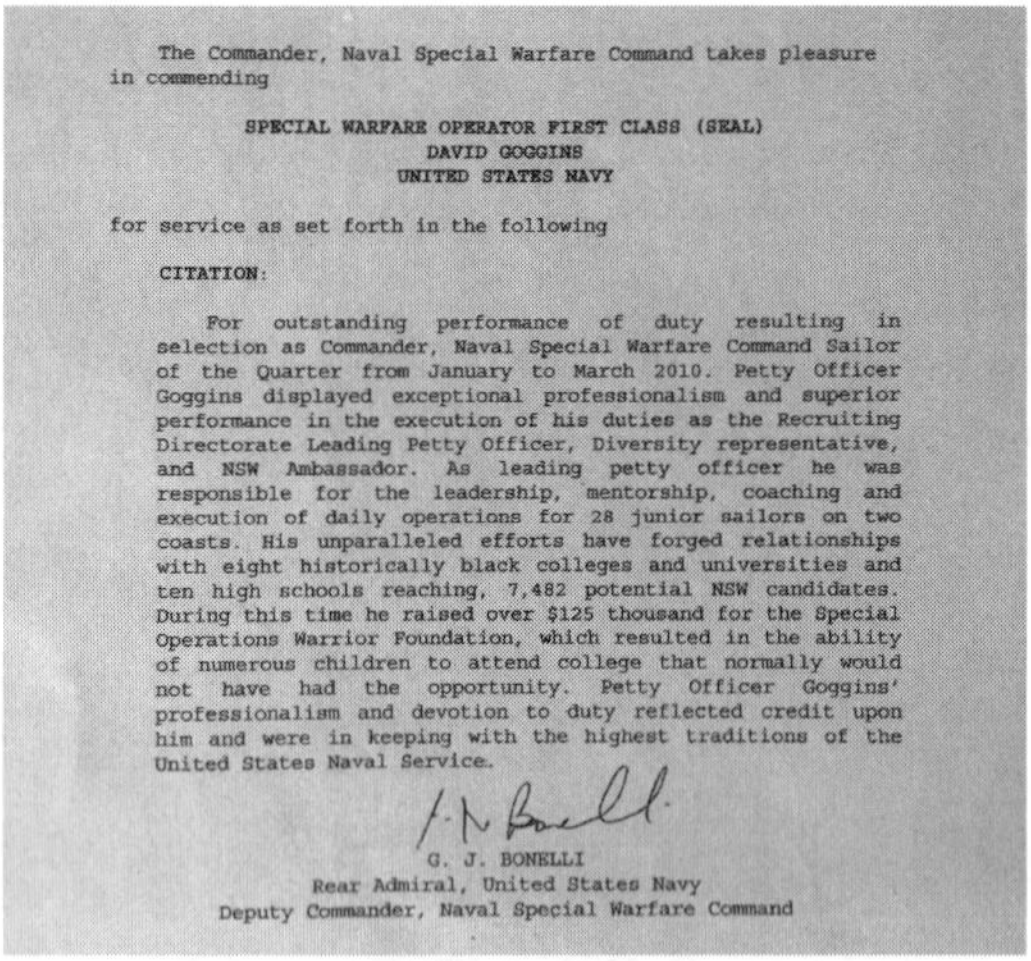

The Commander, Naval Special Warfare Command takes pleasure in commending

SPECIAL WARFARE OPERATOR FIRST CLASS (SEAL)
DAVID GOGGINS
UNITED STATES NAVY

for service as set forth in the following

CITATION:

For outstanding performance of duty resulting in selection as Commander, Naval Special Warfare Command Sailor of the Quarter from January to March 2010. Petty Officer Goggins displayed exceptional professionalism and superior performance in the execution of his duties as the Recruiting Directorate Leading Petty Officer, Diversity representative, and NSW Ambassador. As leading petty officer he was responsible for the leadership, mentorship, coaching and execution of daily operations for 28 junior sailors on two coasts. His unparalleled efforts have forged relationships with eight historically black colleges and universities and ten high schools reaching, 7,482 potential NSW candidates. During this time he raised over $125 thousand for the Special Operations Warrior Foundation, which resulted in the ability of numerous children to attend college that normally would not have had the opportunity. Petty Officer Goggins' professionalism and devotion to duty reflected credit upon him and were in keeping with the highest traditions of the United States Naval Service.

[signature]
G. J. BONELLI
Rear Admiral, United States Navy
Deputy Commander, Naval Special Warfare Command

優秀水兵に選ばれる、2010年1月～3月。

て、とうとう医者から戦闘復帰の許可が下りた。ウィンタース提督は、俺が戦闘のキャリアを犠牲にして、この任務に献身したことを知っていた。それに俺の夢のことも知っていた。だからどこでも好きなところに派遣すると言ってくれた。

俺は「陸軍デルタフォースでやり残した仕事がある」と言った。提督の署名をもらって、5年も待ちわびた「いつか」が、とうとうやってきたんだ。

＊

この時のデルタ選抜も、アパラチア山脈で行われた。俺は2006年の1度目のデルタ選抜で、本格的な審査が始まった初日に18マイル（29キロ）の重りランを楽勝で終えた後、事情通の連中からこんな噂を聞いたんだ。

デルタ選抜ではすべてが秘密だ。もちろん、タスクや訓練の指示ははっきり伝えられるが、そのタスクがいつまで続くのかは知らされないし（重りランが18マイルだったというのも、ただの推測だ）、訓練生を評価する基準や方法も上官だけしか知らない。

ともかく噂によると、この最初のランのタイムが、各訓練生のナビゲーションタスクの「評価基準タイム」になるらしい。つまり、このランを速く走れば走るほど、自分の首を絞めることになるってわけだ。今回俺は、最初のランの前にこの情報を知っていたから、安全策をとってゆっくり走ることもできた。

でも、精鋭たちの中で手抜きをするわけにはいかねえ。ベストな自分を見せつけるために、さらに速く走って、1度目の基準タイム（噂が正しいとすれば）を9分も更新したぜ。

この時の話は俺が書くより、人から聞いたほうがおもしろいんだ。デルタ選抜の仲間がランの話をメールに書いてくれたから、それを読んでくれよ。

あの道路行軍について語る前に、背景がわかるように、その数日前のことも書いておくよ。デルタ選抜のために集まった時点では、この先何が起こるのかは誰も知らない。いろんな噂が飛び交うが、全貌はけっしてわからない。…（中略）…空港でバスを待っていた時、みんなでバカ話をしていた。数年ぶりに友人と再会して盛り上がってるやつも多かった。そして、これはお互いを品定めする機会でもあった。ほとんどのやつがしゃべったりくつろいだりしてる中で、1人思い詰めたようにカバンに座ってるやつがいた。あとでわかったんだが、それがデイビッド・ゴギンズだった。ゴギンズが最後に残るメンバーの1人になるってことは、初めからわかってたよ。俺はランナーだからゴギンズのことは知っていたが、最初の数日が過ぎてから、やっといろんなことが腑に落ちた。

訓練開始直後にイベントがいくつかあった。その1つが、道路行軍だ。正確な距離は知らないが、かなりの長距離になりそうだった。でも俺はどんな距離でも走れる自信があった。デルタ選抜に来るまで、キャリアの大半を特殊部隊で過ごしていたから、俺より先に道路行軍を終えるやつは、ほぼいなかった。背嚢を背負っても平気だった。

その日は外はちょっと寒くて真っ暗で、出発直後にいつものように先頭に立った。すると最初の4分の1マイル（400メートル）を走ったところで、誰かが追い抜いていったんだ。「あんなペース、続けられるはずがないだろ」って思った。でもそいつのヘッドランプはどんどん遠ざかっていった。とはいえ数マイル先でヘタっている姿を見ることになるだろうと、俺は高をくくっていた。

この道路行軍はとくに過酷という噂で、上りながら手を前に伸ばせば地面が触れるほど急な坂もあった。俺の前にいたのは1人だけで、俺の2倍の歩幅の足跡が地面に残っていた。俺はびっくりしてこう思ったね。「こんなヤバいやつは見たことがないぞ、この坂を駆け上ったっていうのか？」って。それからの2時間ほど、どこかの角を曲がったらやつが倒れているんじゃないかと期待していた。でもそんなことは起こらなかった。俺がフィニッシュして装備を下ろしていると、デイビッドがブラブラしてるのが見えた。かなり前に終えていたんだ。デルタ選抜は自分との戦いだが、デイビッドは初めて俺にハイタッチをして、「お疲れさん」と言ってくれた人だった。

——Tからのメール、2018年6月25日付。

この時の俺のパフォーマンスを語り継いでいたのは、デルタ選抜のクラスメイトだけじゃないよ。シール仲間のホークから最近聞いたんだが、ホークが派兵先で一緒だった陸軍の連中も、あの行軍のことを都市伝説みたいに語っていたらしいね。

その後も、俺はクラスのほぼトップをキープしながら、デルタ選抜を驀進《ばくしん》し続けた。でも、誰よりも高いスキルを持っていたとはいえ、陸上ナビゲーションは楽じゃなかったよ。道路への侵入は禁止されていて、平らな地面はない。そんな中、俺は氷点下の環境で何日も急斜面を上り下りし、中間地点を通過した。地図を読み、ほとんど見分けがつかない峰や尾根、谷を踏破した。藪や雪だまりをぬい、凍った小川を渡り、冬枯れの林を滑るように進んだ。

あれはつらく苦しく、そしてシビレるほど美しい経験だった。俺は上官たちが用意したすべてのテストを突破して、快進撃を続けた。

最終日の前日も、最初の4地点をいつものようにすばやく通過した。ほとんどの日は5地点で終了だったから、第5地点の座標を渡された時にはチョロいと思っていたよ。ダニエル・ブーン〔西部開拓時代の開拓者・冒険家〕が乗り移ったみたいに、スイスイ進んでいたからな。

第5地点を地図に書き入れると、急斜面を下りた。知らない土地を移動する方法の1つに、送電線をたどる方法がある。まわりを見渡すと、第5地点のほうに向かって延びている電線が遠くに見えた。その電線を追いながら山野を駆け下りるうちに、俺の意識はいつの間にか未来に飛んでいた。

明日の最終テスト（そう、前回の選抜で直前に足首をねんざしたせいで参加もできなかった、あの40マイル〔64キロ〕の陸上ナビゲーションだ）を高成績で終えるのは間違いない。卒業はもう決まったも同然だ。それが終わったら、また精鋭部隊として戦場を疾走し、銃撃する日々に戻れる！　未来は思い描くうちにますますリアルになり、俺の意識はアパラチア山脈を遠く離れていった。

電線をたどる時に大事なのは、「正しい」電線をたどることだ！　訓練では、こまめに地図を確認し、間違った方向に向かっていることに気づいたら、早急に進路を修正しろ、と教わった。でもうぬぼれた俺は、そんなことはすっかり忘れて、バックストップさえ設けていなかった。妄想から覚めた時には、すでに進路を大きく外れて、境界線を越えそうになっていた！

*

俺はパニックになって、地図で現在地を確認した。正しい電線まで急ぎ、山頂めざして疾走し、それから走り通して第5地点に到着した。足切り時間にはまだ余裕があってホッとした。ところがハンビーのほうに歩いていくと、訓練生がこっちに戻ってくるのが見えたんだ！

「おい、今日はもう終わりだろ？　どこへ行くんだ？」とすれ違いざまに聞いた。

「第6地点だよ」と彼は答えた。

「クソっ、今日は5地点までじゃないのか!?」

「いや、6地点だ」

腕時計を見た。足切り時間まであと40分ちょっと。ハンビーで第6地点の座標をもらって、地図を調べた。やらかしてしまった今、俺が取るべき道は2つあった。ルール通りやって足切り時間を逃すか、「道路を走る」という禁じ手を使って、一か八かに賭けるかだ。

特殊部隊では、自分の頭で考えられる射撃手や、何が何でも目標を達成しようとする兵士が、高く評価される。こうなったらどんな手を使ってでも時間内にゴールして、審判を待つしかない！　最善のルートを地図に書き込むと、出発した。森を避けて道路を使い、トラックの音が近づくたび、教官に見つからないよう身を潜めた。30分後、山頂から第6地点のフィニッシュラインが見えた。腕時計を見ると、残り5分。

坂を飛ぶように駆け下り、全力疾走してギリギリ1分前にゴールした。呼吸を整えている間に、訓練生は2台のハンビーに分けられた。俺と同じハンビーのメンツは、みんな優秀に見えた。でも、俺が第6地点の座標をもらった時間から逆算すれば、ルールを守らなかったことは教官にはバレバレのはずだ。俺はまだ残っているのか、それとも失格なのか？

デルタ選抜で失格を知るのは、1日が終わり、ハンビーで「減速バンプ」の凸凹を感じた時だ。減速バンプがあれば、基地に戻ってきたことがわかる。そして一足先に家に帰される。その日、最初のバンプの凸凹が俺たちから夢と希望を奪うと、悪態をつく者や、目に涙を浮かべる者もいた。俺はただ首を振った。

「おいゴギンズ、こんなとこで何してんだ？」と誰かが言った。俺がいるのを見て驚いていた。でも、現実を受け入れるしかない。選抜が終わってもいないのに、卒業してデルタに入隊した自分を妄想したツケだった。

「ルールを破ったんだ」と俺は言った。「帰されてもしょうがない」

「そんなバカな！　おまえほどすごいやつが……。あいつら見る目がなさすぎるぜ」

そう言ってくれたのはうれしかった。俺だって受かるつもりだった。でも、終わったことは仕方がない。デルタの幹部はC級やB+級、A−級の人材なんか求めていない。A+級の人材しか受け入れない。俺はやらかして実力を発揮できなかったんだから、文句は言えない。

戦場では、たった1秒でも空想にふければ、自分や仲間の命を危険にさらしてしまう。俺もそれはわかっていた。

「いや、自分が悪いんだ」と俺は言った。「俺がここまで来られたのは、集中して全力を尽くしたからだ。気が緩んだら失格して当然だ」

*

シールズに戻る時がやってきた。俺はその後の2年間を、シールズ輸送潜航艇チーム（SD

V）と呼ばれる秘密の輸送部隊の一員として、ホノルルで過ごした（SDVが関わった一番有名な作戦が「レッド・ウィング作戦」だが、あれも報道されなければ知られることはなかった）。SDVのほとんどの任務は、人知れず陰で行われる。俺はこのチームに溶け込んでいたし、戦闘活動に戻れて本当にうれしかったね。ハワイではフォード島の、リビングの窓から真珠湾が見える家に住んでいた。

ケイトとは離婚して、質素でストイックな暮らしに戻った。相変わらず朝5時に起きて、職場まで走って通っていたよ。ランのルートは8マイル（13キロ）と10マイル（16キロ）の2つあった。でも、どっちを走っても、体の反応はよくなかった。数マイル走っただけで、強烈な首の痛みとめまいがした。ランの途中でクラクラして座り込むこともあった。

何年か前から、俺はこんな疑いを持っていた。人はそれぞれ一生の間に走れる距離が決まっていて、それを超えると全身にガタが来るんじゃないだろうか？　俺はそれに近づいているのかもしれない、って。

体が今までにないほどこわばっていた。後頭部の首のつけ根には、コブのようなしこりができていた。それに気づいたのは、BUD／Sを卒業した後だ。10年たった今、コブは2倍の大きさに膨れ上がっていた。股関節屈筋の上にもコブがあった。検査してもらったが、悪性ではないし、そもそも腫瘍でもないと言われた。命に関わるようなものじゃないとわかると、「そういうものだ」とガマンして生きていくしかないと思った。長距離ランはしばらくお預けだ。

俺にとってのランのような、いつもやっている活動やエクササイズが突然できなくなると、うろたえて運動をすっかりやめてしまう人がいる。でも、俺は簡単にやめるような男じゃないぜ。引き寄せられるようにして懸垂バーに向かい、シールズ仲間のスレッジと昔やっていたワークアウトを再開した。休み休みやったから、めまいを起こさずに自分を追い込むことができた。

しばらくして、自分に挑戦できそうな懸垂記録がないだろうかと、ググってみた。俺がスティーブン・ハイランドというイギリス人の持つ、「24時間4020回」の懸垂世界記録を知ったのは、この時だ。

当時の俺はウルトラランナーとして知られていたが、それしかできないと思われるのは癪だった。誰だってそうだろう？　俺は万能アスリートとは思われていなかったが、この記録を塗り替えたらイメージが変わるかもしれない。100マイル（160キロ）や150マイル（241キロ）、200マイル（320キロ）走れる上、1日に4000回懸垂できる人が、どれだけいるってんだ？

特殊作戦兵士基金に電話をかけて、寄付金集めを手伝えないかと聞いたら、「ぜひ」と言われた。そしていつの間にか知り合いのツテで『ザ・トゥデイ・ショー』に出ることになったんだ。

＊

チャレンジに備えて、平日は70分かけて400回、土曜は3時間かけて1セット5〜10回ずつで合計1500回、日曜は750回懸垂をした。おかげで広背筋と上腕二頭筋、上腕三頭筋が鍛

新兵勧誘官時代の俺の看板。

えられ、肩と肘は極限までの負荷に耐えられるようになった。ゴリラ並みの強力な握力を手に入れ、酷使しても筋肉が機能するように乳酸耐性を高めることができた。

チャレンジ当日が近づくと、回復時間を短くして、「30秒ごとに5回」を2時間くり返した。これをやった後は、腕が伸び切ったゴムのようにだらんと垂れ下がったね。

チャレンジの前夜に、母さんと叔父さんがサポートクルーとしてニューヨークに来てくれた。ところが、「準備完了」と思った矢先に、シールズから横やりが入って、俺の『ザ・トゥデイ・ショー』出演が中止になりかけたんだ。それは、この直前に発売された、ウサマ・ビンラディン暗殺作戦の暴露本、『アメリカ最強の特殊戦闘部隊が「国家の敵」を倒すまで NO EASY DAY』のせいだった。

作戦を実際に遂行したDEVGRUのチーム

リーダーがこの本を書いたことを、海軍特殊戦司令部は問題視したんだ。特殊部隊の隊員は、戦闘情報を一般市民に公開することを禁じられている。シールチームの隊員の多くも、あの本を腹立たしく思っていたね。

俺はそのとばっちりで、「出演を中止せよ」という命令を受けたんだ。何言ってやがる、って思ったね。俺がテレビに出る目的は、作戦について語るためでも、自分の宣伝をするためでもない。遺族のために100万ドルの寄付金を集めるためだ。そして、『ザ・トゥデイ・ショー』は朝の情報番組として一番人気で、絶大な宣伝効果があるんだ。

この時点で俺の軍勤務歴は20年を超え、経歴には一点の曇りもなかった。過去4年間は海軍の広告塔も務めていた。屋外広告の看板に登場し、CNNのインタビューを受け、NBCスポーツでは輸送機から飛び降りた。雑誌や新聞に何十回も取り上げられ、海軍の新兵勧誘活動に貢献していた。

なのに俺は今、何の理由もなく押さえつけられようとしていた。シールズ隊員が何をしていいか、何を言っていいかを、俺以上に知ってるやつはいないのに、だ。

結局、間一髪で海軍法務部から許可が下りた。

キャスターのインタビューはすぐ終わった。俺は人生の物語を手短に語って、チャレンジの最中は流動食を摂り、記録を破るまでは高糖質ドリンクだけで栄養補給すると宣言した。

「全部終わったら、どんなお食事を用意しましょうね？」とサバンナ・ガスリーが言った。俺は調子を合わせてにこやかに笑っていたけれど、誤解しないでくれよ。この時の俺はとてつもないチャレンジに照準を合わせていたんだ。そうは見えなくても、自分との戦いを始めようとしていた。

時間が来ると、俺はシャツを脱いで、黒いランニング用の短パンとランニングシューズだけになった。

「ワーオ、自分の鏡を見てるみたいだな」と、ラウアーは俺を指して冗談を飛ばした。

「さあ、おもしろくなってきました」とサバンナ。「デイビッド、準備はいいかしら？　頑張って、応援していますよ」

映画『ロッキー』の戦いのテーマ、『ゴーイング・ザ・ディスタンス』が流れると、俺は懸垂バーに近づいた。バーはつや消しの黒で、白いテープが巻かれ、俺のモットー「弱みを見せるな」が、白抜きの文字で書かれている。俺は灰色のグローブをつけながら、最後のセリフをキメた。

「特殊作戦兵士基金 specialops.org に寄付してくれよ」と俺は言った。「目標は100万ドルだ」

「オーケー、用意はいいかな？」とラウアーが聞いた。「3、2、1、行け、デイビッド！」

この合図でチャレンジが始まり、まずは1セット8回やった。ギネスブックは明確なルールを定めていた。毎回腕を伸ばし切ってぶら下がった状態からスタートして、あごをバーより上に出さなくてはいけない。

「始まりました！」とサバンナが宣言した。

俺はカメラにほほえんで余裕を見せたが、最初からしっくりこなかった。

1つは、状況のせいだった。俺は日差しと熱いライトが照りつけるガラスの水族館の、たった1匹の魚だった。

もう1つは技術的な問題だ。最初の懸垂で気がついたんだが、このバーは俺がふだん使っているものよりずっとたわみが大きく、そのせいで力が逃げてしまった。長い1日になりそうだ。最初は、そのことを考えないようにした。そうするしかなかった。バーがたわむと余分な力が必要になるが、これも「非凡になるための試練」なんだと腹をくくった。

そばを通りかかった人たちが1日中応援を送ってくれた。俺もセットの合間に手を振り返して、計画通り1分6回のペースを守り続けた。でもぐらついたバーで力が分散して、苦労したよ。数百回で体にガタが来て、その後は1回やるのにもとんでもない力とグリップが必要になった。1500回終えた時、前腕に猛烈な痛みが走った。セットの合間にマッサージ療法士に

*

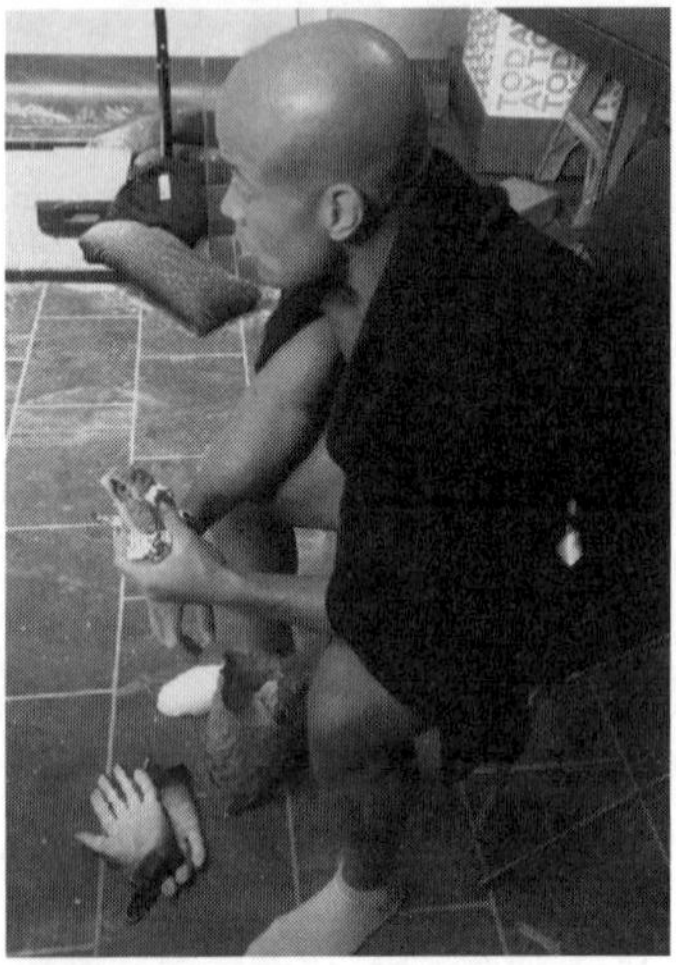

懸垂世界記録への1度目のチャレンジ。

ほぐしてもらったが、前腕にパンパンにたまった乳酸が上半身の全筋肉に浸み出していた。

6時間以上かけて2000回ひねり出したところで、10分休憩を取った。「1分6回」のペースは上回っていたし、日が傾いて過ごしやすい室温になっていた。夜になるとスタジオが閉鎖され、俺と数人のチームにマッサージ療法士、それと母さんだけになった。『ザ・トゥデイ・ショー』のカメラは回り続けていた。チャレンジの様子を監視して、ギネスのルールが守られていることを確認するためだ。俺はまだ2000回以上を残していた。そして、この時初めて不安が胸に住み着いた。

不安は言葉に出さず、後半に向けて頭をリセットすることに集中した。でも実を言うと、俺の計画そのものがもう破綻していたんだ。高糖質ドリンクじゃ必要なパワーが得られなかったし、プランBも立てていなかった。

とりあえず、取り寄せたチーズバーガーを平らげた。固形食を食べてちょっと気分がよくなった。その間、チームはバーを安定させようとして、天井のパイプにくくりつけた。でも、長い休憩は裏目に出た。

体が動かなくなり始めたんだ。パニックで頭が真っ白になった。俺は自分の名にかけて記録達成を誓い、寄付金を呼びかけた。なのにそれが実現するはずがないことを、すでに知っていた。もう500回やるのに5時間かかった。つまり、1分2回にも届かないペースだ。ふだんの土曜に3時間で1500回やっている俺が、それより1000回多くやっただけで、完全な筋不全に陥ろうとしていた。いったいどういうことなんだ？

気合いでやり抜こうとしたが、筋肉の緊張と乳酸にやられて、上半身がクラゲのようにグッタリした。筋不全になったことなんか一度もなかった。ＢＵＤ／Ｓでは砕けた脚で走ったし、ウルトラレースでは１００マイル（１６０キロ）近くをヒビ割れた足で走破し、穴の空いた心臓でいくつもの肉体的試練をくぐり抜けた。なのに２５００回目をやってからは、バーの上にあごを出すどころか、バーを握るために腕を上げることさえできなくなった。

ここであっけなくチャレンジは終了した。キャスターとの朝食会も、お祝いも、何もなしだ。俺は失敗した。しかも数百万人の面前で。

＊

俺が恥ずかしさのあまり穴掘って隠れたかって？　とんでもねえ！　俺にとって失敗は、**「未来の成功への足がかり」**でしかない。

翌朝、鳴りっぱなしのスマホをホテルの部屋に置いて、セントラルパークに走りに行った。**気の散るものがない環境で、「何がうまくいったか」「何が足りなかったか」を振り返る時間がほしかったんだ。**

軍では現実世界で軍事作戦や野外訓練をやった後、「事後報告書（ＡＡＲ）」を必ず作成する。人間を生きたまま解剖するみたいに、生々しい経験をくわしく分析するんだ。どんな結果に終わっても、必ずこれを書く。とくにこの時の俺のように、失敗を分析する時は、ＡＡＲが欠かせない。だって未知のゾーンに突入する時は、教科書もYouTubeの説明動画もないからね。参考にできるものは俺自身の失敗体験しかない。だから徹底的に分析した。

まず何よりも、あの番組に出るべきじゃなかった。といっても、番組に出たことで浮わついた気持ちになって失敗したとかじゃない。それに兵士基金の知名度を高めて寄付金を集めること自体は、名案だった。大金を集めるには露出が必要なんだ。それでもお金を最優先にしたことで（これは失敗のもとだ）、目の前の課題に集中できなくなった。

第2に、記録を破るには最適な環境が必要だった。それに気づいて、俺は奇襲攻撃を受けたみたいに打ちのめされたね。そもそも記録へのリスペクトが足りなかった。軽トラの荷台に取りつけたガタガタのバーでも記録を破れる、なんて思っていた。だから、本番前に確認する機会が2度もあったのに、バーを調整しようともしなかった。集中と細部への目配りが足りなかったせいで、俺は不滅の記録へのチャレンジを棒に振ってしまったんだ。

第3に、部屋を出入りする騒がしい野次馬が多すぎた。ちょうど自撮り時代の始まりで、セットの合間に写真を求められることもあった。パーソナルスペースに土足で踏み込まれたような気分になったね。

そして、休憩が明らかに長すぎた。筋肉の腫れと乳酸の蓄積は、マッサージでは取り除けなかった。けいれん対策に塩タブレットを摂るべきだった。俺のチャレンジを知ったアンチが失敗を予言していたのに、俺は耳を貸さず、悪口の中に隠れた厳しい真実から目を背けた。タフに鍛えさえすれば記録は手に入ると決め込んで、必要な準備を怠ったんだ。

思わぬトラブルに備えることはできなくても、本番前にもっとしっかり準備すれば、10個のトラブルのうちの1、2個に手を打つだけですむ。ニューヨークでのチャレンジでは、いろんな問題が発生した。そういう時はとくに不安になりやすい。

失敗後、俺はアンチの批判に向き合い、少しでも気を抜けば失敗してしまう、ギリギリの計画だったと気がついた。おまけに俺の体重は、過去のどの挑戦者よりも重い95キロで、そもそも失敗する確率が高かったんだ。

*

失敗から2週間は、懸垂バーに触りもしなかった。でもホノルルに帰ってから、自宅のジムに懸垂セットを設置した。バーの違いにはすぐ気づいたけれど、すべてをバーのたわみのせいにしたい気持ちをグッとこらえたよ。硬いバーに変えただけで、１５２１回増やせるわけじゃないからね。

まず、体操競技用の滑り止めのチョーク〔炭酸マグネシウムの白い粉〕やグローブ、テーピングを、いろいろ取り寄せて実験した。セットの合間に体を冷やすために、バーの下に扇風機を置くことにした。

栄養補給の方法も考え直したよ。炭水化物だけに頼るのをやめて、けいれん対策にプロテインとバナナを加えた。

そして、チャレンジの場所については、俺の「原点」に立ち返る必要があった。つまり、きらびやかな世界を離れて、地下牢みたいな暗くて地味な場所を拠点にするってことだ。テネシー州ナッシュビルに行った時、俺にピッタリの場所を見つけた。母さんの家の近くの、元海兵隊員のナンドー・タマスカが経営する、「クロスフィット」ジムだ。

メールで何度かやりとりしてから、ナンドーに会いにクロスフィット・ブレントウッドヒルズ店に行った。ショッピングセンターにある、ごく普通のジムだ。黒いマット敷きの床に、バケツ一杯のチョーク、鉄棒、そしてワークアウトに励むタフな連中。

ジムに入るなり、懸垂バーをつかんでグイグイ揺らしてみた。俺の理想通り、床にしっかり固定されていた。バーがちょっとぐらついただけで、セットの途中でバーを握り直す羽目になる。目標が4021回だと、ほんの少しの動きが積もり積もって命取りになっちまう。

「こういうのがほしかったんだ」と俺はバーを揺らしながら言った。

「だろ」とナンドーは言った。「スクワットスタンドとしても使うから、頑丈じゃないとな」

バーは頑丈で安定していたうえ、高さもちょうどよかった。バーが低いと足を曲げることになって、ハムストリングにけいれんを起こしやすいから、つま先立ちでつかめるほどの高さがいい。

そしてナンドー自身も、俺のミッションにとって理想的な協力者だった。彼は海兵隊を経て、クロスフィット主催の競技で活躍し、ジムを開くために妻と家族を連れてジョージア州アトランタからナッシュビルに引っ越した。見ず知らずの俺のために、二つ返事でジムを使わせてくれたばかりか、兵士基金にも賛同してくれたんだ。

＊

2度目の挑戦は11月に決まった。ハワイの自宅ジムで5週間、1日500回から1300回の懸垂をやり込んだ。自宅を出る前の最後のセッションで、5時間で2000回こなしてから、ナッシュビルに飛んで、本番6日前に現地入りした。

ナンドーは、記録見届け人とサポートクルーをジムのメンバーから募り、BGMを手配し、チョークを調達し、裏に控え室を設け、プレスリリースまで出してくれた。当日に向けてジムでトレーニングしていると、地元のテレビ局が取材に来たよ。地方紙にも記事が出た。それほど大きな扱いじゃなかったけれど、ナッシュビルの住民たち、とくにジムのメンバーの関心を集め始めた。ジムに様子を見に来る人たちもいた。

この間ナンドーと話した時、いいことを言ってくれた。

「人間は何十年も昔からジョギングや長距離ランをやっているが、4000回の懸垂をやるようにはできていない。だから、その瞬間に立ち会えるのはすごいことだと思ったね」

前日は完全休養したから、当日ジムに着いた時は、気力と体力が充実して、地雷原に立ち向かう準備ができていた。

ナンドーと母さんが手分けして、すべてを抜かりなく準備してくれた。壁には、時間と回数を表示するしゃれたデジタルタイマーと、予備の電池式時計。バーの上には、「ギネス世界記録」の垂れ幕。そして、後ですべてを確認できるように、撮影スタッフがスタンバイしていた。テーピングはバッチリだった。グローブもだ。バーはしっかり固定されている。

俺は懸垂を開始し、爆発的パフォーマンスを炸裂させた！

めざすペースは前回と同じ、「１分６回」。最初の10セットは胸まで上がった。でもそこで「無駄な動きとエネルギーの浪費を抑える」って戦略を思い出した。１度目のチャレンジでは、「あごをバーのずっと上に持ち上げるぜ」と気張っていた。そういう無駄な動きは、テレビウケはよくても、記録達成の妨げになるんだ。

今回は、「あごはバーの高さまで」「腕と手を懸垂以外に使わない」と自分に言い聞かせた。前回ニューヨークでやったように、床に置いた水のボトルに手を伸ばす代わりに、積み重ねた木箱の上にボトルを置いて、ストローで直接ドリンクを飲んだ。最初の一口でハッとわれに返って、高く上がりすぎてはいけないことを思い出し、それからは自制して、数字を積み上げていった。

俺は順調で自信に満ちていた。ただ４０２０回をめざしていたんじゃなかった。24時間やり続けたかった。そうしたら５０００回、いや６０００回だってできる！

警戒を怠らず、チャレンジの妨げになりそうな体の兆候に注意を払った。すべてがうまくいっていた。でも開始から約４時間後、１３００回やったところで、手のひらに血マメができ始めた。セットの合間に、母さんが傷の広がりを防ぐためにセカンドスキン〔クッションパッド〕を貼ってくれた。

これは俺にとって初めての問題だった。チャレンジの前にSNSで読んだネガティブなコメントが、次々と頭に浮かんだ。「おまえは腕が長すぎる」「体が重すぎる」「フォームがおかしい」「手に負荷をかけすぎている」

この最後のコメントを、俺はまったく気にしていなかった。1度目のチャレンジでは、手のひらに痛みを感じなかったからだ。でも今になって、前回はバーのたわみが大きかったからだと気がついた。今回のバーは安定していて力を出しやすいが、その分手のひらにダメージが加わったんだ。

俺は頑張り続けた。1700回を過ぎると前腕が痛み始め、腕を曲げると上腕二頭筋がズキンとした。1度目にも同じ痛みを感じたのを思い出した。けいれんの予兆だ。セットの合間に塩タブレットをチャージして、バナナを2本食べると、筋肉の不調は治った。でも手のひらの痛みはひどくなる一方だった。

もう150回やった時、グローブの下で血マメがつぶれるのを感じた。この時点で一度止まって処置しなくてはいけないのはわかっていた。でも止まると体が固まって動かなくなる恐れがある。2件の「火事」が同時に起こって、どっちを先に消せばいいのかわからなかった。

結局、1分6回のペースを守るほうを選び、セットの合間にいろんな対策を試した。グローブを2枚、次に3枚重ねた。昔なじみの粘着テープも巻いたが効果はなかった。バーをパッドでく

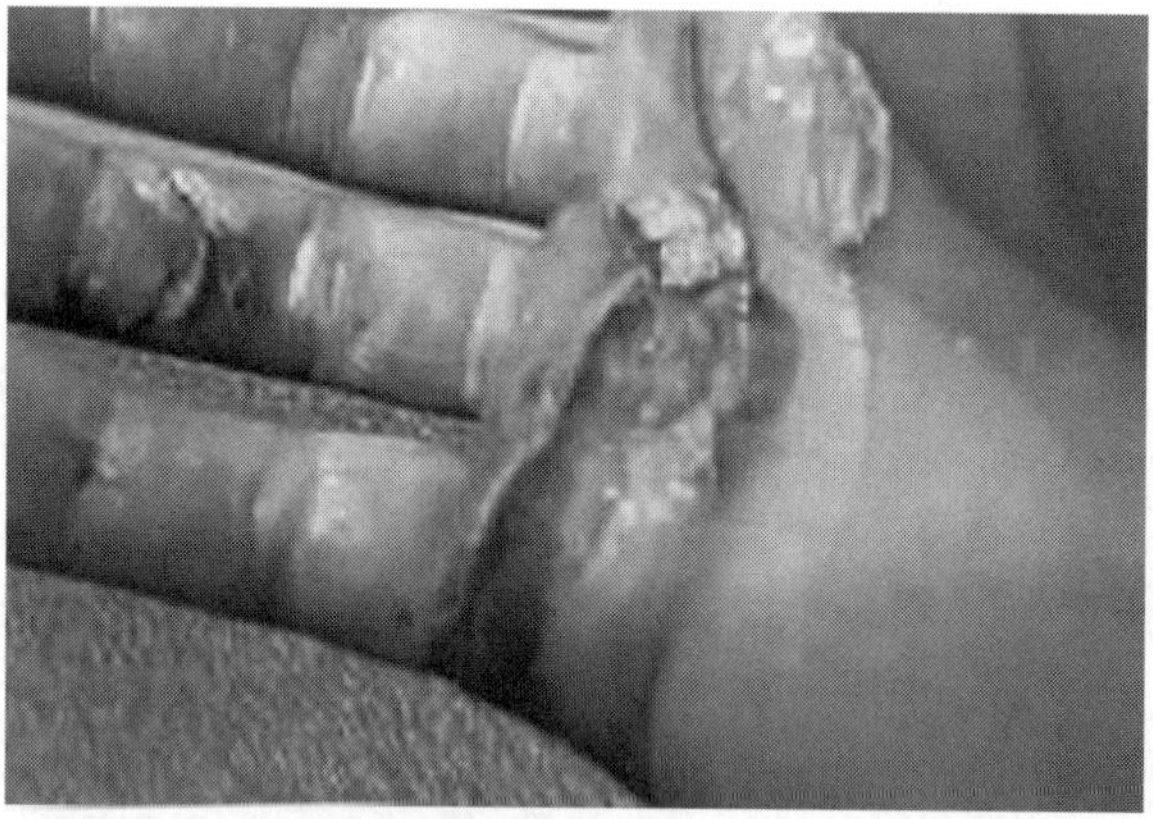

２度目のチャレンジでの俺の手のひら。

るむのは、ギネスのルール違反になる。もう何が何でも戦い続けるしかない。

＊

チャレンジ開始から10時間後に、壁にぶつかった。ペースは1分3回に落ちた。耐えがたい痛みを和らげるものが、何か必要だった。右のグローブを外すと、一緒に皮がベロンとむけて、手のひらは生のハンバーグに見えた。

母さんが近くの医者の友人レジーナを電話で呼び出し、控え室で到着を待った。チャレンジが無駄にならないことをひたすら祈ったよ。レジーナはやってきて状況を把握すると、注射器を取り出して局所麻酔薬を詰め、右手の傷口に針を向けた。

レジーナは「いいわね？」という感じで俺を見た。心臓が早鐘を打ち、全身冷や汗でびっしょりになった。筋肉が冷えて固まってきたが、うなずいて顔を背《そむ》けた。

レジーナは針を深く刺した。めちゃくちゃ痛かったが、魂の叫びを必死にこらえた。「弱みを見せるな」が、まだ俺のモットーだったからな。でも平気だったわけじゃない。母さんが2本目の注射のために左のグローブも外してくれたが、レジーナは上腕二頭筋の腫れと前腕のけいれんを調べるのに忙しかった。

「デイビッド、あなた横紋《おうもん》筋融解症のようね」と彼女は言った。「続けるべきじゃないわ、危険よ」。ポカンとして黙っていると、レジーナはわかりやすく説明してくれた。

横紋筋融解症っていうのは、同じ筋肉群を酷使しすぎた時に起こる現象なんだ。筋肉にたくわえられた、筋肉収縮のエネルギー源となる「グリコーゲン」が枯渇すると、筋肉の分解が始まる。そして「ミオグロビン」という、筋肉に酸素をたくわえる繊維状のタンパク質が血液中に大量に流出する。その結果腎臓に負荷がかかって、腎不全を引き起こすこともあるんだ。

「横紋筋融解症で死ぬこともあるのよ」と彼女は釘を刺した。

＊

両手が激しい痛みでズキズキした。筋肉が硬直を起こし、危険はこれ以上ないほど高まっていた。

でも、理性的な人なら、ここでギブアップするだろう。

スピーカーから爆音で流れる『ゴーイング・ザ・ディスタンス』を聴いて、俺は思った。これは俺にとっての第14ラウンド、「何も見えないぞ、なんとか見えるようにしてくれ、ミック！」〔クリードのパンチで目が腫れて見えなくなったロッキーが、トレーナーのミッキーに言うセリフ〕の瞬間なんだと。

理性なんかクソ食らえだ！

俺は左の手のひらをレジーナに向けて、もう1本注射を受けた。頭の中に自分を疑う気持ちが広がり、痛みの波が押し寄せた。レジーナは両手のひらをガーゼと医療用テープでグルグル巻きにして、新しいグローブをかぶせてくれた。俺はジムのフロアに大股で戻った。チャレンジ再開だ。2900回に届いた時は、戦い続けさえすれば何でも可能な気がまだしていた。

それからも1分2、3回のペースで2時間続けた。灼熱の棒を握っているみたいに手がヒリヒリしたから、指先でバーを握った。最初は4本、それから3本の指で。なんとかもう100回、さらに100回絞り出した。

時間は無情に過ぎていく。目標にジリジリ近づいてはいたが、横紋筋融解症のせいで破綻目前だった。手首をバーに引っかけて数セットやった。無理だと思うだろう？　でも麻酔が効いている間はできたんだ。麻酔が切れると、指を曲げるだけでナイフを突き立てられるような激痛が走った。

3200回をちょっと超えたところで、計算してみた。残り13時間かけて1回ずつ800セットやれば、ギリギリ記録を破れる。でも45分しか続かなかった。痛みは限界に近づき、イケイケムードだったジムに重苦しい空気がたちこめた。必死に弱みを見せまいとしたが、俺のグローブとグリップに問題があって、何かマズいことが起こっているのは、誰が見てもわかった。体勢を立て直すためにもう一度控え室に引っ込むと、ジム中に暗いため息が漏れた。

レジーナと母さんがもう一度手のひらのテープをはがすと、手の皮がバナナみたいにむけた。両手のひらが、神経の通っている真皮《しんぴ》まで裂けていたんだ。

ギリシア神話の英雄アキレスに腱という弱みがあったように、懸垂に関する限り、俺の強みであり、破滅の原因でもあったのは、「手」だった。アンチの言う通りだ。俺は軽やかで優美な懸垂選手とは違った。俺はパワフルで、そのパワーは手のグリップから来ていた。なのにその手は今や肉がむき出しで、人体というより解剖模型の一部に見えた。

この時点で、俺は精神的に参ってしまった。ただ肉体が疲れたからでも、記録をモノにできないからでもない。こんなにも多くの人が助けに来てくれたからだ。ナンドーのジムを占領したあげく、みんなをがっかりさせてしまった。母さんと2人で、コソ泥みたいに裏口から抜け出した。母さんが病院へと車を走らせる間、ずっとこう思っていた。

俺の実力はこんなもんじゃねえ！

ナンドーたちが壁の時計をばらし、垂れ幕を外し、チョークを掃き集め、懸垂バーから血まみれのテープをはがす間、俺は母さんと救急外来の待合室でグッタリ座っていた。手に握っていたグローブの切れ端は、O・J・シンプソン事件の犯行現場から拾い上げたみたいに血まみれだった。母さんは俺をじっと見て首を振った。

「ねえ、1つだけ言えることがあるわ」

しばらく黙ってから、俺は母さんのほうを向いた。

「何?」

「あなたがまた挑戦するってこと」

母さんは俺の心を読んだ。俺はすでに「生体解剖」を始めていたんだ。血まみれの手を動かせるようになったら、すぐにでも完全なAARを書こう。失敗の残骸は役に立つ情報の宝庫だ。それらを、ただパズルのように組み合わせていけばいい。

俺が何も言わないうちから母さんがそれに気づいていたことが、俺を燃え立たせた。


多くの人が、聞こえのいいことしか言わない取り巻きに囲まれている。失敗から立ち直ってまたチャレンジできるよう手を貸してくれる人じゃなく、甘い言葉で慰め、二度と挫折しないように守ってくれようとする人と一緒にいる。

でも君に必要なのは、甘い言葉じゃなく、厳しいことを言ってくれる人、それでいて「不可能じゃない」と思わせてくれる人だ。母さんは俺の最強の応援団だ。俺が挫折するたび、「いつどこでまた挑戦するの?」と聞いてくる。「縁がなかったのよ」なんて口が裂けても言わない。

ほとんどの戦いは、心の中で勝ち負けが決まる。そして、塹壕《ざんごう》に身を潜めている時にも、必ず仲間がいる。だからこそ、誠実な心と強い精神を持って励ましてくれる仲間を選ばないといけない。集中して最高の自分を出すためには、力づけてくれる言葉が必要なんだ。

あの病院で、心の中の塹壕で、自分を疑う気持ちが渦巻いていた。記録まではまだ800回足りず、その800回を生み出すのがどんなに大変かを肌で知っていた。遠い道のりだ！　あの塹壕に一緒に入る仲間は、母さん以外には考えられなかった。

「大丈夫よ」と母さんは言った。「帰ったらみんなに電話で頼んでおくから」

「了解」と俺は言った。「2か月後にあのバーに戻る。そう伝えてくれよ」

＊

「失敗」ほど避けがたく、そして見過ごされた、天からの贈り物はない。俺は失敗を重ね、味わい、かみしめることを覚えた。失敗をくわしく調べると、どこを直せばいいか、どうやってタスクをやり遂げるかの手がかりが、必ず見つかるんだ。

といっても、それらをただ頭の中で羅列《られつ》するだけじゃダメだよ。2度目のチャレンジが失敗に終わった後、俺はすべてを紙に書き出した。ただし、「グリップ」という最大の問題から始めはしなかった。最初は「よかった点」を全部書いた。どんな失敗にもいい面がたくさんあるから、それをまず認めることが大切だ。

ナッシュビルでの挑戦で一番よかったのは、ナンドーのジムだ。地下牢のようなあのジムは、最高の環境だった。たしかに俺はSNSで話題になったり、華々しいスポットライトを浴びたりすることもあるけど、ハリウッドの人間じゃない。俺のパワーの源は「闇」にある。

ナンドーのジムは、見かけ倒しのチャラチャラした場所じゃなかった。暗くて汗臭い、苦痛に満ちた、堅実な場所だった。あの翌日ナンドーに電話をかけて、もう一度トレーニングとチャレンジをさせてもらえないかと頼んだ。ナンドーには迷惑をかけて、後始末までさせてしまったから、断られるのを覚悟した。

「おうよ」と彼は言った。「やってやろうじゃないの！」。ナンドーのサポートがまた得られたのは本当に大きかった。

もう1つのよかった点は、俺が2度目の失敗に対処した方法だ。俺はマットを下りたその瞬間、救急外来で診てもらう前から、もう復活の軌道に乗っていた。そうあるべきなんだ。単純な失敗のせいで目標から目がそれたり、失敗にとらわれて大切な人との関係がおかしくなるようじゃ困る。**失敗は誰にでもあるし、人生はそもそもフェアじゃないし、すべてが思い通りにいくはずがないんだから。**

運命は気まぐれなクソッタレだ。いつも思い通りには進まない。だから、「思いはかなう」なんてヤワな考えにとらわれちゃいけない。自分は何かを達成して「当然だ」、なんておごった意識を持つと、自分で自分の首を絞めることになる。

そんな考えは捨て去ろう。**「手に入れて当然なもの」じゃなく、「何としても手に入れたいもの」を執念見せて狙うんだ。**

俺は失敗を人のせいにしなかったし、ナッシュビルでの自分を恥じることもなかった。謙虚さを失わず、記録を達成できて当然とも思わなかった。厳しい数字を受け入れて、できて当然なんて勘違いしなかった。信じられないかもしれないけど、失敗を他人や悪運や混乱した状況のせいにしたがる人がほとんどなんだ。俺はそうしなかった。これはよかった点だ。

それに、今回使った器具のほとんども「よかった点」のほうに書いた。テーピングとチョークは効果があった。バーで手のひらがむけたけれど、前回より700回増えたから、方向性は正しかった。

もう1つのよかった点は、ナンドーのジム仲間のサポートだ。熱心で立派な人たちに応援してもらえて、めちゃめちゃ力をもらえた。でも次は、人数を半分に減らす必要がある。ざわめきを抑えたかったんだ。

＊

よかった点を全部書き出したら、次は自分の「考え方」を点検する時間だ。

君も挫折や失敗を分析する時は、同じことをしてほしい。つまり、失敗した時、準備段階と実行段階で、君が「何をどんな風に考えていたか」を振り返るんだ。

俺の場合、準備には細心の注意を払ったし、固い決意を持って戦いに挑んだ。ただ、「自分を信じる気持ち」が思ったよりも揺らいでいた。だから3度目の準備では、疑念と不信を克服することに一番の重点を置いた。

これは簡単なことじゃない。とくに2度目の失敗後は、ネットで「おまえには無理だ」の大合唱が巻き起こったからね。記録保持者のスティーブン・ハイランドは軽量で、クモみたいに強くぶ厚い筋肉質の手のひらを持ち、懸垂をするために生まれてきたみたいな体をしている。対する俺は、「体がデカすぎる」「フォームが荒すぎる」「ケガをするだけだ、もうやめろ」なんて言われ続けた。

数字を見る限り、厳しい戦いなのは明らかだった。2度目は1度目より700回増えたが、記録達成にはまだ800回も足りなかった。手のひらの問題を最初から予言していた人たちもいた。そしてナッシュビルでそれが現実になると、メンタルに重くのしかかった。

あいつらの言う通りなんじゃないのか？　俺にはやっぱり無理なのか？

とその時、昔のイギリスの中距離ランナー、ロジャー・バニスターのことを思い出した。バニスターは1950年代に、「人間には不可能」だと専門家が考えていた、「1マイル4分」の壁を破ろうとした。彼はけっしてあきらめなかった。何度失敗してもくじけず、とうとう1954年5月6日に、1マイルを3分59秒4で走って、歴史に名を残した。

そして彼はただ記録を破っただけじゃなかった。それが「可能だ」と示すことによって、人間の可能性を解き放ったんだ。彼の記録はたった6週間で破られ、かつて人間の能力を超えると思われていたことを、今では1000人以上のランナーが達成している。

経験を積んだ専門家や経験者は人間の可能性の「上限」を決めつけ、それを聞いた人は「そういうものか」と受け入れることで、ポテンシャルを封じ込める片棒を担いでいる。けれど、世界中の人がスポーツを愛するのは、ガラスの天井が破られる瞬間を見届けたいからだ。

世間の常識を破るアスリートになるなら、外野や心の中の疑念に惑わされちゃいけない。疑念を吹っ飛ばすには、懸垂記録は「もう俺のものだ」と思い込むのが一番だ。それがいつ正式に俺のものになるかはわからない。2か月後か、20年後かもしれない。でもとにかく俺は、記録が「いつ」俺のものになるかと考える代わりに、「もう俺のものになっている」と自分に言い聞かせたことで、自信を取り戻して、プレッシャーから解放された。

それはなぜかというと、**俺のタスクが「不可能を可能にすること」から、「必ず起こることに取り組むこと」に変わったからなんだ。**でも記録を達成するためには、正しい戦術を生み出す必要があった。

＊

「戦術の見直し」は、生体解剖やAARの最後の最重要部分だ。バーを安定させてエネルギーの浪費を減らしたことで、1度目よりも戦術は改善した。でもまだ800回も足りないから、数字をさらに深く掘り下げて考える必要がある。

俺は「1分6回」のペースをめざして、2度とも失敗した。4020回への最短ルートには乗ったが、そこにはけっして届かなかった。今度はさらに先へ行くために、もっとゆっくりしたペースで始めなくてはいけない。

それから、10時間後に壁にぶつかることと、だからといって長い休憩を取ってはいけないことも、2度の経験からわかっていた。俺は2度のチャレンジで10時間の壁に往復ビンタを食らい、2度とも5分以上休んだ後で、あっという間に失敗した。今度は戦術を忠実に守り、休憩は長くても4分までにする。

そして最後が、懸垂バーだ。今度もきっと手の皮がむけるから、対策が必要だ。ギネスのルールでは、チャレンジの途中で手と手の幅は変えられない。最初から最後まで同じ幅でやり続ける必要がある。唯一変えられるのは、手のひらを保護する方法だ。3度目の準備をする間、いろんな種類のグローブを試した。また、特注の発泡体《フォーム》パッドを使う許可ももらった。前にシールズの仲間が、重量挙げでフォームマットレスを薄く切ったものを使っていた。それを思い出して、俺の手にフィットするパッドを、マットレス会社につくってもらったんだ。

ギネスの使用許可を得て、2度目の失敗から2か月後の２０１３年1月19日朝10時に、俺はクロスフィット・ブレントウッドヒルズ店のバーの前に再び立った。

*

「1分5回」のゆっくりめのペースで始めた。フォームパッドは手に貼りつけず、バーに巻いただけだが、いい感じだった。1時間もするとフォームが手に貼りついて、灼熱の痛みから守ってくれた。まあ、守ってくれそうだった。

約2時間後に６００回を超えると、ナンドーにロッキーの戦いのテーマ『ゴーイング・ザ・ディスタンス』をループで流してもらった。それを聞いたとたん、俺の中で何かがカチリとはまり、そこから俺はサイボーグ化して機械的に懸垂をくり返した。

自分のリズムができてきた。セットの合間はベンチに座って、チョークの粉まみれの床を見つめた。これから来る地獄のために心の準備をしていると、トンネルに入ったように視野が狭まって極限の集中状態になり、周囲が目に入らなくなった。そして手のひらの最初のマメがつぶれ、痛みの本番が始まった。でも今度は失敗を分析したおかげで、覚悟ができていた。

楽しんでいたわけじゃないよ。楽しいはずがない。楽しみなんか求めていない。もう懸垂なんかやりたくなかった。だけど、目標の達成や障害の克服が楽しい必要はない。たとえば植物の種は、殻を内側から突き破って自分を破壊することで、新しい生命を生み出すだろう？　それは楽しそうに聞こえるかい？　気持ちいいことだと思うかい？


俺は楽しむため、やりたいことをやるために、今ここにいるんじゃない。自分の殻を内側から突き破り、精神や感情、肉体の壁をこっぱみじんにするためにいる！


12時間後、とうとう鬼門の3000回を超えたところで、頭から壁に突っ込んだように感じた。俺は苛立ち、もがき苦しみ、そしてまたもや手のひらが裂けかけていた。記録更新にはまだまだ遠い。部屋中の目が俺に注がれるのを感じ、失敗と屈辱の重圧に押し潰されそうになった。

3度目のヘルウィークがフラッシュバックした。これが俺の最後のBUD／Sだと知っている新しいクラスメイトに会う前に、脛と足首をテープで巻いていた時のことが、鮮やかによみがえった。

自分のありのままをさらけ出し、自分の存在を全賭けして、みんなが見ている前で戦い、夢が破れようとしているのに努力を続けるなんて、心が相当強くないとできない。なぜかって？　俺たちはいつも家族や友人に見られている。彼らの注目を集めている。君もそうだ。そして彼らは、君が「どういう人間か」「何が得意か」「何をめざすべきか、めざすべきじゃないのか」といった思い込みを、悪気がなかったとしても必ず持っている。人間はそういうものなんだ。

もし君が彼らの思い込みを裏切るようなことをすれば、押しつけがましい忠告をされて、野心を潰されることもある。「無理だ」と言われたら、君自身も「無理なのか」と思ってしまう。

彼らに悪気はないんだ。ただ君のことが大切だから、傷ついてほしくない、安全で快適で幸せでいてほしい、と思っている。地下牢で床に散らばった夢のカケラを見つめてほしくない、と思っている。

でもそれはほんとにもったいないことだ。**そういう苦しみの瞬間には、大きな可能性が眠っているんだから。壊れた夢をつなぎ直す方法を見つけさえすれば、大きな力が手に入る！**

＊

計画通り、休憩は4分で切り上げた。フォームパッドが貼りついた手に、パッド入りグローブをはめるだけの時間だ。なのにバーに戻るとペースが落ちて、力が出なくなった。俺が苦しみもがく姿を、ナンドーと彼の奥さん、ボランティアが遠巻きに見守っていた。

ヘッドホンで『ロッキー』のテーマを聴きながら、1回、また1回と積み上げていった。ペースは1分4回に、そして3回に落ちたが、そこでまた神がかったようにサイボーグ化した。**俺は醜く暗い自分をさらけ出した。**

俺の苦痛を生み出したのは、スティーブン・ハイランドというイカレ科学者だと妄想した。俺の記録と魂を巻き上げた、邪悪な天才。すべてはやつのせいだ！　あのクソ野郎が、地球の裏側から俺を痛めつけているんだ。ここからさらに数字を積み上げて、魂を奪い返し、記録に向かって突き進めるかどうかは、俺に、俺だけにかかっている！

もちろん、ハイランドに恨みなんかなかったよ。知り合いでもない！　たんにこの妄想から「戦い続ける力」をもらおうとしただけだ。

ハイランドを目の敵にしたのは、俺が自信過剰だったからでも、彼をねたんでいたからでもない。自己不信をかき消すためなんだ。**人生そのものが心理戦だ。そしてこの方法は、人生の中の1つの心理戦に勝つための手段だった。どこかから力を得る必要があったんだ。自分に立ちふさがる敵の中にその力を見つけることができれば、向かうところ敵なしになれる。**

真夜中を過ぎて、ハイランドとの距離はさらに縮まったが、簡単でも楽でもなかった。心身ともに疲れ果て、横紋筋融解症が進み、ペースは1分3回に落ちたままだった。

3800回に達した時、山頂が見えたような気がした。でもその一方で、1分3回のペースが0回に落ちるのも一瞬だと知っていた。バッドウォーター135マイルレースでも、129マイルに到達しながら完走できなかったやつらがいるからな！

いつ100％全力を出し尽くして、完全な筋肉疲労に陥るかはわからない。腕さえ上げられなくなる瞬間が来るのを、俺はひたすら待ち続けた。疑念が影のようにつきまとった。それを抑えつけ、消し去ろうとしたが、くり返し頭をよぎり、俺を苦しめ、ど突いてきた。

でもついに17時間の苦痛を経て、2013年1月20日の朝3時頃、俺は4020回、そして4021回の懸垂をして、記録をモノにした！　ジムに歓声が上がる中、俺は落ち着き払っていた。もう2セットやって4030回に達すると、ヘッドホンを外し、カメラを見据えてひと言放った。「スティーブン・ハイランド、おまえをとらえたぜ！」

＊

この1日でスペースシャトル約3機分、合計384トンの重量を上げたことになる！　ジムの歓声は笑い声に変わり、俺はグローブを外して裏手に引っ込んだ。でもみんなが驚いたことに、俺は祝うような気分じゃなかった。

そう聞いて、君もびっくりするかい？　俺はこれまで一度も満足したことはないし、これからも満足することはないだろう。俺はいつだって強い思いに突き動かされ、いつだって次のチャレンジを探してきた。だからこそ、懸垂記録を破り、バッドウォーターを完走し、シールになり、レンジャースクールを卒業できたんだ。

俺がイメージする自分の姿は、「俺にもできる」ってことを証明しようとして、目の前のニンジンを永遠に追い続けるウマだ。そんな生き方をしていると、目標を達成してもあっけなく感じてしまう。

初めてのチャレンジとは打って変わって、今回の成功はニュースにもならなかった。それでよかった。称賛を得るためにチャレンジしたんじゃない。それでも、寄付金をいくらか集められた。

あの経験からできる限りのことを学んだ。9か月で6万7000回以上の懸垂をした。それらを「クッキージャー」に入れて、また次に進む時が来た。

人生は長い心理戦だ。それはスコアボードも審判もない、死ぬまで続くゲームなんだ。

俺がそのゲームに望むのはただ1つ、**自分の目から見て「成功した」と思えるようになることだ**。金持ちやセレブになったり、ガレージ一杯の高級車を手に入れたり、美女をはべらせたりすることなんて望まない。俺は地上最強のタフな男になりたい。これまでいろいろ失敗をしてきたけれど、今回の記録達成は、その目標に近づいているという証拠に思えた。

でも、ゲームはまだまだ終わっちゃいない。タフになるには、試合終了のホイッスルが鳴るまで、心と体と魂を絞り切らなくてはいけないんだ。

俺はこれからもずっと高みをめざし続ける。いつも全力を出し切りたい。最終的に満足できる状態を自分の手でつかみ取りたい。あの頃はそう思っていた。自分の「最期《さいご》」にあんなに近づいているなんて、夢にも思っていなかったんだ。

チャレンジ#10 失敗を点検し「貴重資料」を作ろう

君がこれまで一番心が折れた失敗は何だろう？ 1つ選んでほしい。最後にもう一度だけノートを取り出そう。デジタル版はオフにして、君の手で書き込んでほしい。書くことによって、このプロセスを体で感じ、体に刻み込んでほしいからだ。

これからやるのは、君自身の待望のAAR（事後報告書）だ。

まず最初に、失敗の中の「よかった点」や「うまくいった点」をすべてくわしく書き出そう。これを書く時は、自分に甘くなっていいよ。失敗の中にもいいことがたくさん起こったはずだ。すべてがダメってことはほとんどない。

それが終わったら、今度は君が失敗を「どう考えたか」「どう対処したか」を振り返ってほしい。また、失敗したことで、君の生活や人間関係にどんな影響があっただろう？

そして次が一番肝心な、君の戦術の、つまり「考え方」の見直しだ。準備段階と実行段階を細かく振り返るんだ。**それぞれの段階で、君が「何を、どう考えて行動したのか」「それがなぜ失敗につながったのか」を、じっくり考えてほしい。** ここではできるだけ自分に厳しく、冷静に分析してくれよ。どんな時も成功と失敗を分けるのは、正しい戦術を持ち、正しい「考え方」をしているかどうかだ。ほとんどの人が足りないのはそこなんだ。

最後に、もう一度すべてを振り返って、「修正できること」をリストアップしよう。ここでも自分に甘くなってる場合じゃない。残酷なまでに自分に正直に、厳しくなって、全部書き出そう。そして書き出したことをじっくり検討するんだ。

それからスケジュール帳を開いて、次のチャレンジの日をできるだけ早く決めよう。たとえ君の失敗がやり直せないものだったとしても(たとえば子ども時代に野球の試合でしくじったことなど)、AARは必ずやってほしい。将来何かの目標を達成するために、その情報が必要になる時がきっと来るからだ。


次のチャレンジの準備をする時は、AARをいつも手元に置いて、必要な修正を実行に移していこう。自分と向き合う鏡の力を借りよう。そして実行段階になったら、ここまで説明した、「鍛えた心」「クッキージャー」「40%ルール」の戦術をいつでも思い出せるようにしておこう。君の心に惑わされるな。人生は心理戦だ。それを認めて、自分との心理戦に挑むんだ!

また失敗した? それは仕方がない。目をつぶらずに苦痛と向き合おう。そして、またこのステップをくり返して、いつまでも戦い続ける。大切なのは戦い続けることだ。

君の準備やトレーニング、実行の様子を、SNSでシェアしてほしい。ハッシュタグは#canthurtme　#失敗が力をくれる　でよろしく。

11章 もし可能だったら？

乗り越えてきたすべての壁が、俺という人間をつくっている

レースがまだ始まってもいないのに、「困ったことになったぞ」と思った。2014年のバッドウォーターは、いつものコースに国立公園局から許可が下りなかったから、レース責任者のクリス・コストマンはコースを変更した。例年のようにデスバレー国立公園からスタートして、地上で最も暑い平坦な砂漠を42マイル（68キロ）走る代わりに、もっと奥地の、22マイル（35キロ）の上り坂の麓《ふもと》からスタートすることになったんだ。

でも、俺の問題はそこじゃなかった。問題は、俺がいつものレース前の体重を5キロもオーバーしていて、うち4・5キロがこの7日間で増えたことだった。太ったんじゃないよ。普通の人の目には、俺は健康そのものに見えただろう。でもバッドウォーターは「普通」のレースじゃない。

最後まで力強く走り切るには万全のコンディションが欠かせない。なのに俺は万全にはほど遠かった。俺の体で何が起こっているのかはわからないが、ショックだった。思いっきり走れない2年を経て、やっと元の力を取り戻したと思っていたのに。

*

この年の1月に、俺は氷河のトレイルを走る100キロレース、「フローズンオッタ―」で優勝した。このレースはハート100ほどじゃないけれど、それに近い過酷なコースだ。ウィスコンシン州ミルウォーキー郊外をめぐる、いびつな8の字型の周回コース（ループ）で、ループのつなぎ目にスタート／フィニッシュ地点が置かれている。2つのループの間に停めた車に、食料やその他の物資を置いて、必要に応じて補充する。レース主催者は悪天候を想定して、脱水症状や低体温症、凍死を防ぐための、常時携行の必需品のリストをつくっていたんだ。

スタート時の気温は零下18度。最初は大きいほうのループを走った。トレイルは一度も除雪されていなくて、雪だまりができているところや、滑りやすい氷をわざと張ったように見えるところもあった。これは大問題だったね。だって俺は、ほとんどの出場者のようにブーツやトレイル用シューズを履いていなかったんだ。いつものランニングシューズに、安い滑り止めのスパイクをつけただけ。

スパイクが地面に食い込めば、まっすぐ立てる「はず」だった。でも氷には勝てず、スパイクは最初の1時間でポッキリ折れちまった。それでも俺は先頭を走り、雪が平均15センチから30センチ、ところによってはそれ以上積もったトレイルを駆け抜けた。スタートした瞬間から両足が濡れて冷え、2時間後にはつま先を中心に足がカチンコチンになった。

上半身もひどかった。氷点下で汗をかくと、塩分で肌が荒れるんだ。脇の下と胸が真っ赤になり、全身に発疹が出た。1歩踏み出すごとにつま先がズキズキ痛んだ。でも、俺にとってそんなことは何でもなかった。だって、また思い切り走れる喜びに浸っていたんだから。

2度目の心臓手術以来初めて、体が元に戻りつつあった。普通の人と同じように、吸った酸素を100%取り込めるようになったおかげで、持久力と体力は一段と高まっていた。トレイルが滑りやすくてグチャグチャでも、それを乗り切るテクニックもあった。

俺はダントツの先頭をキープして、最後の22マイル（35キロ）のループに入る前に、車に戻ってサンドイッチを食べた。つま先がヤバい痛みでズキズキうずいた。凍傷だとしたら、足の指を何本か失うかもしれない。でも靴を脱いで確かめたくはなかった。この時も疑念と恐れが頭を駆けめぐったよ。

フローズンオッターを完走するのはほんの一握りの人だ。これだけ寒いと、どれだけリードがあっても十分じゃない。どんなクソヤバいやつでも、悪天候の前にはひとたまりもない……。

でも俺は耳を貸さなかった。代わりに、頭の中で新しいひとり言を始めた。

まずはレースを力強くフィニッシュするぜ。足の指を失う心配をするのは、優勝を果たして、病院に行ってからでいい。


休憩を終えると、コースに走って戻った。日中の日差しで雪が少し解けていたけれど、冷たい風のせいでトレイルはきれいに凍っていたね。走りながら、俺は初めてのハート100と、その時見た偉大な「スピードヤギ」ことカール・メルツァーを思い出していた。

あの頃の俺はドスドス走っていた。かかとから着地し、足裏全体を使って泥だらけのトレイルを進んでいたから、滑ったりこけたりしやすかった。メルツァーの走りはそんなんじゃなかった。あれはまさにヤギの動きだったね。つま先で飛び跳ねながら、トレイルの縁に沿って走っていたよ。つま先が地面に触れたとたん、地面を蹴り上げた。だから空中に浮かんでいるように見えたんだ。足はほとんど地面に触れず、頭と体幹はブレずに安定していた。

あれを見た瞬間、メルツァーの動きは俺の脳内に洞窟壁画のように永遠に刻み込まれた。トレーニングで走る時も、いつもあのテクニックを視覚化して練習した。

新しい習慣が身につくまでには66日かかるとか言うよね。俺の場合はもっとかかるけれど、とうとう自分のものにした。そしてそれからも、ウルトラレースのトレーニングと実戦でテクニックを磨き続けた。真のランナーは、自分のフォームを分析するんだ。シールズではその方法を教

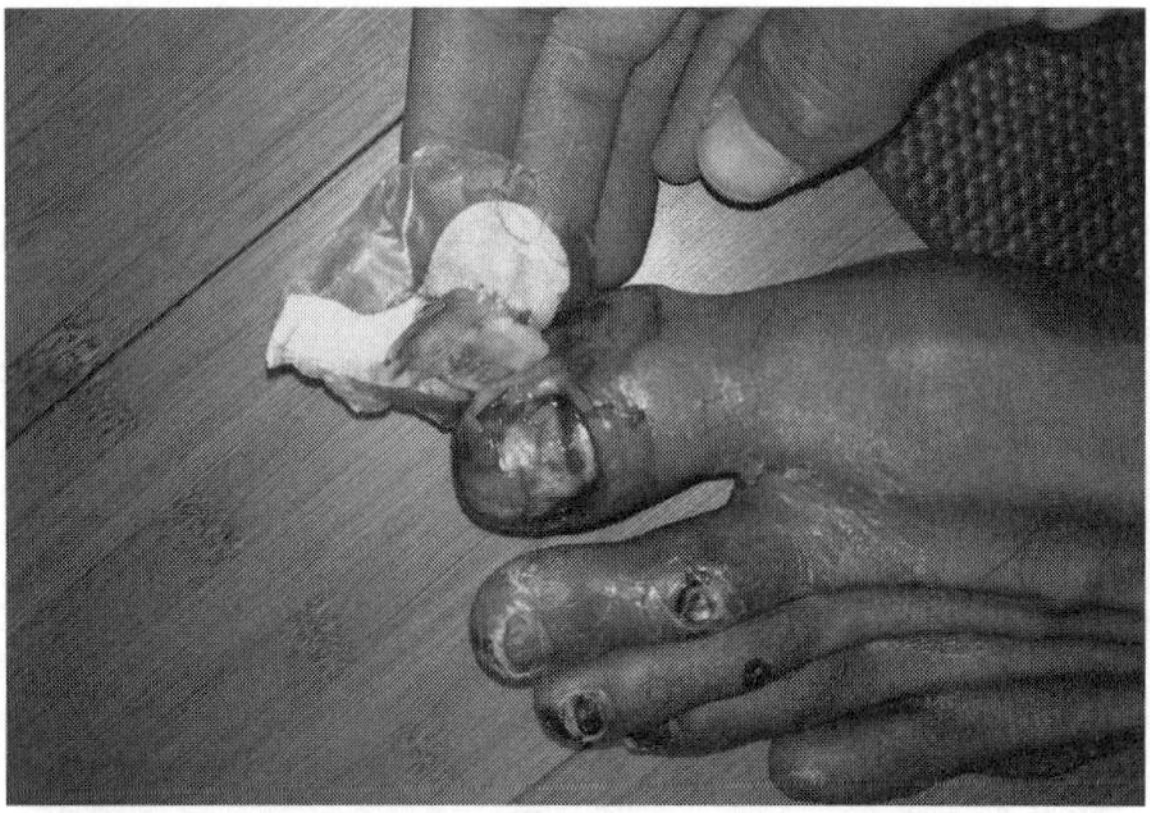

フローズンオッター後の俺のつま先。

わらなかったけれど、長年いろんなウルトラランナーを観察して、最初は不自然に思えたスキルを吸収し、練習を重ねた。

フローズンオッターで俺がとくに気をつけたのは、「やさしく」地面を踏んで、瞬発力が得られるギリギリの強さで蹴ることだ。

俺はBUD／Sや最初の小隊でもランが得意だと思われていたけれど、あの頃は頭がブレまくっていた。脚にかかる体重のバランスが取れていなかった。滑りやすい道でら着地時に全体重が片脚にかかって、滑りやすい道でぶざまに転倒することがあった。試行錯誤と数千時間のトレーニングで、バランスを保つ方法を学んだ。

そしてそのすべてが、このレースで実を結んだんだ。険しく滑りやすいトレイルを、軽やかに優雅に進んだ。頭を揺らさず、できるだけ静かな動きで、つま先を使って足音を立てずに走ったね。

スピードを上げると、白い風の中に消えていくように感じた。瞑想みたいに集中して、俺はカール・メルツァーになった。メルツァーが乗り移ったかのように、過酷なトレイルの上を浮かんでいたんだ。

俺は16時間で完走して、コース記録を塗り替え、足の指を1本も失わずにフローズンオッターのタイトルを手に入れた！

*

2年前には6マイル（10キロ）の軽いランでめまいを起こし、2013年のバッドウォーターは135マイルのうちの100マイルを歩いて17位に終わった。俺の調子は下り坂で、タイトル争いの日々はもう遠い過去のことだと思っていた。

でも、フローズンオッターで優勝したことで、やっと全盛期の、いやそれ以上の力を取り戻し、まだまだこれからもウルトラレースで活躍するぞと意気込んだ。それをめざして、バッドウォーター2014の準備に全力を注いできたんだ。

当時俺はシカゴに住んで、BUD／S予備訓練の教官をしていた。訓練生をBUD／Sの過酷な現実に慣れさせるための訓練だ。20年以上の軍務を経て、これが俺の軍人としての最後の1年になる。シールを志望する訓練生を教える立場に立ったことで、一周回って原点に戻ってきたような気がしていたな。

相変わらず、平日は職場までの10マイル（16キロ）を走って往復していたよ。気が向けば昼休みにもう8マイル（13キロ）走った。週末は最低でも35マイル（56キロ）から40マイル（64キロ）。週に合計130マイル（209キロ）以上走り、力がみなぎるのを感じていた。
春になると、バッドウォーターの暑さ対策のために、スウェットを4、5枚着込んでニット帽をかぶり、その上にゴアテックスのジャケットまで着て走った。職場に着くと、同僚のシール教官にびっくりされたよ。汗だくの服を脱いでゴミ袋に入れて重さを量ると、7キロもあった。

レース4週間前からテーパリングを始めて、週130マイル（209キロ）から80マイル（129キロ）、60マイル（97キロ）、40マイル（64キロ）、20マイル（32キロ）と徐々に短くしていった。トレーニング量を減らして、食事と休息で豊富なエネルギーをため、体に蓄積したダメージを修復して、万全のコンディションでレースに臨もうとしたんだ。


なのに突然、体調がこれ以上ないほど悪くなった。腹が空かず、夜もまったく眠れなかった。カロリー不足やナトリウム不足を指摘する人もいた。甲状腺の検査もしたが、基準値をやや外れているだけで、こんなに具合が悪い理由の説明にはならなかった。もしかしたら、もっと単純なことなのかもしれない。オーバートレーニングだ。

本番の2週間前には、出場辞退も考えた。心臓がまた問題を起こしたんじゃないかと気が気じゃなかった。軽く走っただけでアドレナリンが噴き出して手に負えなくなった。ゆっくり走っても、心拍数が急上昇して不整脈を起こした。レース10日前にラスベガス入りして、5回走ったけれど、毎回3マイル（4・8キロ）ももたなかった。

ほとんど食べていないのに、体重はどんどん増え続けた。すべて水分だったんだ。別の医者にも診てもらったが、どこにも異常はないと太鼓判を押された。「弱音を吐いている場合じゃないぞ」と気を取り直した。

そして2014年バッドウォーター当日。最初の数マイルを走り、1つ目の上り坂を駆け上っている間に動悸がした。それは標高のせいでもあった。でも22マイル（35キロ）の上り坂を終えた時点で、6、7位だった。びっくりしたよ。うれしくなって「下りも行けるんじゃないか」と思った。険しい下り坂は大腿四頭筋に負荷がかかるから苦手だったけれど、うまくいけば調子をリセットして、呼吸を整えられるかもしれない。

でも、体が言うことを聞かなくなり、息を整えるどころじゃなかった。坂を下りきって平坦な区間に出ると、ペースを落として歩き始めた。大腿筋がけいれんを起こし、どんどん追い抜かれていった。大腿四頭筋の中でエイリアンが暴れているみたいな、ひどいけいれんだった。

それでも俺は止まらなかったぜ！　もう4マイル（6・4キロ）歩いて、ローンパインでバッドウォーター医療チームのいるモーテルに行った。この時も血圧が低めというだけで、問題ないと言われた。具合の悪さを説明できる数値は1つも見つからなかったんだ。

固形物をちょっと食べて休憩を取ってから、もう一度頑張ることにした。ローンパインからの平坦な区間を走り切れば、セカンドウィンドに乗れるかもしれない。だが6、7マイル（10キロほど）走っても追い風は吹かず、そこでエネルギー切れを起こした。筋肉がピクピク、ブルブル震えて、心拍数が激しく上下した。

俺はペーサーを務めてくれたランナーを見て言った。「もう限界、これまでだ」

サポートカーに乗り込み、数分後にはさっきのモーテルのベッドの上で、しっぽを巻いて寝ていた。

たった50マイル（80キロ）しかもたなかった。でも途中棄権したという、いつにない屈辱は、「何かがクソおかしい」という直感にかき消された。その直感は、楽を求める衝動や、恐れとは関係なかった。今度だけは俺にもわかっていた。このチャレンジをやめなければ、シェラネバダ山脈から生きては出られない。

＊

次の日の夜にローンパインを発ってラスベガスに行き、体が落ち着くことを祈りながら、ウィン・ラスベガスに2泊して休息と回復に努めた。3日目の朝、燃料タンクの回復具合を調べるために、ジョギングに出た。でも1マイル（1・6キロ）走っただけで心臓が喉から飛び出しそうになった。ホテルまで歩いて戻ったよ。医者が何と言おうと俺は病気で、その病気は深刻に違いなかった。

その夜遅くにベガス郊外で映画を見てから、近くのレストラン「エレファントバー」までゆっくり歩いた。数歩先を歩いていた母さんの姿が3重に見えた。ギュッとまばたきしても、まだ3人いる。母さんがドアを開けてくれ、涼しい店内に入ると、気分がちょっとましになった。

向かい合わせの席に座ったけれど、頭がグラグラしてメニューが読めず、母さんに注文を任せた。そこからどんどん具合が悪くなって、料理が運ばれてきた時にまた視界がぼやけた。目を見開いたがもうろうとして、母さんがテーブルの上に浮かんでいるように見えた。

「救急車を呼んでくれ」と俺は母さんに言った。「もうダメだ」

しっかりしたものにつかまっていたくて、テーブルに突っ伏した。母さんは救急車を呼ばなかった。俺の隣に回って、肩を貸してくれた。そのまま歩いて会計をすませ、車で救急外来に向かった。意識を失った時のために、思い出せる限りの病気とケガの履歴を母さんに途切れ途切れに伝えた。途中で一度救急に電話したが、視界と体力が回復したから、そのまま外来に行った。

前に甲状腺がおかしいと言われたことがあったから、まずそれを検査した。ネイビーシールズは、30代になると甲状腺に問題が起こることが多い。ヘルウィークや戦場のような極限的環境にいると、ホルモンが乱れるせいなんだ。甲状腺の不調は疲労や筋肉痛、衰弱などの原因になる。でも甲状腺に異常はなかった。心臓にもだ。休めば治ると言われた。

シカゴに戻ると、かかりつけ医で血液検査を受けた。内分泌系疾患からライム病、肝炎、リウマチ性関節炎、その他の自己免疫疾患〔免疫システムがうまく働かず、体が自分の組織を攻撃してしまう病気〕まで調べても、甲状腺ホルモン値が正常範囲をやや外れているほかは異常なしだった。

結局、なぜ何百マイルも走れる一流アスリートだった俺が、突然1マイル走っただけでぶっ倒れそうになるどころか、靴ひもさえ結べなくなったのかは、わからずじまいだった。答えよりも多くの疑問を抱えたまま、甲状腺の薬を処方されて診療所を出た。

＊

体調はその後もどんどん悪化した。すべてがガラガラと崩れ落ちた。ベッドから出るのさえつらくて、ひどい便秘と全身の激痛に悩まされた。

もう一度血液検査を受けて、「アジソン病」と診断された。これは、副腎機能が低下して副腎ホルモンが不足する自己免疫疾患で、〔副腎髄質から分泌される〕アドレナリンを燃料にして戦うように訓練されているシールズには、身近な病気なんだ。ステロイド剤のヒドロコルチゾンやDHEA、アリミデックスなどを処方されたが、薬を飲むと余計悪化し、医者は匙を投げた。俺のことを、原因も治療法もわからない病気で死にかけている患者か、さもなければイカレたノイローゼだと思ったんだろうな。

俺は戦い抜こうとした。絶対に弱みを見せなかったから、職場の同僚には気づかれなかった。俺は生まれてからずっと、不安とトラウマを隠して生きてきたからね。脆さや傷つきやすさを、鉄の仮面で隠してきた。でも苦痛があまりにもひどくなって、とうとうベッドから起き上がることもできなくなった。

職場に病欠の連絡を入れて、ベッドで天井を見つめながら考えた。

これが俺の終わりなのか？

死の淵《ふち》をのぞき込んだことで、数日前、数週間前、数年前、そして一生のできごとが走馬燈《そうまとう》のように浮かんできた。記憶の中の最高の瞬間だけを取り出したハイライト映像が、くり返し脳裏に流れた。


暴力と虐待を受けて育ち、社会のふるいにことごとく落とされた、無学な俺。

でも人生と向き合い始めて変わった。

肥満を抜け出した。

結婚して離婚した。

心臓手術を2度受けた。

自分で泳ぎを覚え、砕けた脚で走れるようになった。

高所恐怖症を克服し、高高度パラシュート降下を学んだ。

極度の水恐怖症を乗り越え、スキューバダイビングよりも数段難しい、テクニカルダイビングと水中ナビゲーションの資格を取った。

60以上のウルトラレースに出場し、何度か優勝した。

懸垂のギネス世界記録を塗り替えた。

小学校低学年で吃音に苦しんだが、ネイビーシールズでは広報活動を一手に引き受けた。

戦場で国のために戦った。

過去の虐待やいじめを克服して、才能や恐怖や弱みに振り回されない人生を歩む決意を持てた。

こうして乗り越えてきたすべての壁が、俺という人間をつくっている。 これまで俺は全米の学生に自分の人生を語ってきた。でも、人生の物語を自分でゆっくりかみしめることはなかった。無駄にする時間は一刻もなかった。居眠りする暇もなかった。いつでもやるべきことがあったんだ。

1日20時間働いたら、睡眠を3時間に削ってでも、必ず1時間ワークアウトをした。俺の脳は楽を求めるようにできていない。やるべきことをやり、次の挑戦を探し、目標を定め、それをやり遂げるようにプログラミングされている。だからこそ、あんなに多くのことをやり遂げられた。俺はいつも「次の大きな獲物」に飢えていた。

でも今、緊張でこわばり、苦痛に苛まれた体で横たわりながら、次に何が来るかをはっきり悟った。「墓場」だ。長年体を酷使して、取り返しがつかないほどズタズタにしちまった。

俺は死にかけていた。

何週間、何か月も、このおかしな病気を治す方法を探し求めたが、見つからなかった。でも、抑えつけてきた感情が一気に解き放たれた、この精神の浄化《カタルシス》の瞬間に、俺は寂しいとも、残念だとも思わなかった。

まだ38歳だけれど、10人分の人生を生きた。80歳の人よりずっと多い経験を積んだ。自分を哀れんではいなかった。体を酷使したツケがいつか来るのはわかっていた。

何時間もの間、俺はそうやってこれまでの旅に思いを馳せていた。戦いに勝つための力を見つけるためにクッキージャーに手を突っ込んでいたのでもなく、つらい経験をバネに新たな目標に突き進んでいたのでもなかった。戦いはもう終わったんだ。

そしてこの胸には感謝しかなかった。

＊

俺は運命に逆らった！　ことあるごとに自分と戦って、今の自分になったんだ。このぶっ壊れた体が、俺の最大の勲章だ。そしてそれに気づいた瞬間、俺は思った。

たとえ二度と走れなくても、二度と戦えなくても、生きても死んでも、もうそんなことは問題じゃないんだと。そしてそれを受け入れたとたん、深い感謝の気持ちがあふれ出た。

目に涙がこみ上げた。怖かったからじゃない。このどん底の瞬間に、はっきりわかったからだ。まわりに理解されず、叱られてばかりいた子ども時代に、俺がウソをつきズルをしたのは、人を傷つけるためじゃない、人に受け入れてもらいたかったからだ。ルールを破ったのは、何のとりえもないバカな自分が恥ずかしかったからだ、友だちがほしかったからだ。字が読めないと、教師に言うのが怖かった。特殊教育の偏見が怖かった。

この時初めて俺は、昔の自分を責める代わりに、心から理解したんだ。

子どもの頃からずっと孤独な旅をしてきた。ほかの子どもがやるようなことも、楽しいことも、ほとんどしなかった。喜びなんか求めなかった。脳はいつも俺に全力を出させようとした。

不安と疑いに苦しみながら生きた。何の爪痕も残さず無名のまま死んでいくのを恐れた。いつも自分を責め、まわりを責めた。

怒りには強烈な力がある。長い間、俺は世間に腹を立てていた。過去のすべての苦しみと怒りを力に変えて、クソヤバいやつになろうとした。でも、怒りをコントロールできない時もあった。俺のように強くない人や、頑張らない人にまで怒りを向けた。暴言を吐き、苛立ちをぶつけた。自分の感情をぶちまけた。それがもとで人を傷つけ、反感や恨みを買い、軍でのキャリアを妨げられた。

でもあの2014年秋の朝、俺はシカゴでベッドに横たわりながら、すべてをありのままに受け入れた。

俺自身やまわりの人に抱いていた罪悪感や恨みつらみを手放した。俺を嫌い、疑い、差別し、虐待してきたすべての人を、俺はもう憎むことができなかった。

彼らがいたからこそ、今の俺がある。

俺はみんなに感謝した。そして感謝の気持ちが広がるうちに、ざわついていた心が静かになった。俺は38年間戦い続けた。そして最期が来たと感じたその瞬間に、とうとう心が安らかになったんだ。

この世で「悟り」ってものをひらく方法はいろいろある。でも厳しい修行が必要だから、わざわざやろうって人はめったにいない。

たとえばアフリカ南部のサン人は、神と対話するために30時間ぶっ通しで踊る。チベットでは、巡礼者が立ち上がり、ひざまずき、全身を投げ伏して、また立ち上がる、「五体投地《ごたいとうち》」の儀式をくり返しながら、数か月かけて数千キロを旅して聖地に至り、そこで深い瞑想をする。日本の禅宗の一派では、修行僧が千日間休まず拝みながら山の中をめぐる、「千日回峰行《せんにちかいほうぎょう》」によって、痛みや苦しみを通して悟りを得る。

俺がこの時得たものを、「悟り」なんて呼べるのかどうかは知らないよ。でも、痛みが心の奥底に隠れた感情を解き放ち、最高のパフォーマンスと落ち着いた心をもたらすことがあるのは、俺も知っている。

＊

君が自分の限界を突破しようとすると、最初は心が騒ぐ。心はなんとしても君を止めようとして、パニックと疑念で君を混乱させてくる。だから君はますます苦しくなる。

でもその状態のままで自分を追い込み続けると、そのうち心が苦痛で一杯になって、苦痛だけに一点集中するようになる。外の世界がなくなったように感じる。まるで君と世界を隔てる境界がなくなって、世界と一体化したように感じるんだ。

俺がずっと求めていたのは、この一体感だった。自分の原点と、そこから今までに経験したすべての苦しみを振り返るうちに、さらに完全な「一体感」と、そして「力」が奥底から湧き上がってきた。

この静かな心で何時間も過ごし、光に包まれたかのような安らぎを感じながら、俺は苦痛と同じくらいの感謝に、不快と同じくらいの喜びに浸っていた。そしていつしか死の淵からまた現実の世界に戻ってくることができたんだ。

俺はほほえみを浮かべたまま、潤んだ目を両手で覆い、それから何気なく頭のてっぺんと後ろをなでた。前からある首のつけ根のコブに手が触れた。前より巨大化していた。ベッドカバーをはねのけて、股関節屈筋の上のコブも見てみた。やっぱり大きくなっていた。

＊

そんなに単純なことなんだろうか？　これまでの苦しみはこのコブと関係があるのか？　その時俺は、２０１０年にシールズがコロナド基地で開いた、ジョー・ヒッペンスティールによるセッションを思い出したんだ。

ジョーはストレッチと高度な心身トレーニング法の専門家だ。小柄だが、大学時代は陸上十種競技の選手としてオリンピックをめざしていた。でも１７３センチのジョーが、平均１９０センチのトップ選手と渡り合うのは大変なことだった。

なんとかして遺伝の壁を越え、大柄で強力な選手よりも高く飛び、速く走りたい。そう思ったジョーは、「下半身を徹底的に強化しよう」と決めた。一時は自重の2倍ものウェイトで、10回のスクワットを10セットやっていた。でも筋量が増えた分、筋肉の緊張も増して、ケガをすることが多くなった。鍛えれば鍛えるほどケガが増え、そのたびに理学療法士のお世話になった。とうとう選考会の前にハムストリングを断裂して、オリンピック出場の夢が絶たれた。

「肉体を鍛える方法を変えなくては」とジョーは痛感し、筋トレにストレッチを組み合わせてみた。筋肉と関節の可動域を広げると、どんなしつこい痛みも消えた。

ジョーは自分を実験台にして、体のすべての筋肉と関節の最適な可動域を見つけた。医者や理学療法士には二度とかからなかった。自分のストレッチ療法のほうが、ずっと効果が高かったんだ。ケガをするたび、自分の療法で治した。

そのうちに、地元のトップアスリートのクチコミで固定客がつき、2010年には数人のネイビーシールズに紹介された。それが海軍特殊戦司令部で評判を呼んで、ジョーは可動域を広げるルーチンを約20人のシールズに伝授することになった。このセッションに、俺もいたってわけだ。

ジョーはルーチンを説明しながら、1人ひとりの体を調べてストレッチしてくれた。「君たちの問題は、筋力と柔軟性のバランスを取らないまま、筋肉を酷使しすぎていることにある」とジョーは言った。この問題が始まるのは、ヘルウィークなんだ。

ヘルウィークでは何千回もバタ足をしてから、冷たい海で仰向けになって波に洗われる。ほとんどの隊員の腰の可動域を正常にするには、彼の方法で「20時間」もの集中ストレッチが必要だ。それをやれば、その後は1日20分のストレッチで、正常な可動域を維持できる。でも「最適な」可動域を保つには、さらに努力が必要だという。

そしてジョーは俺の体をストレッチし始めると、やれやれと首を振った。ほら、俺はヘルウィークを3度経験しているだろう？　ジョーは、俺の体が凝り固まりすぎていて、まるで「ワイヤーの塊をストレッチ」しているみたいだと言った。

「君は何百時間もやる必要があるね」

当時の俺はそう言われても気にとめなかったし、ストレッチを始めようともしなかった。とにかく筋力とパワーを高めることしか考えていなかったからな。何を読んでも、柔軟性を高めるとその分スピードとパワーが落ちる、って書いてあった。

でも、死を意識したことで、俺の考え方は変わった。

体をなんとか起こして、よろめきながらバスルームまで行った。鏡に背を向けて立ち、振り返って首のつけ根のコブをようく見てみた。背筋を精一杯伸ばしたのに、背が3センチ、いや5センチも縮んだように見えた。全身の可動域が、かつてないほど狭まっていたんだ。俺はふと思った。もしも《What if》ジョーが正しかったら？

もしもそうだったら？

近頃の俺のモットーは、**「落ち着け、でも満足するな」**だ。自分を無条件に認め、ぶっ壊れた世界をありのままに受け入れることで、俺はとうとう落ち着きを得た。

でも自分を救う努力もせずに、ただ横たわって死を待つなんて、そんなことができるかっていうんだ。不完全なことや、明らかに間違っていることを、何もせずにおめおめと受け入れるなんて、俺にはできなかったし、今もできない。

俺は伝統的医療に頼った。でも医者も薬も俺を治すことはできず、ますます具合が悪くなった。ほかに頼れる方法はなかった。今の俺にできることはただ1つ、ストレッチで健康を取り戻すことだけだ。

＊

簡単な姿勢から始めた。まず、床に座ってあぐらをかこうとしたが、腰が凝り固まっていて、膝が耳にくっつきそうだった。バランスを崩して後ろに倒れた。力を振り絞って起き上がって、もう一度やった。10秒か15秒その姿勢を保ち、痛みに耐えきれなくなって足を伸ばした。

下半身の全筋肉が収縮してけいれんし、毛穴という毛穴から汗が噴き出した。ちょっと休んでからもう一度あぐらをかいて、痛みに耐えた。このストレッチをやっては休み、やっては休みを1時間ほどくり返すうちに、体がちょっとずつ開き始めた。

次は、大腿四頭筋の簡単なストレッチに移った。ほら、学校で習う、左脚で立ったまま右脚を後ろに曲げて右手で足の甲をつかむやつだ。ジョーの言った通りだ。大腿四頭筋はゴリゴリに固まり、ワイヤーの塊を伸ばしているみたいだった。痛みの強さが10のうちの7になるまで続け、ちょっと休んでから反対の脚も伸ばした。

この立ち姿勢のおかげで大腿四頭筋が少しほぐれて、大腰筋が伸びた。大腰筋っていうのは、脊椎《せきつい》と太腿をつなぐたった1つの筋肉なんだ。骨盤の中を通って腰を支える筋肉で、「闘争・逃走筋」とも呼ばれる。

俺は生まれてからずっと、「闘争か逃走か」の状態に置かれてきた。毒性ストレスにさらされた子ども時代は、体を守ろうとして、いつもこの筋肉をギュッと縮めていた。3度のヘルウィークとレンジャースクール、デルタ選抜、もちろん戦場でもそうだ。なのに、ただの一度も大腰筋を緩めたことがなかった。

アスリートとしても、交感神経系を活用してハードなトレーニングを続けた。だから大腰筋が石みたいにカチンコチンに固まっていた。ウルトラレースでは、さらに睡眠不足と寒さが加わった。そして今や、この凝り固まった筋肉が、内側から俺を苦しめていた。

後でわかったことだが、そのせいで骨盤が傾いて、脊髄が圧迫され、筋膜が固まってしまっていた。だから身長が5センチも縮んだんだ。

最近、俺はジョーに聞いてみた。

「君に起こっていたのは、9割方の人に起こることの極端な例だよ」と彼は言った。「筋肉が固まりすぎて、血液が循環しなくなっていたんだ。冷凍ステーキみたいにね。冷凍ステーキには血を注入できないだろう？　だから君の体は機能停止していたんだよ」

それを治すために、俺は奮闘したね。

ストレッチするたび、全身を火あぶりにされるような痛みが走った。筋肉の炎症と緊張がひどく、大腿四頭筋と大腰筋を分離するためのポーズを取るどころか、ほんのちょっと動いただけで激痛を感じた。次に、床に座ったまま左右の足裏を合わせて股関節を広げる「バタフライストレッチ」をすると、痛みは強烈になった。

この日は2時間ストレッチをした。次の日起きると体が死ぬほど痛かったが、それからまる6時間、この3つのポーズを何度もくり返した。次に、正座して両手を後ろについて少しずつ体を後ろに倒していくやり方で、両大腿四頭筋を伸ばしたが、あれはもう拷問だったね。ふくらはぎのストレッチも加えた。最初はクソつらかったが、1、2時間やり続けると体が柔らかくなり始め、痛みが和らいだ。

長い時は1日12時間もストレッチした。朝6時に起きて9時までストレッチ。デスクワークの合間、とくに電話中にストレッチ。昼休みもストレッチ、5時に帰宅してからベッドに入るまでストレッチ。

俺はストレッチのルーチンを考案した。首と肩から始めて、次に腰、大腰筋、大臀筋《だいでん》、大腿四頭筋、ハムストリング、ふくらはぎを伸ばすんだ。とりつかれたようにストレッチしまくった。

大腰筋をほぐすマッサージボールを買った。ドアに70度の角度で立てかけた板でふくらはぎを伸ばした。

2年近い苦しみと、数か月のストレッチを経て、やっと首のつけ根と股関節屈筋の上のコブが小さくなり始めた。それとともに、体調全般と体力が回復していった。体はまだ柔軟にはほど遠かったし、本来の調子は戻っていなかったけれど、甲状腺以外の薬を止めることができた。その後もストレッチするほど、状態は改善したね。

毎日6時間以上のストレッチを数週間続けた。それが数か月、数年になり、今も続いているよ。

*

2015年11月、俺は一等海曹として海軍を退役した。米軍の長い歴史の中でも、空軍戦術航空統制班に所属し、1年に3度のヘルウィークを経験し（うち2度修了）、BUD／Sと陸軍レンジャースクールを卒業した軍人は、後にも先にも俺一人しかいない。

ほろ苦い瞬間だった。軍は俺という人間の大きな部分を占めていた。軍が俺をつくり、人間として成長させてくれた。そして俺は悔いなくやり切った。

ビル（フリーク）・ブラウンも、人生の次のステージに進んでいるよ。彼は俺のようにのけ者にされて育ち、何の期待もされず、最初のBUD／Sでは教官たちに能なしの烙印を押されて追い出された。今、彼はフィラデルフィアの大会社の弁護士をしているんだ。フリーク・ブラウンは自分の真価を証明し、今も証明し続けている。

スレッジはまだシールチームにいる。出会った頃は大酒飲みだったが、一緒にワークアウトをするようになってから意識が変わった。ランをしたこともなかったのに、マラソンランナーになり、バイクも持っていなかったのに、サンディエゴきっての俊速サイクリストになった。アイアンマン・トライアスロンを何度も完走している。「鉄は鉄によって研《と》がれ、人は友によって研がれる」って格言を、俺たちは証明したんだ。

ショーン・ドブスはシールにならなかったけど、士官になったよ。今は海軍少佐で、相変わらず優れたアスリートだ。アイアンマンを完走し、サイクリストとしても一流で、海軍高度潜水スクールを優等で卒業し、大学院の学位も取得した。彼がこれだけの成功を遂げたのは、ヘルウィークで自分の失敗を受け入れ、乗り越えたからなんだ。

SBGはまだ海軍にいるけれど、もうシール候補生をしごいてはいない。ネイビーシールズの知性と力、価値をさらに高めるために、データ分析の仕事をしている。インテリってやつだね。タフなインテリだ。俺が知ってる肉体的絶頂期のSBGは、クソヤバい強者だった。

母さんも、バッファローとブラジルでの暗黒時代から完全に生まれ変わった。教育学修士号を取って、ナッシュビルの医大の上級副学長を務めながら、家庭内暴力専門家会議のボランティアをしているんだ。

俺はどうかって?

ストレッチのおかげでパワーを取り戻した。軍での時間が残り少なくなると、リハビリ期間中に勉強して、救急救命士の資格を取り直した。この時も高校時代からの書き出す暗記法で、首席で修了したぜ。それからテキサスA&M大学付属TEEX《ティークス》消防大学校に入学して、最優等で卒業した。

ランも再開した。悪い影響はまったく出ていない。体力がそこそこ回復してからは、ウルトラレースにも出場して、何度か優勝しているよ。たとえばテネシー州の「ストローリングジム40マイル」や、バーモント州の「インフィニタス88k」(どっちも2016年)など。それでも物足りなくて、モンタナ州の原野火災消防士になったんだ。

＊

2015年夏に、消防士としての最初のシーズンを終えて、ナッシュビルの母さんの家に寄った。真夜中に電話が鳴った。母さんは俺と同じで交友関係は狭く、日中でもほとんど電話がかかってこないから、夜中の電話は間違い電話か、緊急事態しかない。

母さんが話す電話の向こうから、トルニス・ジュニアの声が聞こえていた。兄貴とはもう15年以上、会っても話してもいなかった。兄貴が俺たちと一緒に困難に耐え抜くより、親父と暮らすほうを選んだ時に、俺たちの関係は終わっていた。俺はそれ以来、「兄貴の決断は許せない、受け入れられない」と思いながら生きてきた。

でもそう、俺は変わったんだ。母さんから兄貴の近況は時々聞いていた。やっと親父やいかがわしい仕事から距離を置き、博士号を取って、今では大学の管理職だ。子どもたちのよき父親でもある。

母さんの声から、何か深刻なことが起こっているのがわかった。「本当にケイラなの？」とくり返していたんだ。

母さんは電話を切って教えてくれた。その晩、兄貴の娘の18歳のケイラは、インディアナポリスの仲間とつるんでいた。そこに知り合いがやってきていざこざが起こり、誰かが銃を発砲して、流れ弾に当たってティーンの1人が死んだ。

兄貴は別れた奥さんから取り乱した電話を受けて、事件現場に急行したが、黄色いテープの中に入ることも、くわしい情報を知ることもできずにいた。ケイラの車と、布をかぶせられた誰かの遺体は見えているのに、娘が生きているのか死んでいるのかさえ、教えてもらえないという。

それを聞くと、俺は母さんと車に飛び乗り、横殴りの雨の中、時速130キロで5時間飛ばして、インディアナポリスの兄貴の家に着いた。

兄貴は現場から戻っていた。黄色いテープの外側に立たされたまま、刑事がスマホで撮った写真で娘の死亡を確認した。プライバシーも尊重されず、娘との対面もさせてもらえなかった。

兄貴はドアを開けて俺たちのほうに歩み寄ると、その場で泣き崩れた。母さんが最初に駆け寄った。俺は兄貴を抱き寄せた。わだかまりはもう消えていた。

「生きることは苦しみだ」とブッダは言った。俺は仏教徒じゃないが、その意味はわかるよ。君にもわかるはずだ。

この世で生きていくには、屈辱や打ち砕かれた夢、悲しみ、喪失と戦わなくてはいけない。生きるってのは、そういうことなんだ。誰の人生にも、それぞれの苦しみがある。苦しみは必ずやってくる。止めることはできない。君もそれは知っているだろう？

だからほとんどの人は、現実から目を背けて痛手を和らげるために、慰めや安らぎを求める。自分の考えを裏づけるような情報だけを集める。自分が得意なことだけをやって、嫌なことには見向きもしない。

安全な「箱」の中に逃げ込む。

*

そういう生き方のせいで、軟弱になっちまっているんだ。自分で勝手に決めた「壁」の中で一生を過ごす。だって、箱の中は自分にとっても、親しい家族や友だちにとっても、居心地がいいからだ。

そして、自分で自分の限界を決めて、「そういうものだ」とあきらめている。すると、家族や友だちも、その限界というレンズを通してその人を理解し、評価し、愛するようになる。

でも、この壁を息苦しく感じ始める人もいる。そしてある時、壁の外の世界を想像して、今すぐ達成できそうな夢を見つける。ほとんどの夢は、すぐ手が届きそうに思えるからね。そして夢をめざして、少しずつ変化を起こそうとする。

それは苦しいことだ。だって、束縛を破り、自分で思っている限界を超えるには、死ぬほどの努力と肉体的試練が必要だからだ。自分を限界まで追い込むと、自己不信と苦痛に苦しめられ、足をすくわれそうになる。

その場の思いつきの夢や目標をめざす人は、その時点であきらめてしまう。そして箱の中に戻ると、前よりもずっと狭く、ずっと束縛されているように感じる。

でも、壁の外側で頑張り続ける人も、少数だがいる。彼らは、「仲間だ」と思っていた人たちのせいで、苦痛と自己不信に切り刻まれる。俺が「3か月で48キロやせる」と宣言した時もそうだ。仲間はみんな「無理だ」「期待しすぎんなよ」なんて言ってた。それを聞くだけで自信が萎えそうになったよ。

でも、俺たちを潰すのは外野の声じゃない、心の声だ。肝心なのは、「自分に何を言い聞かせるか」だ。頭の中のひとり言なんだ。

朝起きた時も、日中も、眠りにつく時も、俺たちはいつも頭の中でひとり言をつぶやいている。そして、よかれ悪しかれ、そのひとり言を実行に移すことになる。

君のことを一番信じず、一番疑っているのは、君自身なんだ。なぜって、「人生を変える」ような大胆なことをしようとすると、「できるんだろうか?」と自分を疑う声が必ず心の中に響いて、自信がなくなるからだ。心の中に渦巻く自己不信は、誰にも止められない。

でも、そうした心の声をかき消し、外野の雑音をシャットアウトする方法はある。「自分はこういう人間だ」「自分にはこんなことはできない」なんていう、凝り固まった思い込みを手放そう。**そして代わりに、「もしもこうだったら?」「もしも可能だったら?」と、新しい可能性を思い描くんだ。**

＊

「もしも可能だったら?」という問いかけは、君の能力を疑い、行く手を阻んできたすべての人たちに向ける、「くたばれ!」のメッセージだ。

この言葉が、心の中のネガティブな声をかき消してくれる。君自身を限界まで追い込むまでは、君の本当の能力なんてわからない。そのことを思い出させてくれる。不可能なことを、少しはできそうだと思わせてくれる。

「自分にはできない」「自分はそんなんじゃない」といった心に渦巻く思いを手放して、「もしも……?」と自分に問いかければ、新しい自分を、新しい可能性を思い描くことができる。君の自信を揺るがす、過去の最悪の記憶を新しい目でとらえ直し、それを自分史の1ページとして受け入れることもできる。それを受け入れた瞬間、君はそれらを起爆剤に変えて、信じられないほど大胆な夢を、未来を描き、めざせるようになるんだ。

世の中には不安とねたみで一杯の人がたくさんいる。それは君の親友かもしれないし、家族や親戚かもしれない。彼らは失敗に怯えている。君が成功することに怯えている。なぜなら、君が壁だと思っていたものを乗り越え、限界突破して可能性を押し広げる時、君の放つ「光」が、彼ら自身の「壁」を明るく照らすからだ。そして彼らが築き上げた牢獄の輪郭が、彼ら自身の限界が、はっきり見えるようになる。

でも、彼らがまっとうな人なら、君へのねたみを捨てて、やがて自分でも塀の外の世界を思い描き、夢に向かって努力し始めるだろう。

この本が、その「光」の役割を果たすことを、俺は願っている。君が今、存在することも知らなかった君自身の限界に向き合っていることを願っている。君が変わろうとしていることを願っている。

君はきっと痛みを感じるだろう。でもそれを受け入れ、乗り越えて、心を鍛え続ければ、いつか痛みにさえ「傷つかない自分」になれるんだ。

もちろん、いいことばかりじゃないよ。そんな生き方をしていると、どこまで行っても満足できなくなる。

ストレッチのおかげで、43歳の俺は、20代の頃より調子がいい。あの頃はいつも体調が悪く、ケガが絶えず、ストレスに参っていた。なぜいつも疲労骨折するのか分析もせずに、テーピングでごまかしていた。心や体が何で傷ついても、同じやり方で解決した。ただテープを巻いて、忘れて前へ進んだ。今はもっと賢くなった。そして、今もまだ限界を広げ続けているよ。

2018年にはまた山に戻って、原野火災の消火に当たった。当時は現場から離れて3年がたち、俺は高級ジムでのトレーニングや快適な生活に浸っていた。あれを「贅沢な暮らし」と呼ぶ人もいるだろうな。

ともかく、ベガスの豪華ホテルに泊まっていた時に、コロラド州南西部で山火事が発生して、俺のスマホに招集の連絡が入った。ロッキー山系サンファン山脈の800ヘクタールの野火として始まったものが、2万2000ヘクタールのモンスター級の森林火災に拡大していたんだ。

俺は電話を切ると、プロペラ機をつかまえてコロラド州グランドジャンクションに飛び、そこで林野局のトラックに乗り込んで、3時間かけてドゥランゴ郊外に到着した。緑の難燃素材《ノーメックス》のズボンと黄色い長袖シャツ、ヘルメット、双眼鏡、グローブを身につけ、消防士の頼みの武器、プラスキー斧を持った。プラスキーがあれば何時間でも掘り続けられる。それが俺たちの仕事なんだ。

原野火災消防士は水を撒《ま》いたりしない。俺たちの専門は「火を食い止める」ことだ。防火帯を掘ったり、木を切ったりして、猛火の通り道から燃料になるものを取り除く。全身の筋肉が疲労するまで、掘っては走り、走っては掘る。休んでまたくり返す。

炎の壁が1マイル（1・6キロ）も離れていない場所から近づいてくる中、俺たちは初日の昼夜をかけて、燃えやすい住宅のまわりに防火帯を掘った。木々の間から炎がすぐそこに見え、干ばつで乾燥した森林が燃える熱を肌で感じたね。

次に標高3050メートルの地点に移動した。45度の急斜面にできるだけ深く鍬《くわ》を入れて、ミネラル分豊富な燃えにくい土を掘り出した。途中で木が倒れ、あと20センチずれていたらクルーの頭を直撃し、死んでいたかもしれない。

空気が煙たかった。クルーの中のチェーンソー職人が、枯れた木や枯れかけた木を次々と伐採し、俺たちはその枝木を川床まで引きずっていった。高さ2、3メートルの枝木の山を、15メートル間隔で5キロにわたって積み上げた。

俺たちは税引前12ドルの時給で、1日18時間のシフトを1週間続けた。日中の気温は27度だが、夜は2度に下がった。シフトが終わったら、どこだろうとそこにマットを敷いて眠り、起きるとそのまま働いた。6日間一度も着替えなかったよ。

クルーのほとんどが俺より15歳は若く、全員がたくましく、とくに女性がほんとによく働いた。誰も文句ひとつ言わなかったね。

終わった時、どんなモンスター火災でも山を焼けないほど幅の広い、長さ5キロの防火帯ができた。

＊

俺は今43歳で、原野火災消防士としてのキャリアはまだ始まったばかりだ。こういうヤバいやつらと組んで働くのが大好きなんだ。

ウルトラランナーとしてのキャリアも生まれ変わろうとしている。俺はまだ若く、これからもバリバリ行くつもりだ。目標を追いかける力はみなぎっている。足にテープやパッドを巻かなくても、かつてない速さで走れるようになった。33歳の時は1マイル8分35秒（1キロ5分20秒）のペースだったのが、今は1マイル7分15秒（1キロ4分30秒）で楽に走れる。この柔軟で完全に機能する新しい体と、新しい自分に慣れようとしているところだ。

俺の情熱は今も燃えさかっている。でも正直言うと、怒りを起爆剤にするのは、前より時間がかかるようになったね。

前は怒りがすぐそこにあって、無意識にスイッチがパチンと入ると、あっという間に心と頭が怒りで満たされた。今はもっと意識的に怒りを見つけているよ。

でも過去の困難や壁、挫折、努力に手を伸ばせば、まだ昨日のことのように鮮やかに感じられる。だから俺のポッドキャストや映像を見たり聞いたりしてくれる人にも、俺の情熱が伝わるんだろうな。情熱や情念はまだ俺の手元にあって、アザや傷跡のように脳内に深く刻み込まれている。それは影のように俺につきまとい、俺をとらえて呑み込もうとするが、いつも俺を前へ前へと駆り立ててくれる原動力でもある。

これから俺がどれだけの失敗と、どれだけの成功を積み重ねるかはわからない。たぶん、どっちも多いだろう。

でも確実に言えることが1つある。

これからも俺は全力を振り絞って、不可能に思える目標を追い続ける、ってことだ。そして誰かに「そんなの不可能だ」と言われたら、俺はそいつの目を見据えて、たった1つの簡単な問いを投げかける。

「もしも可能だったら？」と。

謝辞

この本ができあがるまでに、7年かかった。その間に6回トライして、そのたび失敗した。でもついに俺の熱い気持ちを心から理解して、俺の肉声を言葉にするのに手を貸してくれるただ1人の作家に出会えたおかげで、この本は完成したんだ。

とんでもない時間をかけて、俺という人間と、俺のぶっ壊れた人生を知り、断片を1つにまとめて俺のありのままの人生を文章にするのを手伝ってくれた、アダム・スコルニックにありがとうと言いたい。この偽りのない、感情がむき出しの生々しい本を、俺がどんなに誇らしく思っているかは、言葉ではとても表せないよ。

ジェニファー・キッシュ、君にはなんて言って感謝したらいいかわからない。言い古された言葉だけど、本当にそうなんだ。俺にとって本を出すことがどんなに大変かを君ほどわかってくれた人はいない。君がそばにいてくれなかったら、この本は完成しなかった。君が出版のビジネス面を一手に引き受けてくれたおかげで、俺はしばらくの間執筆から離れて、消防士の活動に取り組むことができた。

君という味方がいたからこそ、この本を自費出版するという、大胆きわまりない決断を下すことができた。君の仕事に対する潔癖な考え方に励まされたからこそ、巨額の契約金と引き換えに本を出さないかという、大手出版社の誘いをきっぱり断ることができた。それは君1人で出版の仕事ができるって知っていたからだ！　君には「ありがとう、愛してる」としか言えない。

母さんのジャッキー・ガードナーへ。俺たちはつらくてぶっ壊れた人生を送ってきたよな。何度も打ちのめされ、そのたび誰の助けも借りずに、どうにかこうにか立ち上がってきた。そのことを、俺はとても誇らしく思っているんだ。

母さんが俺のことを心配して、何度も俺を止めたいと思っていたことは知ってるよ。止めずにいてくれてありがとう。おかげで俺は本当の自分を見つけることができた。母さんにこんな感謝の言葉を捧げるのは普通じゃないけれど、俺の心の底からのメッセージだってこと、母さんだけはわかってくれるよな。頑張れ、愛してるよ、母さん。

兄貴のトルニスへ。俺たちは人生や育てられ方のせいで、敵対したこともあったけれど、困った時には助け合った。それが本当の兄弟愛だと思っているよ。

この本のために、アダム・スコルニックと俺の取材を受けてくれたみんな、ありがとう。みんながいろんなできごとを思い出してくれたおかげで、俺の人生に起こったことを正確に書くことができた。

従兄のデミアン、子どもの頃からずっと仲よしだったよな。おまえとアホなことをやっている時がほんとに楽しかったよ。

ジョニー・ニコルズ、ブラジルではおまえとの友情にほんとに救われた。俺の子ども時代の闇を知っている人は、おまえ以外にほとんどいない。本当に必要だった時にそばにいてくれてありがとうな。

カーク・フリーマン校長、正直でいてくれてありがとう。あんたはブラジルで俺が受けた差別について、つらい事実を話してくれた数少ない1人だ。そのことを一生忘れないぜ。

スコット・ギャレン、あんたの物語はどん底時代の14歳の俺に、どんなに救いになったことか！「誰にいつ影響を与えているかはわからない」って言うからな。パラレスキュー・ジャンプ・オリエンテーション・コースで初めてあんたの話を聞いてから何年もたってるのに、親しくしてくれてありがとう。

ヴィクター・ペーニャ、言いたいことはたくさんあるけど、ここではおまえがどんな時でもそばにいてくれたってこと、いつも全力で頑張ってたってことだけ言っておくよ。ほんとにすごいやつだと思ってるぜ、相棒！

スティーブン・シャルジョ、あんたに会わなかったら、この本は書けなかった。海軍最高の勧誘官として俺を信じてくれたことに、改めて礼を言うよ。

ケニー・ビグビー、BUD／Sのもう1人の「黒人」でいてくれてありがとよ！　おまえの冗談にはいつもツボってた。頑張ろうぜ、相棒！

白人版デイビッド・ゴギンズのビル・ブラウンよ、一番苦しい時に最後まで一緒に戦い抜いてくれてありがとうな。俺たちが最後に一緒にいたのは、イラクでのミッションで、俺がM20機関銃を、おまえがM60を担当してた時だ。近いうちにアメリカで会えるのを楽しみにしてるぜ！

ドリュー・シーツ、俺の3度目のヘルウィークで一緒にクソ重いボートの先頭を担いでくれてありがとうよ！　白人の荒くれ者のおまえと黒人の俺が、こんなに仲よくなれるとは思わなかったぜ。「正反対の者同士は引かれ合う」って言うしな！

ショーン・ドブス、この本でおまえをさらけ出してくれてありがとう。それはとても勇気がいることなんだ！　人生を変える物語を紹介させてくれてありがとうよ！

ブレント・グリーソン、おまえは「初心を忘れない」ってことを知る、数少ない1人だ。ほとんどの人が、これがどういう意味なのかをわかっちゃいない。頑張ろうぜ、ブレント！

SBG、あんたは俺が初めて会ったシールズの1人だ。俺はずっとあんたという高い目標をめざしてやってきた。BUD／Sで3度とも俺を鍛えてくれたこと、心拍数をモニターする方法を教えてくれたことに感謝するぜ！

ダナ・デ・コスター、俺の最初の小隊で最高のスイムバディになってくれてありがとうな。あんたのリーダーシップは最高だぜ！

スレッジ、「鉄は鉄によって研がれ、人は友によって研がれる」だよな！　俺たちは励まし合い、誤解されても自分を貫き通し、自分を磨いた！

モーガン・ラトレル、2－5！　ユマで過ごしたあの頃からずっと友だちだ。

クリス・コストマン、あんたは知らないと思うが、あんたのおかげで俺は異次元の自分を見つける羽目になったぜ。

ジョン・メッツ、未経験の俺をあんたのウルトラマラソンに出場させてくれてありがとよ。あれがきっかけで、俺の人生は大きく変わった。

クリス・ローマン、あんたのプロ意識と細部へのこだわりにはいつも驚かされているよ。あんたのおかげで、俺は地球上でとくに厳しいフットレースで3位になることができた。

エディー・ローゼンタール、あんたのサポートと特殊作戦兵士基金への献身に感謝しているぜ。

エド・ウィンタース提督、長い間一緒に仕事ができて光栄だった。提督のために働くことで、つねに最善を尽くそうと、自分にハッパをかけることができた。これからもよろしく。

スティーブ（〝ウィズ〟）・ワイソツキ、正義はなされた。そのことに感謝している。

ホーク、おまえから「13パーセント」についてのメールが来た時、こいつとはわかり合えそうだって思ったよ。おまえは何も言わなくても俺と俺の考え方をわかってくれる、数少ない1人だ。

シュレッケンガウスト先生、あの時心エコー図検査をしてくれてありがとうな。おかげで命拾いしたぜ！
T、あの重りランで俺を追い込んでくれてありがとよ、兄弟！　頑張り続けろ。
ロナルド・カバーレス、これからも手本を示し、タフでいてくれよ。クラス03－04、RLTW

（レンジャーが道を拓く）。

ジョー・ヒッペンスティール、ストレッチのやり方を教えてくれてありがとう。あれで俺の人生はほんとに変わったぜ！

ライアン・デクスター、一緒に75マイル歩いてくれたこと、２０５マイルを走破するのを助けてくれたことに感謝してるぜ！

キース・カービー、何年もサポートしてくれてありがとうな。

ナンドー・タマスカ、懸垂世界記録のために俺たちにジムを開放してくれてありがとう。あんたの思いやりと親切、サポートを一生忘れないよ。

ダン・コトレル、あんたは何の見返りも期待せずに、人のために尽くす、たぐいまれな人だ。40代でジャンパーになる夢をかなえさせてくれてありがとうな！

フレッド・トンプソン、あんたの素晴らしいチームと一緒に仕事をしたおかげで、いろいろ学ぶことができて感謝している。リスペクトしてるぜ！

マーク・アデルマン、最初から俺たちのチームに加わり、いろいろ相談に乗ってくれてありがとうな。今年も限界を超えて頑張ろうぜ。あんたの成果を誇りに思ってるぜ！

ブランドファイア、あんたの創造力とdavidgoggins.comのサイトをつくってくれたことに感謝している。

最後に、スクライブ・メディアのスゴいチームに心からありがとうと言わせてほしい。

初めてタッカー・マックスに連絡を取ってから最後の最後まで、チームの全員が約束通り全力を尽くしてくれた！

とくに出版責任者でプロ意識の塊のエリー・コール、完璧なマーケティング計画を立ててくれたザック・オブロント、編集者のハル・クリフォードに感謝したい。

天才的な表紙デザイナー（原書）のエリン・タイラー、史上最高の表紙をつくってくれてありがとうな！

CAN'T HURT ME

by David Goggins

Japanese translation published by arrangement with

Goggins Built Not Born, LLC c/o Park & Fine Literary

and Media through The English Agency (Japan) Ltd.

Original Cover Credit:

© Cover Photo by Loveless Photography

Design by Erin Tyler

【著者】

デイビッド・ゴギンズ（David Goggins）

退役海軍特殊部隊員(ネイビーシール)。米軍でシール訓練、陸軍レンジャースクール、空軍戦術航空管制官訓練を完了した、たった一人の人物である。これまでに60以上のウルトラマラソン、トライアスロン、ウルトラトライアスロンを完走し、何度もコース記録を塗り替え、トップ5の常連となっている。17時間で4,030回の懸垂を行い、ギネス世界記録を更新した。講演者としても引っ張りだこであり、全米の大企業の社員やプロスポーツチームのメンバー、数十万人の学生に、自らの人生の物語を語っている。

著者公式HP　https://davidgoggins.com/

【翻訳者】

櫻井祐子（さくらい・ゆうこ）

翻訳家。京都大学経済学部経済学科卒、大手都市銀行在籍中にオックスフォード大学大学院で経営学修士号を取得。訳書に『BIG THINGS　どデカいことを成し遂げたヤツらはなにをしたのか？』『シリコンバレー最重要思想家ナヴァル・ラヴィカント』（小社刊）、『1兆ドルコーチ』（ダイヤモンド社）、『選択の科学』（文藝春秋）、『イノベーション・オブ・ライフ』（翔泳社）など多数。

CAN’T HURT ME《キャント・ハート・ミー》
削られない心、前進する精神

2024年11月30日　初版発行
2025年 5月20日　第3刷発行

著　者　デイビッド・ゴギンズ
訳　者　櫻井祐子
発行人　黒川精一
発行所　株式会社サンマーク出版
〒169－0074 東京都新宿区北新宿2－21－1
電　話　03(5348)7800
印　刷　三松堂株式会社
製　本　株式会社若林製本工場

定価はカバー、帯に表示してあります。
落丁、乱丁本はお取り替えいたします。
ISBN978-4-7631-4107-1 C0030
ホームページ　https://www.sunmark.co.jp